法|学|研|究|文|丛
——宪法学——

地方立法理论与实务

谢 慧 宋智敏◉著

知识产权出版社
全国百佳图书出版单位
——北京——

图书在版编目（CIP）数据

地方立法理论与实务／谢慧，宋智敏著 .—北京：知识产权出版社，2023.9
ISBN 978－7－5130－8906－7

Ⅰ.①地…　Ⅱ.①谢…②宋…　Ⅲ.①地方法规—立法—研究—中国　Ⅳ.①D927

中国国家版本馆 CIP 数据核字（2023）第 172428 号

责任编辑：彭小华　　　　　　　　责任校对：王　岩
封面设计：智兴设计室　　　　　　责任印制：孙婷婷

地方立法理论与实务

谢　慧　宋智敏　著

出版发行：知识产权出版社有限责任公司	网　　址：http：//www. ipph. cn
社　　址：北京市海淀区气象路 50 号院	邮　　编：100081
责编电话：010－82000860 转 8115	责编邮箱：huapxh@ sina. com
发行电话：010－82000860 转 8101/8102	发行传真：010－82000893/82005070/82000270
印　　刷：北京九州迅驰传媒文化有限公司	经　　销：新华书店、各大网上书店及相关专业书店
开　　本：880mm×1230mm　1/32	印　　张：9. 375
版　　次：2023 年 9 月第 1 版	印　　次：2023 年 9 月第 1 次印刷
字　　数：226 千字	定　　价：68. 00 元

ISBN 978－7－5130－8906－7

目录

CONTENTS

第一章

地方立法概述

第一节　地方立法的概念与特征

一、地方立法的概念

"概念乃是解决法律问题所必需的和必不可少的工具。没有限定严格的专门概念，我们便不能清楚地和理性地思考法律问题。"❶ 当前，我国实行的是中央统一领导下的中央和地方两级、多层次的立法体制，中央立法与地方立法都是中国特色社会主义法律体系的重要组成部分。因此，要准确把握地方立法的概念，首先就要明晰立法的含义。对于什么是"立法"，即"立法"的概念问题，不同历史时期、不同国家的学者有着不同的表述，我国学术界和实务界也有许多不同的观点与看法，至今未形成一个统一的、让学界都接受的立法概念。一般来讲，

---

❶ ［美］E. 博登海默：《法理学：法律哲学与法律方法》，邓正来译，中国政法大学出版社 2004 年版，第 504 页。

立法是指特定国家机关依照法定的职权和程序，制定、认可、修改、废止或清理各种规范性法律文件的重要政治活动。

地方立法是相对中央立法而言的。至于什么是地方立法，目前理论界和实务界并没有一个统一的概念。一般而言，地方立法是指宪法和法律规定的地方立法主体制定地方性法规和政府规章的活动。2015年3月15日十二届全国人大三次会议通过的《关于修改〈中华人民共和国立法法〉的决定》，赋予了所有设区的市地方立法权。据此，我国地方立法可分为省级地方立法和设区的市地方立法，它们同属于我国地方立法的范畴。地方立法权的扩容，为"改革于法有据"提供了契机，设区的市在城市经济发展和社会管理上可以制定治理"城市病"的地方性法规，有利于化解无法可依的困境。2023年新修正的《立法法》第80条规定了省级人大及其常委会的立法权，第81条规定了设区的市的立法权。根据该法第81条第1款的规定，设区的市可以"对城乡建设与管理、生态文明建设、历史文化保护、基层治理等方面的事项制定地方性法规，法律对设区的市制定地方性法规的事项另有规定的，从其规定。设区的市的地方性法规须报省、自治区的人民代表大会常务委员会批准后施行。省、自治区的人民代表大会常务委员会对报请批准的地方性法规，应当对其合法性进行审查，认为同宪法、法律、行政法规和本省、自治区的地方性法规不抵触的，应当在四个月内予以批准"。

二、立法的一般特征

地方立法是我国立法体系的重要组成部分，既有立法的一般特征，也有自己的专有特征。

1. 立法是特定国家机关享有的专有活动。只有依据宪法和法律享有立法权的国家机关才能进行立法活动。根据宪法和立法法的相关规定，我国立法主体是享有立法权的各级国家机关，即全国人大及其常委会，国务院及国务院各部、委员会、中国人民银行、审计署和具有行政管理职能的直属机构，省、自治区、直辖市、设区的市人民代表大会及其常务委员会、人民政府，民族自治地方的人民代表大会，等等。

2. 立法是特定国家机关依照法定职权和程序进行的活动。立法活动具有严格的法定权限、程序和技术要求，特定国家机关必须在宪法和法律规定的相应权限范围内，依照法定程序进行，并遵循立法技术规范。立法程序不仅包括对立法活动本身的规定，也包括对立法技术的相关规定。

3. 立法活动的内容是制定、修改、废止具有法律效力的规范性法律文件，包括宪法、法律、行政法规、地方性法规、自治条例和单行条例、规章等。

除了从基本概念理解立法的一般特征之外，我们还可以从以下方面进一步拓展对立法内涵的理解，以更好地理解和把握立法的特征。

第一，立法是重要政治活动。所谓政治，就是通过特定的方式和途径掌握权力，管理国家和社会，以实现政权巩固、社会稳定、良性发展目标的活动。在我国，中国共产党作为执政党在国家政治、经济、社会、文化、生态建设等各个方面发挥领导核心作用，国家各个层级的立法活动最重要的任务就是贯彻党的路线方针政策和各方面重大决策部署，将其通过法定程序转变为法律规范，成为全国人民的共同行动准则，实现党对国家各方面工作的有效领导。

第二，立法是重大决策活动。"所谓决策，是指主体依据其对客观需要和其代表的利益得失的判断，及时满足这种需要与利益所必须而可能采取的策略和手段的权衡，作出对策性的决定。"❶由于立法是对具有普遍适用意义的行为准则的决定，且一部法律，往往涉及多方面的利益关系，也涉及多个部门的权力与责任，因此在立法过程的各个环节中，从立法计划的确定、立法草案的提出到最终立法文本的确定，立法者都要面临对客观需要和其代表的利益得失的判断。立法机关对满足这些需要和利益所采取的策略与手段的权衡，就是立法决策活动。立法者对法律、法规、规章草案进行表决，产生这一决策活动的最终文本，就是典型的立法决策行为。

第三，立法是规则构建活动。孟子说的"离娄之明，公输子之巧，不以规矩，不能成方圆"❷，道出了规则在国家治理中的极端重要性。自古至今，规则在人们的生活中扮演着极其重要的角色，也充斥着人们生活的方方面面。所谓规则，一般指由群众共同制定、公认或由代表人统一制定并通过的，由群体里的所有成员一起遵守的条例和章程。法律是规则的一种，但在所有的规则中，却是最重要、最有效力的规则，在国家、社会、群体的治理中均非常重要。在全面推进依法治国，建设社会主义法治国家的今天，立法最基本的任务就是要构建中国特色社会主义法治体系，构建起具有法律效力的规则，让法治成为党领导人民治理国家的基本方略，保证国家和社会在法治的轨道上向前发展。

第四，立法是利益协调活动。法作为具有普遍适用效力、依

---

❶ 郭道晖主编：《当代中国立法》（上），中国民主法制出版社1998年版，第197页。
❷ 《孟子·离娄上》。

靠国家强制力保障实施的规范，一旦颁布实施就对一个国家或者社会的成员产生重大的影响，特别是各方面的权利义务受到规制。反过来说，也只有兼顾各方面的权利义务，协调好各方面的利益，得到大家普遍认同的规范，才能成为良法。在立法的过程中，既要最大限度地实现执政者的意图，又要合理兼顾相关利益群体的利益诉求，还要积极回应社会的整体关切，所以实质上也是一个利益协调的过程。

第五，立法是政治参与活动。所谓政治参与，就是公民直接或间接以各种方式对与其利益相关的政治活动施加影响的活动，其目的是使自身的利益在公共政策中得到最大的满足。在立法的过程中，通过民主立法制度，社会公众得以有序地参与立法进程，反映自己对国家、社会和相关事务的看法和主张，提出自身的利益诉求，从而影响法律法规的相关制度安排，这是公民政治参与的重要体现。

三、地方立法的专有特征

地方立法除了具备立法的特征之外，基于其"地方性"，同时还具有以下特征。

1. 地方立法主体是享有立法权的地方国家机关，即省、自治区、直辖市、设区的市人民代表大会及其常务委员会、人民政府，民族自治地方的人民代表大会，等等。

2. 地方立法活动的内容是制定、修改、废止具有法律效力的规范性文件，即省、自治区、直辖市、设区的市人民代表大会及其常务委员会的地方性法规和具有地方性法规性质的决议、决定，省、自治区、直辖市、设区的市人民政府的规章，民族自治地方人民代表大会的自治条例和单行条例等。

3. 地方立法机关制定的规范性法律文件，效力只限于本行政区域，超出本行政区域即没有约束力。

4. 地方立法不论是执行性立法、先行性立法还是自主性立法，均应当结合本地方的具体情况和实际需要，要保证宪法、法律和行政法规的实施，有针对性地解决地方事务。

5. 受监督性。所有地方立法都得报全国人大常委会或国务院备案。全国人大及其常委会可以撤销同法律、行政法规相抵触的地方性法规，撤销同宪法规定和法律、行政法规基本原则相抵触的自治条例和单行条例，撤销不符合授权规定的授权立法，可以将同特别行政区基本法相抵触的特别行政区法律发回。此外，国务院可以撤销不适当的地方政府规章。

第二节　中华人民共和国成立以来地方立法的沿革

中华人民共和国成立以来，我国的地方立法走过了一条从无到有、从少到多到最终全面赋权的历程，大致可以分为五个不同的发展时期。

一、1949 年中华人民共和国成立至 1954 年《宪法》颁布时期

1949 年至 1954 年这一时期，处于中华人民共和国成立初期，宪法还未被制定，只有《中国人民政治协商会议共同纲领》起着临时宪法的作用。面对这种百废待兴的局面以及全国各地政治经济形势千差万别的状况，为了迅速稳定局势并恢复和发展国民经济，仅靠中央立法是难以满足当时的实际需要的。1949 年 12 月 16

日，中央人民政府政务院通过的《大行政区人民政府委员会组织通则》规定，各大行政区人民政府委员会或军政委员会根据并为执行共同纲领和国家法律、法令，以及中央人民政府委员会规定的施政方针和政务院颁布的决议与命令，有权"拟定与地方政务有关之暂行法令、条例，报告政务院批准或者备案"。1950年1月6日政务院公布的《省人民政府组织通则》《市人民政府组织通则》《县人民政府组织通则》规定，省、市、县人民政府有权拟定与省政、市政、县政有关的暂行法令、条例或单行法规，报告上级人民政府批准或备案。在民族自治立法方面，1952年制定的《中华人民共和国民族区域自治实施纲要》第23条规定："各民族自治区自治机关在中央人民政府和上级人民政府法令所规定的范围内，依其自治权限，得制定本自治区单行法规，层报上两级人民政府核准。"这一时期是我国地方立法的开端，地方立法对于巩固当时的地方政权、发展地方经济、调控社会关系起到了积极作用。因此，有学者认为，这一时期的地方立法在中华人民共和国的立法史上，开创了地方立法的先例，具有重要的历史意义❶。

二、1954年《宪法》颁布至1979年《地方组织法》颁布时期

有学者称这一时期为我国地方立法的低谷阶段❷。这是因为我国1954年的《宪法》确立了我国立法的中央集权，全部立法权集中于中央，取消了一般地方立法权，仅保留了民族自治地方立法权。1954年《宪法》第21条规定："中华人民共和国全国人民代表大会是最高国家权力机关。"第22条规定："全国人民代表大会

---

❶　王利滨主编：《地方立法学》，湖北人民出版社1992年版，第26页。
❷　周旺生：《立法学》（第2版），法律出版社2009年版，第284页。

是行使国家立法权的唯一机关。"全国人大常委会只有法律解释权和制定法令权。从1953年开始,我国进入高度集中的计划经济时期,与之相匹配的是政治领域实行高度集中的行政管理体制,地方的自主性不断减退,此前省、市、县享有的法令、条例制定权被全部取消。鉴于形势需要,全国人大分别于1955年和1959年授予全国人大常委会制定单行法规和修改法律个别条文的权限,把享有国家立法权的范围扩大到全国人民代表大会之外。1975年《宪法》和1978年《宪法》仍然沿袭了1954年《宪法》关于立法权的规定,还是没有地方立法的一席之地,所保留的民族自治地方立法权也长期处于空白状态。

三、1980 年《地方组织法》实施后至 2000 年《立法法》生效时期

这一时期是我国地方立法发展的积极探索阶段。1979年6—7月,五届全国人大二次会议召开,会议一次审议通过了7部重要法律,其中就包括修正后的《中华人民共和国地方各级人民代表大会和地方各级人民政府组织法》(简称为《地方组织法》)。该法第6条和第27条规定,省、自治区、直辖市的人民代表大会及其常务委员会,根据本行政区域的具体情况和实际需要,在不同国家宪法、法律、政策、法令、政令相抵触的前提下,可以制定和颁布地方性法规,并报全国人民代表大会常务委员会和国务院备案。这是我国第一次以法律的形式赋予省级地方国家权力机关的立法权,并对制定地方性法规所应遵循的基本原则和有关程序予以明确,地方立法工作从此走上规范化的道路。1982年第五届全国人民代表大会第五次会议通过的《宪法》,确认了省、直辖市的人民代表大会及其常务委员会在不同宪法、法律、行政法规相抵触的

前提下，可以制定地方性法规报全国人民代表大会常务委员会备案。同时，五届全国人大五次会议还对 1979 年《地方组织法》进行了修改和补充，在第 27 条中增加一款："省、自治区的人民政府所在地的市和经国务院批准的较大的市的人民代表大会常务委员会，可以拟订本市需要的地方性法规草案，提请省、自治区的人民代表大会常务委员会审议制定，并报全国人民代表大会常务委员会和国务院备案。"在第 35 条第 1 项最后增加："省、自治区、直辖市以及省、自治区的人民政府所在地的市和经国务院批准的较大的市的人民政府，还可以根据法律和国务院的行政法规，制定规章。"1986 年 12 月 2 日，六届全国人大再次对《地方组织法》加以修改，修正后的《地方组织法》第 7 条第 2 款和第 38 条第 2 款规定，省、自治区的人民政府所在地的市和较大的市人大及其常委会有权根据本市的具体情况和实际需要制定地方性法规报省级人大常委会批准后施行，并由省、自治区的人民代表大会常务委员会报全国人民代表大会常务委员会和国务院备案。至此，我国较大的市的地方立法"市定省批"模式一直沿用至今。在积极探索省级和部分较大的市的地方立法的同时，我国也对经济特区立法权进行了探索和完善，这以 2000 年《立法法》的施行为界限。2000 年《立法法》施行以前，我国经济特区的地方立法在性质上都属于授权立法，2000 年《立法法》施行后，经济特区所在地的市人大及其常委会可以制定地方性法规。这一时期地方立法的总体特征是，中央立法与地方立法的关系从集权向分权转变，地方立法主体不新拓展，地方立法权限和范围逐步拓宽，地方立法的规范化、民主化、科学化建设不断加强。

四、2000 年《立法法》施行到 2015 年 3 月《立法法》的修改时期

2000 年 7 月 1 日《立法法》的施行，明确规定了省、自治区、直辖市人大及其常委会制定地方性法规和人民政府制定地方政府规章的权力，还规定了省、自治区的人民政府所在地的市和经国务院批准的较大的市的人大及其常委会制定地方性法规和同级人民政府制定政府规章的权力，并再次确立了民族自治地方人大的自治条例和单行条例制定权，以及经济特区所在地的省、市人大及其常委会制定特区法规和政府制定规章的权力，还另行授予经济特区所在地的市人大及其常委会制定地方性法规的权力，进一步扩大了"较大的市"范围。《立法法》对地方立法的明确规定是对自 1980 年以来 20 年的中国地方立法探索成果在法律层面的认可与确认。

与之前既有法律规定不同的是，《立法法》既扩大了较大的市地方立法权的行政区域范围，也将"较大的市"上升为我国地方立法的一个特定概念。2000 年《立法法》第 63 条第 4 款规定："本法所称较大的市是指省、自治区的人民政府所在地的市，经济特区所在地的市和经国务院批准的较大的市。"至此，这一阶段我国地方立法由省级地方立法和较大的市地方立法、民族自治地方立法、经济特区立法和特别行政区立法构成，我国地方立法的基本架构正式形成。

五、2015 年《立法法》修正后到 2023 年《立法法》再修正

经过多年的改革开放，我国各方面都取得了举世瞩目的巨大成就。但各地发展不平衡的特点也越来越明显，由中央统一立法

解决各地治理中的所有问题几乎是不可能的，赋予更多的地方立法权解决发展中的问题非常必要。2013 年，党的十八届三中全会召开，会上提出"逐步增加有地方立法权的较大的市数量"，紧接着在 2014 年召开的党的十八届四中全会上，进一步提出"依法赋予设区的市地方立法权"。为全面贯彻落实党的十八届三中、四中全会精神，全面推进依法治国，"按照凡属重大改革都要于法有据的要求"，"发挥立法的引领和推动作用"，实现改革决策与立法决策的衔接，需要坚持在中央的统一领导下，赋予所有设区的市地方立法权。因此，2015 年修正的《立法法》明确规定："设区的市的人民代表大会及其常务委员会根据本市的具体情况和实际需要，在不同宪法、法律、行政法规和本省、自治区的地方性法规相抵触的前提下，可以对城乡建设与管理、环境保护、历史文化保护等方面的事项制定地方性法规。"至此，我国享有地方立法权的主体包括 31 个省（自治区、直辖市）、49 个较大的市、240 个设区的市、30 个自治州和 4 个未设区的地级市（广东省东莞市和中山市、甘肃省嘉峪关市、海南省三沙市❶）。地方立法主体和范围的再一次扩容，是我国法治建设进程中一个里程碑式的事件，对于促进全面依法治国、完善和发展我国立法体制具有重要的意义，也对引领和推动地方经济社会发展的作用日益显著。

党的十八大以来，以习近平同志为核心的党中央高度重视立法工作，习近平法治思想为新时代全面依法治国、加强和改进立法工作提供了根本遵循。党的十九届四中全会决定提出，要"完善立法体制机制，坚持科学立法、民主立法、依法立法，不断提

---

❶ 根据《全国人民代表大会关于修改〈中华人民共和国立法法〉的决定》，广东省东莞市和中山市、甘肃省嘉峪关市、海南省三沙市，比照适用该决定有关赋予设区的市地方立法权的规定。

高立法质量和效率"。党的二十大报告对完善以宪法为核心的中国特色社会主义法律体系提出新的要求。修改《立法法》是加强党的领导，贯彻党的路线方针政策的必然要求，是坚持和发展全过程人民民主的客观要求，推进法治一体化建设的重要举措，是总结实践经验的现实需要。❶《立法法（修正草案）》于 2023 年 3 月 5 日提请十四届全国人大一次会议审议。这是时隔 8 年继十二届全国人大三次会议通过修改立法法的决定之后，该法又一次进行的重要修改。新法完善了指导思想和原则，形成科学完备、统一权威的法律规范体系；加强了宪法法律的实施和监督，明确合宪性审查要求；明确基层立法联系点的主要职责；完善了地方立法权限范围，进一步强调因地制宜和区域协调。

第三节　地方立法的地位与功能

一、地方立法的地位

一国地方立法的地位如何，客观上取决于该国的国情，而在现代国家，则取决于该国宪法或宪法性法律对地方立法地位的确定以及事实上地方立法处于何种地位。我国的地方立法，虽然居于较低层次，但确是中国特色社会主义法律体系的重要组成部分，在整个国家、社会和公民生活中起重大作用的、不可或缺的一种立法。

---

❶ 《关于〈中华人民共和国立法法（修正草案）〉的说明》，载快资讯网，https：//www. 360kuai. com/pc/9e3aae4754d762ac2？cota = 3&kuai _ so = 1&sign = 360 _ 57c3bbd1&refer_scene = so_1，2023 年 5 月 16 日访问。

1. 从立法权结构体系来看，地方立法是国家立法体制的一个基本要素。我国立法体制是一个以国家立法权为核心，地方立法权和民族地方立法权共存的有机统一体。作为国家立法体制的一个基本要素，地方立法权既从属于国家立法权，但同时又具有相对的独立性。它的从属性表现在，地方立法制定的地方性法律规范，必须以宪法为依据，如果违背宪法，相关机关有权予以撤销。按照宪法的规定，地方性法除不能同宪法和法律相违背之外，也不能同行政法规相违背，这说明它们之间存在着一定程度的制约与被制约的关系。地方立法的相对的独立性表现在，地方立法主体在立法时可以根据本地方实际情况制定地方性法规或地方性规章，用以弥补上位法缺位的情形以解决当地的实际问题。地方立法权是我国社会主义立法体制的重要组成部分，如果失去地方立法权，我国的立法权结构就会不合理，国家立法权也就难以充分实现，因而也会从根本上影响我国建设社会主义法治国家的进程。

2. 从立法的动态过程来看，地方立法既是中央立法的伸展，又是地方管理地方事务的一项基本活动。在我国，立法就是将广大人民的意志上升为国家意志，成为具有国家强制力和普遍约束力的法律规范。我国是一个幅员辽阔、民族和人口众多、各地区各民族的人口状况和经济文化发展状况很不平衡的国家，也是一个实行"一国两制"的国家，在我国国情如此复杂的情形下，要用广大人民的意志规范人们的行为，就必须制定一系列法律规范，建立一套比较完整的法律规范体系，这一过程的完成有赖于中央和地方的共同努力，也从根本上决定了我国地方立法在国家立法体制中占有不可缺少的位置。

一个国家立法活动是一个动态的过程，既有横向方面法律的立、改、废过程，也有纵向方面从中央立法到地方立法的过程。

一般而言，中央立法是从国家整体利益出发，规定法律调整的基本原则、一般要求及其相应的具体措施，它很难详细考虑和照顾各地的具体情况与特殊需要。而地方立法制定的各种规范性法律文件，则有效地弥补了中央立法的这一不足，因地制宜地解决各地复杂多变的各项事务，有效地建立并保障新的社会秩序，使之适合本地方的社会发展情况，变为地方国家机关、社会团体和公民普遍遵守的、具体的行为规范。随着我国特色社会主义法制建设的不断发展，地方立法应该成为地方国家机关管理本地区事务的一项基本活动与方法。因为通过地方立法，各地能够及时地将地方各项事务纳入法律调整的范围，运用法律手段对地方事务进行调整，这样既可以增强地方在管理地方事务方面的效率，也可增强地方的自主性，做到有法可依。

3. 从地方立法活动的结果来看，地方性法规是中国特色社会主义法律体系的重要组成部分。我国的法律规范体系是由一系列法律规范组成的一个统一整体，包括宪法、法律、行政法规和地方性法规以及民族自治法规。各个层次的法律规范分别由不同的国家机关制定，它们的层级和效力也不一致，因而它们在法律规范体系中具有不同的地位。根据《立法法》的规定，法律的效力最高，行政法规的效力次之，地方性法规、规章的效力最低。地方性法规是各级地方国家权力机关依照职权行使地方立法权而制定的规范性法律文件（包括地方性法规与政府规章），虽然其法律效力低于宪法、法律和行政法规，但它们在国家的法规体系中却十分重要，是我国特色社会主义法律体系的重要组成部分，也是其他形式的法律规范不能代替的。地方性法规的制定一方面要体现宪法、法律、行政法规的基本原则，并将这些法律法规作为地方立法的依据，以保持法律规范体系的一致性；另一方面，地方性法规又具有很强的针对性和适应性。为了保障国家法律法规在本区域内更好地执行，地方性法规必须结合本地的实际情况，突出地方特色，使法规更具有操作性。

二、地方立法的功能

立法作用是指立法这一特定活动的功用、效力及其法律意义，主要体现在立法过程及其所创制的规范性法律文件对公共管理机构、社会成员的行为和活动的影响。对于设区的市而言，获得地方立法权具有以下作用。

（一）贯彻国家法律法规有效实施

在现阶段中国经济、社会、文化、历史、人文千差万别的情况下，中央立法不可能也无法把各种可能情况都涵盖在法规里，因此只能就某些事务作出原则性、概括性的规定。为了使宪法、法律、行政法规和国家的大政方针能在本地得到更好的执行，地方立法机关在维护国家法制统一的前提下，从本地实际出发进行实施性立法，为它们制定实施细则或变通规定，以增强中央立法在本地实施的针对性、操作性。若没有地方立法的这种作用，国家法律法规在各地的实施效力就会层层递减，有些法律有可能会成为摆设，变成"空中楼阁"。《立法法》第82条规定，地方性法规可以为执行法律、行政法规的规定，需要根据本行政区域的实际情况作具体规定的事项作出规定；第93条规定，为执行法律、行政法规、地方性法规的规定需要制定规章的事项，省、自治区、直辖市和设区的市、自治州的人民政府，可以根据法律、行政法规和本省、自治区、直辖市的地方性法规，制定规章。因而，确保国家法律的有效实施，是地方立法的重要使命和不可或缺的功能。

（二）获得更多符合本地实际的法制资源

自党的十五大明确提出依法治国基本方略以来，中共中央于
2014 年 10 月发布《中共中央关于全面推进依法治国若干重大问题
的决定》，2017 年 10 月召开的党的十九大明确提出成立中央全面
依法治国领导小组，加强对法治中国建设的统一领导。从党和国
家的一系列决定可以看出，党和国家对法制建设越来越重视，对
推进依法治国方略坚定不移。全面依法治国是国家治理的一场深
刻革命，而全面依法治国的前提是要有法可依，特别是对于各级
政府而言，要求严格按照法律的规定对经济、政治、社会、文化、
生态等各项事务进行治理。然而，我国的国情决定了中央立法无
法及时有效地解决地方的所有事务，也不可能做到立法面面俱到。
再有，由于国家法律规范过于原则化、抽象化，很难兼顾各地实
际情况的差异性，造成部分国家法律在千差万别的地方水土不服。
在此情形下，地方政府在管理地方事务时，常常面临法制资源不
足的困境。为了解决地方政府的这一窘境，国家对地方立法主体
一次次扩容，使更多的地方拥有地方立法权。地方获得地方立法
权之后，因其处于社会主义法治建设的第一线，结合本地实际制
定的地方性法规或者规章，更接地气，在本行政区内具有更强的
执行力和适用性。

（三）把本地改革经验上升为法律规范

改革开放以来，全国各地开展的改革一直发挥着"试验田"
的作用。一些地方改革的成功经验被总结、上升为国家相关领域
改革的措施，乃至被吸收、转化为全国普遍适用的法律规范。但
长期以来，设区的市改革对国家的贡献，仅限于对全国或者全省
具有复制推广的部分经验；而具有地方差异性、体现本地特色和
需求的改革经验，在没有立法权的地方无法予以固化，只能停留

在规范性文件的层面，缺乏权威性和稳定性，难以充分发挥改革成果的效用。获得地方立法权之后，设区的市就能围绕改革的成功经验制定地方性法规或者规章，使之成为本行政区域内一体遵行的法律规范，保障改革成果的效用持续、稳定发挥。

（四）提升公众法治素养和依法治理水平

全民守法是全面依法治国的基本要求之一，地方的依法治理需要以公众法治素养为重要基础。公众法治素养的培育和提升，除了依托国家多年来持续推进的普法教育之外，还需要让广大公众实实在在地参与法治建设的进程，接受法治的实践锻炼。地方立法是地方法治建设最为重要的环节，也是在党的领导下推进的重要政治活动，重大决策、规则构建和利益协调过程，涉及广泛的公众利益，也需要地方民众的广泛深入参与。在地方立法中，立法机关依照立法法规定的民主立法原则，广开言路，多渠道、多形式听取公众意见，引导公众积极参与立法。各个阶层、各个群体的社会公众围绕与自身权益相关的立法问题积极反映意见，参与立法进程，在充分表达自身利益诉求的同时，也实实在在地接受了法治训练，这将对公众法治素养的提升发挥重要作用。而公众法治素养的不断提升，会为地方的依法治理夯实基础，并发挥重要推动作用。

（五）为市域社会治理提供法治保障

习近平总书记提出："坚持和完善共建共治共享的社会治理制度"❶，"加快推进市域社会治理现代化"，为市域社会治理提供了根本遵循，指明了发展方向。市域社会治理，是以市域社会为语

---

❶ 《中共中央关于坚持和完善中国特色社会主义制度、推进国家治理体系和治理能力现代化若干重大问题的决定》，载《人民日报》，2019－11－06.

境，以市域问题与市域风险为对象，以市域各构成单元和构成要素的有机协同、共同发展为目标的社会治理。在我国经济社会快速发展时期，市域范围内呈现出许多复杂的、特殊的、综合的社会治理问题。❶ 如何有效地化解这些社会矛盾，综合解决社会治理中出现的突出问题，对我国的社会治理提出了挑战。法治是社会治理的基本方式，同时也是市域社会治理的保障。党的十八届四中全会提出："坚持系统治理、依法治理、综合治理、源头治理，提高社会治理法治化水平。"为更好地提升社会治理法治化水平，设区的市应积极运用地方立法权限，将市域社会治理现代化纳入依法治理的整体性法治视域中来推进。因此，发挥地方立法对市域社会治理的保障作用，对于提升社会治理效能，加快推进市域治理现代化，建设法治社会与法治政府具有重要的意义与价值。

第四节　地方人大在地方立法中的作用

一、地方人大在国家政治体制中的地位

（一）人民代表大会制度是我国的根本政治制度

人民代表大会制度是我国宪法所确立的根本政治制度，是国家机构和国家政治生活的基础，其核心是国家的一切权力属于人民。之所以说人民代表大会制度是我国的根本政治制度，其具体表现在以下几个方面。

第一，国家的一切权力属于人民。我国现行《宪法》第 2 条

---

❶ 陈忠、吴伟：《市域社会的治理逻辑：发展趋势与伦理选择》，载《光明日报》，2020 – 04 – 20.

规定:"中华人民共和国的一切权力属于人民。""人民行使国家权力的机关是全国人民代表大会和地方各级人民代表大会。"我国人民是通过人民代表大会制度来行使国家权力的,各级人民代表大会都是人民行使国家权力的机关。依据《宪法》和《选举法》的规定,全国人民代表大会和地方各级人民代表大会都是通过民主的选举原则和选举程序由人民选举自己的代表所组成的。各级人民代表一经选举产生后,就代表人民行使国家权力,决定国家和地方的一切重大事务,同时在国家管理过程中吸引广大人民群众参加。

第二,人民代表大会制度充分和全面地反映了我国的阶级本质。我国是以工人阶级为领导,工农联盟为基础的人民民主专政的社会主义国家。我国的政权具有广泛的阶级基础,各阶级、各阶层、各党派、各民族在政权中都有一定的地位,各方面代表通过人民代表大会,可以反映不同地区、不同民族、不同阶层、不同职业等方面的利益和要求,商讨国家大事,参加国家管理。在我国,社会各阶级、阶层在具体利益上的要求不同,人民代表大会制度因其代表的广泛性能全面直接地反映社会各个阶级、阶层在国家生活中的不同地位,从而从组织上保证了人民当家作主的实现。

第三,人民代表大会制度是国家其他各项制度建立的基础和依据。人民代表大会制度可以创立其他多种制度,如立法制度、司法制度、行政制度、军事制度、财经制度、婚姻家庭制度等。人民代表大会制度一经确立,就成为国家其他各项制度建立的基础和依据。全国人民代表大会凭借拥有立法权这项权力,不但可以建立立法制度的本身,而且还可以通过立法活动建立许多其他的制度。

(二)地方立法工作格局:党委领导、人大主导、政府依托、各方参与

党的十九届四中全会通过的《中共中央关于坚持和完善中国

特色社会主义制度、推进国家治理体系和治理能力现代化若干重
大问题的决定》，第一次在立法体制机制方面提出了必须"坚持科
学立法、民主立法、依法立法，完善党委领导、人大主导、政府
依托、各方参与的立法工作格局，立改废释并举，不断提高立法
质量和效率"。建设中国特色社会主义法治体系、建设社会主义法
治国家是坚持和发展中国特色社会主义的内在要求。第一，加强
党对立法工作的领导。坚持党的领导，是社会主义法治的根本要
求。在《立法法》的配套法规《行政法规制定程序条例》《规章制
定程序条例》中都明确提出，把党的领导贯彻落实到政府立法工
作的全过程和各方面。制定行政法规、规章，应当贯彻落实党的
路线方针政策和决策部署。制定政治方面法律的配套行政法规，
应当按照有关规定及时报告党中央；制定经济、文化、社会、生
态文明等方面重大体制和重大政策调整的重要行政法规，应当将
行政法规草案或者行政法规草案涉及的重大问题按照有关规定及
时报告党中央。制定政治方面法律的配套规章，应当按照有关规
定及时报告党中央或者同级党委（党组）；制定重大经济社会方面
的规章，应当按照有关规定及时报告同级党委（党组）。国务院年
度立法工作计划应当报党中央、国务院批准后向社会公布。第二，
发挥人大及其常委会在立法工作中的主导作用。"人大主导立法"
是贯彻落实人民代表大会制度的重要方式，"人大主导立法"是指
"在我国立法过程中，应由人大把握立法方向，决定并引导立法项
目、立法节奏、立法进程和立法内容、原则与基本价值取向。它
是一项立法原则，同时也指立法体制和机制"❶。第三，加强和改

---

❶ 李克杰：《"人大主导立法"原则下的立法体制机制重塑》，载《北方法学》2017
年第 1 期。

进政府立法制度建设，完善行政法规、规章制定程序，完善公众参与政府立法机制。第四，明确地方立法权限和范围，依法赋予设区的市地方立法权。第五，加强法律解释工作，及时明确法律规定含义和适用法律依据。

在把握党委领导、人大主导的地方立法新格局时，我们要注意：一是要严格区分党和人大在地方立法工作中的不同主体地位。党处于领导地方立法的主体地位，地方立法机关则处于具体实施立法的主体地位。二是要严格区分党内法规和国家法律，厘清党规与国法的边界，不能把应该由国法调整的事项交由党规调整，不能以党的文件取代国家法律，原则上，党所有的重大方针政策都必须变成法律才能执行，否则不应该有普遍的社会约束力，但同时也要避免党内法规与国家法律不一致的情况。三是党领导立法必须尊重立法规律，不能以领导人个人的意志和看法来影响立法。人大及其常委会是法定的立法主体，加强和完善党对立法工作的领导，要加强对立法工作的组织协调，支持和保证人大及其常委会充分行使立法权。

同时我们也要看到党委领导、人大主导地方立法二者之间的紧密联系。一方面，党领导立法是人大主导立法的根本保证。加强和改善党领导立法，有利于立法机关从大局把握国家的大政方针，贯彻落实党的路线方针政策，确保立法正确的政治方向。"依法治国首先是党领导下的依法治国。没有党的领导，依法治国会迷失方向。"❶ 立法机关要吃透党的决议的精神实质，把思想统一到党确立的立法规划、立法原则和立法方针上来。加强党对立法

---

❶ 杜钢建、赵香如、李锦：《加强和完善党领导国家立法调研报告》，载《法治湖南与区域治理研究》2012 年第 2 期。

工作的领导，有利于发挥党委总揽全局、协调各方的领导核心作用，帮助立法机关解决立法过程中遇到的各种困难。另一方面，人大主导立法要自觉坚持和贯彻党的领导。党领导立法是党的执政地位的内在要求，是贯彻执行党的大政方针的需要❶。人大主导立法要在立法选择、制度设计和立法决策等各个环节都体现和贯彻党的领导。党领导立法在人大主导立法工作中的重要体现就是，一切立法都应有利于加强和改善党的领导，而不是削弱党的领导；都应有利于巩固和完善党的执政地位，而不是损害党的执政地位。为此，要加强党对立法协商的领导和协调，党委要定期听取同级人大常委会党组的工作汇报，立法规划和立法计划的编制与调整、法规规章制定与修改等重大问题，应由人大常委会党组、政府党组向同级党委报告。

特别值得一提的是，在统筹改革措施出台与立法工作方面，更需要实现党领导立法与人大主导立法有机结合、无缝对接，使改革与立法相互适应，从而获得最佳效果。具体而言，就是党要善于运用法治思维和法治方式谋划推动改革，在作出改革决策前要考虑改革与法的关系，适时主动提出法律法规立、改、废、释的意见和建议，确保改革措施的合宪性合法性；立法机关要密切关注、及时回应中央和地方党委关于改革创新的总体思路和决策部署，对法律法规的适用性进行评估、论证，根据改革需要适时调整法律法规，通过立法保障推动改革。

二、地方人大及其常委会在地方立法中发挥主导作用的重要意义及主要方法

2014年10月，党的十八届四中全会审议通过的《中共中央关

---

❶ 田侠：《彭真"党领导立法"的思想及其启示》，载《唯实》2012年第12期。

于全面推进依法治国若干重大问题的决定》提出，"健全有立法权的人大主导立法工作的体制机制，发挥人大及其常委会在立法工作中的主导作用"。2015 年 3 月，修改后的《立法法》规定，"全国人民代表大会及其常务委员会加强对立法工作的组织协调，发挥在立法工作中的主导作用"。2017 年 10 月，党的十九大报告再次提出"发挥人大及其常委会在立法工作中的主导作用"。有立法权的地方人大及其常委会（以下简称地方人大）如何健全其主导立法工作的体制机制，充分发挥其在立法工作中的主导作用，是新形势下地方立法工作亟待解决的新课题。

（一）地方人大主导地方立法的重要意义

《中共中央关于全面推进依法治国若干重大问题的决定》的说明中指出："立法工作中部门化倾向、争权诿责现象较为突出，有的立法实际上成了一种利益博弈，不是久拖不决，就是制定的法律法规不大管用，一些地方利用法规实行地方保护主义，对全国形成统一开放、竞争有序的市场秩序造成障碍，损害国家法治统一。"中央适时提出由地方人大主导地方立法，就是希望总结历史经验教训，从体制机制上有效防止部门利益和地方保护主义，正确发挥立法的引领和推动作用。由此可见，地方人大主导地方立法具有现实且重要的意义。

第一，是坚持和完善人民代表大会制度的必然要求。法律是治国之重器，立法事关国家公权力的设置及分配，事关公权力和私权利的界限及划分，事关各种社会关系的调整，立法权必须掌握在人民手中，体现最广大人民的意愿。由人大主导立法，既是宪法和法律赋予的神圣职责，也是人大行使立法权的题中应有之义，更是人民代表大会制度的必然要求。

第二，是坚持和实现党的领导的充分体现。中国共产党代表最广大人民的根本利益，党的意志通过人大立法成为国家意志，体现人民意愿；人大是党领导下的国家权力机关，是实现党的意图的重要政治机关和工作机关。党领导立法，具有鲜明的中国特色，具有充分的法理和政策依据。由人大主导立法，是党的主张，体现了党领导人民制定和实施宪法法律同党坚持在宪法法律范围内活动的有机统一。

第三，是防范部门利益的现实需要。当前，地方立法之所以存在一些部门各自为政、争权诿责、难以配合协调等问题，归根结底是部门利益从中作祟。人大作为国家权力机关，代表人民通过立法来规范行政管理行为，对行政机关进行监督，可以利用其超脱的地位，客观地看待立法中存在的问题，可以较好地防范立法中的部门利益。

第四，是实现良法善治的有效途径。良法之治为法治，恶法之治为专制。当前，人民群众对立法的期盼，已经不是有没有，而是好不好、管不管用、能不能解决问题。人大代表来自社会各个领域、各个阶层，可以最广泛地代表广大人民群众的意志和利益，且人大立法遵循严格的立法程序，保证集体行使职权，保证公众有序参与，保证客观、公正地进行制度设计，更大程度地提升立法质量，使立法符合人民的期盼，符合善治的要求。

（二）地方人大主导地方立法的主要途径

1. 发挥地方人大在地方立法立项中的引导作用。法规立项工作是体现人大立法主导作用的关键。法规项目立什么、如何立、何时立，是立法的基础环节，也是人大及其常委会主导立法的第一道关口。一般法规立项要经过立法预测、立法征集、调查研究、分析比较和科学论证。在这一阶段，地方人大一定要牢牢把握主动权，不断健全立法项目公开征集制度，坚持立法公开、开门立法。因此，地方人大及其常委会应对各方面提出的立法需求予以通盘考虑、总体设计、科学引导、严格立项，努力立良善之法、立管用之法，不断提高立法的科学性、及时性、针对性。首先，要通过各种媒体，向社会广泛征求立法项目，积极引导公众提出立法项目，广纳民声民意，克服以往那种以行政部门申报为主、受制于行政部门立法积极性的不良现象。其次，立法选项要体现人民意志。立法选项要根据社会发展和人民群众的需求，从服务区域经济社会发展的大局考量，在急需解决的事项中选取立法项目，加强重点领域立法，把保障公民人身权、财产权、基本政治权利与公民经济、文化、社会等各方面权利作为立法重点，实现公民权利保障法治化。再次，要做好立法项目的统筹协调，做好立法选项的审查工作。一方面应积极探索立法协商的方式、方法和途径，建立健全立法决策咨询制度，加强人大及其常委会与政府的整体协调，通过召开立法征集座谈会、论证会、听证会，充分听取社会各方面的意见和建议，对初选立法议题逐一筛选，从而使立法选项既能充分反映民意，又能体现各方利益平衡；另一方面立法计划编制要注重长远规划和年度计划相结合，长远规划要进行预测和顶层设计，注重前瞻性、战略性，注重法律法规体系的科学性和完整性。年度计划要以问题为导向，注重解决社会生活中的实际问题，防止以部门利益为导向，努力改变"政府提什么，人大立什么"的传统惯例，从而为立法决策更加充分体现各方面、各领域对立法引领和推动作用的呼声和期盼奠定了坚实的基础。

2. 发挥地方人大在地方立法起草中的主导作用。立法的起草是立法工作的关键步骤，对发挥人大主导作用有着十分重要的意义。立法计划的编制与法规草案的起草，在很大程度上决定着地方立法的质量和水平。加强人大在立法起草中的主导作用，就是要切实改变过去法律法规草案文本由政府部门起草，再提交人大审查，最后向社会征求意见提请人大审议通过的错误做法，从体制机制和工作程序上有效防止部门利益和地方保护主义法律化。因此，地方人大及其常委会要更加注重科学立法、民主立法，不断加强对起草工作的调度，要勇于挑起立法计划编制和主导法规草案起草的重担；推进立法主体多元化，积极探索立法机关主导、社会各方有序参与的立法途径和方式，拓宽公民有序参与立法途径，充分汲取各方智慧，广泛凝聚社会共识；建立健全法律法规集中起草制度，积极探索开放式、多元性的起草机制，建立健全立法专家顾问制度、征求人大代表意见制度、向下级人大征询立法意见机制、社会公众沟通机制，发挥好人大在立法起草过程中的统筹协调作用。

3. 发挥人大在立法审议中的主导作用。立法审议是立法的重要环节，也是立法工作的最后一道关口，要充分发挥常委会组成人员、人大代表的作用。立法审议是一项政治性、法律性、程序性很强的工作，既要严格按照法定的立法程序进行，也要明确各审次的审议重心，提高表决程序科学性和民主化水平。一审着重审议草案的体例、框架、结构和重点、焦点问题；二审着重对草案的条文逐条逐句进行审议；三审着重审查吸纳公众意见进行立法修改情况。通过严格区分一审至三审的审次重点、切实守住地方立法"不抵触原则"的法制底线、在审议时敢于对重要内容进行创新修改，切实发挥好人民代表大会的立法功能，从而使地方立法上合国家法律政策规定，下合人民群众的心愿和要求，努力使法规立得住、行得通、真管用。

三、党领导立法的主要途径与方式

中国共产党是我国的执政党，为了实现民主执政，党对国家事务的领导应该依法进行。党依法执政既是人民民主的充分保证，也是建立社会主义法治国家的需要，更是党代表人民根本利益的体现。因此，党依法领导立法工作是党依法执政的重要内容或方面。它的基本要求是按照党政职能分开的原则，依法领导并遵循法治规律，支持我国权力机关——各级人民代表大会，特别是全国人民代表大会——依法行使立法职权的活动，通过法定程序和方式使党的方针政策上升为法律，在实现党的领导的同时保障立法的民主性和科学性。在我国，党在不同立法阶段领导立法的方式和方法有不同的特色和要求，对此进行系统认识和分析，对加强党在立法领域的执政能力建设，提高党依法立法的能力和水平有重要意义。

（一）批准或者审定立法规划

在我国，中国共产党通过制定政策并依法参与立法准备过程来领导立法规划的编制和实施。首先，我国各级立法规划的编制总体而言是以党在不同时期的发展方向、任务和要求为指导，通过有目的、有计划、有步骤地开展立法工作来落实党的各项发展政策，实现党的执政目标。其次，通过党的组织审定立法规划是党领导立法规划编制活动的重要方式。在我国，无论是人大还是政府编制的立法规划（一般是中长期立法规划），要由这些部门的党组报送同级或上一级党的组织审查批准后才能执行落实，有关的工作文件一般都明确将立法规划报请党组批准作为立法规划编制和实施的必经程序。将立法规划由人大或政府部门党组报请同级和上级党的组织审批的做法符合党依法领导立法的原则，对贯彻和落实党的方针政策也有极大的促进作用。但应当指出的是，为了贯彻党政职能分开的原则，避免党政一体化，党的组织对立法规划的事前审查应在党的制度建设层面予以确立并完善，而不应作为国家机关的工作制度或上升为法律制度。最后，立法规划编制完成后，党通过依法组织和参与立法活动，推动立法规划项目落实，从而实现对立法规划工作的依法领导。

（二）提出立法建议和法律议案

在我国，依据宪法和法律的规定，中国共产党没有向立法机关提出法律议案或法律案的权力，但享有向立法机关提出立法建议的权利。作为执政党，中国共产党向立法机关提出立法建议，其意义不同于其他社会主体的立法建议。中国共产党向立法机关提出立法建议，既是中国共产党依法享有的管理国家事务、社会事务、经济和文化事业的民主权利，又是党依法领导国家事务的重要方式；无论是立法的准备阶段还是正式立法阶段，中国共产党为了保证党的方针政策的贯彻落实，都可依法提出立法建议；为了有效地贯彻执政党的路线、方针和政策，通过发动党的各级组织和党员，中国共产党在必要时可通过法定程序将立法建议转换为法律议案或法律案的形式向立法机关提出。

四、坚持实现党的领导、人民当家作主、依法治国有机统一

党的十六大报告指出："发展社会主义民主政治，最根本的是要把坚持党的领导、人民当家作主和依法治国有机统一起来。"只有将党的领导、人民当家作主和依法治国有机统一起来，才能保证中国特色社会主义政治实践的健康发展和社会主义政治文明建设目标的顺利实现。党的领导、人民当家作主和依法治国是社会主义民主政治的特点和优势。推进社会主义政治建设和政治体制

改革，发展社会主义民主政治，建设社会主义法治国家，必须通过科学的制度和程序，坚持把这三者统一于社会主义民主建设的实践中。

首先，党的领导是人民当家作主和依法治国的根本保证。中国共产党作为一个领导着有14亿多人口的社会主义大国的执政党，在国家政治生活中处于绝对的领导地位，党的领导对于实现人民当家作主和依法治国具有决定性的意义。在当代中国，发展民主政治和推行依法治国，必须坚持党的领导。中华人民共和国成立后，党坚持将马克思主义基本原理同中国国情紧密结合，建立了人民民主专政制度、人民代表大会制度、共产党领导的多党合作制度等一系列具有中国特色的民主政治制度，从制度上、法律上保障人民当家作主在国家和社会生活中得到充分和切实的贯彻和体现。改革开放以来，在总结正反两个方面经验的基础上，我们党领导人民积极稳妥地通过政治体制改革来促进社会主义民主政治的发展，广泛地动员、领导和组织人民掌握好国家权力，管理好国家、社会事务和各项事业，使社会主义政治文明建设取得了长足进步。历史和现实都表明，在我国国情复杂的情况下进行政治文明建设，若没有一个能够得到全国各族人民普遍拥护和一致认可的领导核心，政治文明建设是难以顺利进行的。因此，发展社会主义民主政治，建设社会主义政治文明，核心在于坚持党的领导。

其次，人民当家作主是社会主义民主政治的本质和核心要求，是社会主义政治文明建设的根本出发点和归宿。共产党执政就是领导和支持人民当家作主。全国各族人民是建设中国特色社会主义事业的主体，能否真正实现人民当家作主，充分发挥人民群众的积极性、创造性，是检验党的执政能力的根本标准，也是检验社会主义民主实现程度的根本标准。党的领导方式和执政方式是通过党的领导体制实现的，集中反映在党与国家以及人民群众关系的具体形式上。党也只有领导人民创造各种有效的当家作主的民主形式，坚持依法治国，才能充分实现人民当家作主的权利，才能得到人民群众的支持和拥护，才能巩固和发展党的执政地位。人民当家作主离不开党的领导，党的领导也必须体现和保证人民当家作主。依法治国，就是把坚持党的领导与发扬人民民主结合起来的最佳形式。

发展社会主义民主，使制度更带有根本性、全局性、稳定性和长期性。人民代表大会制度是社会主义民主的根本体现，是人民行使当家作主权利的体现。因此，我们要加强人民代表大会及其常委会自身建设，使其真正依法履行国家权力机关的职能；要加强人民代表大会的立法和监督工作，强化人民代表大会及其常委会对宪法和法律实施情况的监督。

最后，依法治国是党领导人民治理国家的基本方略。依法治国与人民民主、党的领导是紧密联系、相辅相成、相互促进的。依法治国既是党的领导的重要形式，也是人民当家作主的重要形式。依法治国不仅从制度上、法律上保证人民当家作主，而且也从制度上、法律上保证党的执政地位。在依法治国的条件下，党代表人民利益形成的路线方针政策，经过法定程序，上升为国家意志，成为法律，我国的宪法和法律是党的主张和人民意志相统一的体现。人民在党的领导下，依照宪法和法律治理国家，管理社会事务和经济文化事业，保障自己当家作主的各项民主权利，这是依法治国的实质。依法治国的过程，实际上就是在党的领导下，维护人民主人翁地位的过程，保证人民当家作主的过程。党领导人民通过国家权力机关制定宪法和各项法律，又在宪法和法律范围内活动，严格依法办事，保证法律的实施，从而使党的领导、人民当家作主和依法治国有机统一起来。所以，党必须用制度和法律确认人民民主的地位、规范民主的活动，实现公民参与社会政治生活的有序化，真正维护最广大人民的根本利益。同时，为发展民主而采取的一些具体措施，如改革和完善决策机制、深化行政管理体制改革、深化干部人事制度改革、加强对权力的制约和监督、推进司法体制改革等取得的积极成果，也需要及时用法律形式予以确认，使人民当家作主真正具有制度和法律上的保障。

第二章

地方立法的原则

第一节　地方立法的一般原则

　　地方立法作为整个国家立法的有机组成部分，必须遵循国家立法的原则，我们称之为地方立法的一般原则。根据《立法法》的规定，国家立法应当遵循合宪性原则、依法立法原则、民主立法原则和科学立法原则。这就是地方立法必须遵循的一般原则。

一、合宪性原则

　　《立法法》第 5 条规定："立法应当符合宪法的规定、原则和精神，依照法定的权限和程序，从国家整体利益出发，维护社会主义法制的统一、尊严、权威。"合宪性原则是指一切立法活动，包括立法的主体与权限、立法的内容、立法的程序，都必须符合宪法的规定，不得违反宪法。合宪性原则是对所有立法活动的普遍要求。地方立法作为国家立法的一部分，自然而然地应该遵守合宪性原则。中国共产党第十八届四中全会公报指出:"坚持依法治国首先要坚持依宪治国,坚持依法执政首先要坚持依宪执政。"宪法是国家的根本法,在我国具有至高无上的法律地位,除了是各项法律、行政法规、地方性法规的依据和效力来源外,同时也要求各级人大和政府在制定法律、行政法规和地方性法规的过程中必须以宪法为依据,不能与宪法的规定相违背,不能违背宪法所确立的基本原则。

(一)宪法的至上性

人们常言:宪法是万法之源,宪法是万法之最,宪法是万法之根,宪法作为国家根本法的地位决定了一切法律都必须与宪法的原则精神相一致,地方立法也必须维护宪法的统一和尊严。[1] 用宪法来管理国家事务的思想,源自古希腊的民主政治实践,后来成为世界上多数国家的共同选择。各国宪法不仅确立了主权在民的原则、代议制原则、依法行政原则、权力制衡原则等,而且通过各种护宪措施使国家各种权力受控于宪法,使宪法获得了普遍的尊重。宪法在内容上具有根本性,它界定了立法机关和其他国家机关的不同职能和地位,规范着国家机关之间的权力界限;宪法赋予了公民的基本权利,规定了国家和公民之间的相互关系。可见,宪法既规范"权力"体系,又规范"权利"体系,还调节"权力"和"权利"的关系。这使宪法成为国家社会之运作的基本准则。在地方立法领域,地方国家机关是否有立法权力,有什么范围和性质的立法权力,以及人民对于立法的知情权利、参与权利、监督权利等,也都是由宪法规定或者根据宪法授权的。[2]

---

[1] 汤唯、毕可志等:《地方立法的民主化与科学化构想》,北京大学出版社 2002 年版,第 61 页。

[2] 王建华、杨树人:《地方立法制度研究》,四川人民出版社 2009 年版,第 53 - 55 页。

1. 宪法在国家法律体系中具有最高的法律地位，是其他法律的立法基础和立法依据。一切法律规范都必须从宪法那里取得合法效力，一切法律法规都不得与宪法相抵触。在地方立法中，即要保证地方立法作为国家法制体系的组成部分，不能与宪法相抵触，地方立法如果与宪法相抵触，就不具有法律效力。由此，违宪的地方立法无效，这是宪法至上的一个合乎法理和逻辑的推论。

2. 宪法是一切组织和个人的根本活动准则。我国《宪法》序言中明确规定："全国各族人民、一切国家机关和武装力量、各政党和各社会团体、各企业事业组织，都必须以宪法为根本活动准则，并且负有维护宪法尊严、保证宪法实施的职责。"《宪法》第5条规定："一切国家机关和武装力量、各政党和各社会团体、各企业事业组织都必须遵守宪法和法律。一切违反宪法和法律的行为，必须予以追究。任何组织或者个人都不得有超越宪法和法律的特权。"中共十八届四中全会通过的《中共中央关于全面推进依法治国若干重大问题的决定》（以下简称《决定》）强调："全国各族人民、一切国家机关和武装力量、各政党和各社会团体、各企业事业组织，都必须以宪法为根本的活动准则，并且负有维护宪法尊严、保证宪法实施的职责。一切违反宪法的行为都必须予以追究和纠正。"

（二）宪法的实施

合宪性原则还要求当不同立法主体所立之法不符合宪法或互相冲突时，应当适用宪法加以判断和裁量，从而使宪法能在法的运行中真正确立起最高效力，真正发挥作用。《立法法》第98条规定："宪法具有最高的法律效力，一切法律、行政法规、地方性法规、自治条例和单行条例、规章都不得同宪法相抵触。"如何确保宪法的最高效力？这就有赖于进一步明确宪法实施的任务，完善宪法的实施机制。宪法实施的目的，在于使宪法规范的理想价值与法律行为的控制之间建立起良性互动关系，沟通文本上的宪法和运行中的宪法之间的联系。宪法至上并不等于宪法高不可及。宪法不仅仅是一种政治口号、政治宣言、政治纲领，宪法的生命在于实施，宪法的权威也在于实施。当宪法通过地方立法的贯彻、政府的推行、人们的遵守、法院的维护而获得实际效力时，它的最高效力才能真正得到体现。而如果宪法制定后得不到执行，如果现实生活中出现了宪法问题不能通过宪法适用来解决，则实践中作为治国纲领的宪法就很难从"纸上"走入"现实"，必然导致宪法被架空。在我国，全面贯彻实施宪法，是建设社会主义法治国家的首要任务和基础性工作。

宪法实施的任务在于维护宪法权威，避免下位法、特别是地方立法与之冲突。因此，需要设立专门机构，来确定在立法过程中宪法是否被遵守，来判断和处理与宪法不一致的"立法违宪"问题。在地方立法与宪法的关系方面，作为下位法，地方立法必须从宪法那里找到合法性源泉，因而要确定地方性法规和地方政府规章的制定和颁布、遵守和执行，是否符合宪法的原则，需要有完善的宪法适用和法律监督机制。[1] "总结经验和教训，理智的人们已经深刻地认识到，仅有写在纸上的宪法远远不够，必须有强有力的宪法监督机制。"[2] 中共十八届四中全会《决定》提出，健全宪法实施和监督制度。完善全国人大及其常委会宪法监督制度，健全宪法解释程序机制。加强备案审查制度和能力建设，把

---

[1] 王建华、杨树人：《地方立法制度研究》，四川人民出版社 2009 年版，第 54 - 55 页。

[2] 汤唯、毕可志等：《地方立法的民主化与科学化构想》，北京大学出版社 2002 年版，第 58 页。

所有规范性文件纳入备案审查范围，依法撤销和纠正违宪违法的规范性文件，禁止地方制发带有立法性质的文件。中共十九大报告提出，加强宪法实施和监督，推进合宪性审查工作，维护宪法权威。只有在对立法行为的宪法监督方面采取有效的监督措施，通过违宪审查机制的建立健全，切实解决现实中客观存在的立法违宪问题，才能达到纸上的成文宪法与鲜活的宪法实践的有机统一。

二、依法立法原则

《立法法》第5条规定："立法应当符合宪法的规定、原则和精神，依照法定的权限和程序，从国家整体利益出发，维护社会主义法制的统一、尊严、权威。"这就确立了依法立法的原则。依法立法，对于维护社会主义法制的统一和尊严，是非常重要的。依法进行立法活动，主要体现在两个方面：一是立法应当依照法定的权限；二是立法应当依照法定的程序。

（一）立法应当依照法定的权限

职权法定，是社会主义法治的一项重要内容。我国的法律体系是以宪法为统帅、法律为主干，包括行政法规、地方性法规、自治条例和单行条例、规章在内的统一的、分层次的法律体系。在立法活动中，要保证法律体系内部和谐统一，一切法律、行政法规、地方性法规、自治条例和单行条例、规章都不得同宪法相抵触，下位阶的法不得同上位阶的法相抵触，同位阶的法之间也要互相衔接和一致。为了维护社会主义法制的统一和尊严，保障各个层次的立法活动和谐、有序地进行，必须合理地划分中央与地方、权力机关与行政机关的立法权限。《宪法》和有关法律对立法权限的划分，已经作了原则性规定。《立法法》以《宪法》为依据，对立法权限的划分进一步作了规定。制定法律、行政法规、地方性法规、自治条例和单行条例的活动，以及国务院部门和地方政府制定规章的活动，都必须依照《宪法》《立法法》和有关法律关于立法权限划分的规定。各有关机关都必须在宪法、法律规定的范围内行使职权，不能超越法定的权限范围。国家机关超越法定权限的越权行为，是违法的、无效的。

为了保障各有关机关在法定权限内进行活动，《宪法》和有关法律对监督机制作了规定，《立法法》根据我国立法的实际情况，规定了立法监督机制，主要是备案审查制度、改变和撤销制度，这是维护国家法制统一的重要制度。对立法监督机制的规定，主要表现为：第一，行政法规、地方性法规、自治条例和单行条例、规章，应当依法报有关机关备案——备案是为了进行审查，是进行监督的需要；第二，上级机关对下级机关进行监督，国家权力机关对本级国家行政机关进行监督。《立法法》第107条规定："法律、行政法规、地方性法规、自治条例和单行条例、规章有下列情形之一的，由有关机关依照本法第108条规定的权限予以改变或者撤销：（一）超越权限的；（二）下位法违反上位法规定的；（三）规章之间对同一事项的规定不一致，经裁决应当改变或者撤销一方的规定的；（四）规章的规定被认为不适当，应当予以改变或者撤销的；（五）违背法定程序的。"根据《立法法》第108条的规定：（1）全国人民代表大会有权改变或者撤销它的常务委员会制定的不适当的法律，有权撤销全国人民代表大会常务委员会批准的违背宪法和该法第85条第2款规定的自治条例和单行条例；（2）全国人民代表大会常务委员会有权撤销同宪法和法律相抵触的行政法规，有权撤销同宪法、法律和行政法规相抵触的地方性法规，有权撤销省、自治区、直辖市的人民代表大会常务委员会批准的违背宪法和该法第85条第2款规定的自治条例和单行条例；（3）国务院有权改变或者撤销不适当的部门规章和地方政府规章；（4）省、自治区、直辖市的人民代表大会有权改变或者撤销它的常务委员会制定的和批准的不适当的地方性法规；（5）地方人民代表大会常务委员会有权撤销本级人民政府制定的不适当的规章；（6）省、自治区的人民政府有权改变或者撤销下一级人民政府制定的不适当的规章；（7）授权机关有权撤销被授权机关制定的超越授权范围或者违背授权目的的法规，必要时可以撤销授权。加强对立法工作的监督，是立法活动能够依法进行的保障。

（二）立法应当依照法定的程序

国家机关的立法活动，不仅应依照法定的权限，还必须严格遵守法定的程序。遵守法定程序是实施法治的基本要求。人民代表大会及其常务委员会的立法活动，政府的行政立法活动，都必须严格遵循法定的程序。《全国人民代表大会组织法》《全国人民代表大会议事规则》《全国人民代表大会常务委员会议事规则》等法律，对全国人大及其常委会的立法程序作了一些规定。《国务院组织法》对国务院行使职权包括制定行政法规的程序作了规定。《地方组织法》对地方人大及其常委会、地方政府行使职权包括制定地方性法规和规章的程序作了规定。《立法法》在上述法律规定的基础上，对全国人大及其常委会的立法程序，国务院制定行政法规的程序以及地方人大及其常委会制定地方性法规的程序、行政机关制定规章的程序，作了进一步的规定。《立法法》按照党的中共十八届三中全会、四中全会提出的健全立法起草、论证、协调、审议机制，扩大公民有序参与立法途径等要求，总结实践经验，对立法程序又作了进一步补充和完善。严格按照法定程序进行立法活动，对于规范立法行为，保障立法质量是非常重要的。

　　遵守法定程序之所以重要，是因为程序性规定反映了民主原则，民主的实质必须通过相应的程序表现出来，违反程序也就违反了民主原则。严格遵循有关的程序性规定，是立法工作中坚持社会主义民主原则，保障立法体现人民意志，保障人民群众通过多种途径参与立法活动所必需的。严格遵守法定程序，也是国家机关的行为具有合法性不可或缺的条件。对于违反法定程序的法律、法规或规章，有关机关可以决定予以撤销。❶ 遵守法定程序是提高立法质量的重要保证。根据《立法法》的规定，全国人大及其常委会的立法程序主要包括法律案的准备程序、法律案的提出程序、法律案的审议程序、法律案的表决程序、法律案的公布程序；行政法规的制定程序包括立项、起草、审查、决定等阶段的程序，依照《国务院组织法》的有关规定办理；地方性法规的制定程序，参照法律的制定程序，由地方人大制定；规章的制定程序参照行政法规的制定程序，由国务院规定。2015年修正的《立法法》完善了行政法规的制定程序，增加规定，国务院年度立法计划中的法律项目应当与全国人大常委会的立法规划和年度立法计划相衔接；重要行政管理的法律、行政法规草案由国务院法制机构组织起草；行政法规在起草过程中，应当采取多种形式广泛听取有关机关、组织、人大代表和社会公众的意见。这些规定都要得到严格遵循。

三、民主立法原则

　　《立法法》第6条规定："立法应当坚持和发展全过程人民民

---

❶ 全国人大常委会法制工作委员会国家法室编著：《中华人民共和国立法法释义》，法律出版社2015年版，第18－20页。

主，尊重和保障人权，保障和促进社会公平正义。立法应当体现人民的意志，发扬社会主义民主，坚持立法公开，保障人民通过多种途径参与立法活动。"这就确立了民主立法原则。民主立法原则，是指立法要反映人民的意志和利益，保障人民的权利，其核心在于立法必须为了人民、依靠人民。实现民主立法、必须坚持人民的主体地位，充分发扬民主，保证人民通过多种途径有序参与立法，使立法更好地体现民情、汇聚民意、集中民智。在现代法治国家，民主立法是普遍遵循的原则，我国是人民民主专政的社会主义国家，立法权源于人民，立法活动理应尽可能地吸纳广大人民群众的参与，使不同的利益诉求在立法程序中得以表达与交流，以保证立法成果既反映人民的共同意志和利益，又能体现对少数群体的尊重，减少因法律变化所致利益格局调整而引起的社会矛盾，确保社会的和谐与稳定。

（一）立法必须恪守"以民为本、立法为民"的理念

"立法为民、人民至上，历来是立法工作的根本出发点和归宿，这是我国的国家性质所决定的"。❶ 在我国，一切权力属于人民，人民行使国家权力的机关是全国人民代表大会和地方各级人民代表大会。立法是人民代表大会及其常委会代表人民行使国家权力的重要体现，必须恪守"以民为本、立法为民"的理念。这要求必须健全立法机关主导、社会各方有序参与立法的途径和方式，强化对授权立法的控制与监督，被授权机关应当切实遵照授权目的和范围进行立法，不得将该项权力转授其他机关。当前有的法律法规质量不高、在实践中不能得到很好执行的一个重要原因就是，立法未能全面反映客观规律和人民意愿，针对性、可操

❶ 贾璋炜：《我国地方立法原则探微》，载《内江师范学院学报》2008年第1期。

作性不强，立法工作中部门保护主义、地方保护主义严重，争权诿责的现象突出，这实质上是立法活动没有严格坚持"以民为本、立法为民"理念的表现。故"立法为民"不是一句空洞的口号，它包含着立法者对人民的责任。作为人民选举出来行使立法权的代表，立法者必须为了人民利益来立法，多倾听人民的意见，集中人民的智慧，获取立法的"最大公约数"，广泛凝聚社会共识，这样才有助于提高立法的质量，所立之法才会有尊严与权威。

（二）立法的内容要最大限度地反映民意

依法治国的根本在于充分保障人民的权利和自由。因此，立法是否真正反映人民的利益和愿望，是否能够切实保证人民的权利和利益得以实现，直接关系着依法治国的成败。我国过去存在"义务本位"的立法倾向，这种立法强调公民的义务与责任，公民的权利没有得到应有的保护，从而导致公民对法律产生一种排斥情绪，很难主动去接受，更不会积极参与，久而久之，公民便会远离法律、不信仰法治。要全面推进依法治国，在立法方面就必须实现从"义务本位"向"权利本位"立法的转变，着重加强保护公民权利、增进公民利益的立法，对关系广大人民群众切身利益和群众反映强烈的、需要通过立法解决的问题，立法机关应注意从立法角度加以研究和考虑，切实解决人民群众最关心、最直接、最现实的利益问题，确保每项立法都符合宪法精神，反映人民意志、维护人民利益、得到人民拥护。

（三）立法要尽可能畅通民意表达渠道

要在立法过程中贯彻民主原则，增强地方立法程序的民主性，要坚持开放性立法，尽可能地保障人民群众参与到立法活动中来，疏浚民意表达渠道。重点应抓好以下几个环节。第一，在广泛征求各方面意见的基础上形成符合实际需要的立法规划。在编制立法规划时，除考虑各主管部门的立法建议外，还应考虑民众的意见，建立便捷畅通的渠道，设置专门的组织和人员，及时准确地征集社会各方面的立法建议和意见，完善立法项目征集和论证制度。这是从源头上保证地方立法的民主性。第二，在地方性法规、规章的起草到审议阶段，应广泛听取有关机关、组织和公民的意见。这一方面要求立法机关应当依法主动向社会公开立法活动，公开说明立法意图及筹备工作，公布法规草案及调研论证报告，并创造条件逐步公开每个法案讨论及表决过程，及时公布立法结果。公民参与地方立法有多种形式，既可以通过听证会、座谈会等方式表达自己对法案的意见，也可以通过报纸、杂志、媒体、网络等途径讨论法案，还要建立立法联系点和立法顾问制度等形式，开辟多种渠道，保障广大人民群众能够更经常地参与地方立法活动，使地方立法具有深厚的实践基础和群众基础。另一方面又要求立法机关应当充分尊重民意，无论意见是否采纳，均应当对不同意见进行辨析以阐释条文的制定理由，健全公众意见采纳情况反馈机制，确保民意表达的有效性。第三，在地方性法规、规章实施过程中，地方立法机关应注意收集社会各阶层的意见，做好定期评估。根据评估结果，提出完善立法的具体意见、建议。

（四）立法机关应当自觉接受人民监督

任何权力都应当受到监督与制约，立法权亦不例外。若疏于对地方立法的监督，立法者可能会背弃人民的信赖和约束，那么所制定出来的法律就不是民主制度追求的结果。为防范立法权的滥用，确保立法者能真正代表人民，反映民意民情，就必须健全人民监督立法权运行的机制，使地方立法机关能够自觉地接受人民监督，避免立法活动产生的负面效应。客观地说，我国当前地方法实践中，仍然存在"立法不作为"和"立法乱作为"的现象。要克服这些现象，就要将《宪法》《立法法》赋予公民的批评权、建议权、监督权等落到实处，建立相应制度来受理群众对立法行为的申诉、控告，强化上级人大及其常委会指导与监督下级人大及其常委会的立法活动。当然，选民还可以通过罢免不称职的人大代表来间接监督立法机关及立法活动。

四、科学立法原则

《立法法》第7条规定："立法应当从实际出发，适应经济社会发展和全面深化改革的要求，科学合理地规定公民、法人和其他组织的权利与义务、国家机关的权力与责任。法律规范应当明确、具体，具有针对性和可执行性。"这就确立了科学立法原则。科学立法原则，是指地方立法要符合理性，准确反映和体现所调整社会关系的客观规律，同时遵循法律体系的内在规律。科学立法的核心要求立法活动应当在科学的理论指导下，尊重和体现规律，避免立法的主观随意性与盲目性，减少立法失误，提高立法质量。所谓立法质量，归根结底，在于法律规范能否反映客观规律，是否具有科学性、合理性，且具有可操作性，能否解决实际问题。在我国，强调科学立法，最重要的是在尊重立法活动内在规律的前提下，使立法符合我国现阶段的基本国情，以满足社会主义现代化建设和国家治理的需要，地方立法亦不例外。就地方立法中的科学性原则而言，可以从以下几个方面进行阐释。

（一）立法应当遵循社会发展的客观规律

立法是立法者确立社会普遍规则的主观意志活动，这些规则在多大程度上能够满足社会客观现实的需要，取决于立法者对客观世界的发展规律的认知程度，而要发现社会发展的客观规律，就必须深入调查研究，做到一切从实际出发，理论联系实际，这是科学立法的前提条件，唯有如此才可能制定出符合社会客观需要的法律法规。当前我国最大的实际和国情是正处于并将长期处于社会主义初级阶段，所以立法工作必须从这个实际出发，才能够发现立法所应解决的事项和制约立法的因素，才能够正确分析与评估现实社会状况，也才能够理性区分立法的轻重缓急，科学地制定出立法规划。同时，我国还处于从传统社会向现代社会的转型时期，社会经济发展日新月异，文化思想与社会阶层日趋多元，改革与发展正步入深水区，越来越触及根本性问题。立法要解决这些问题，就必须立足国情，了解问题所在，研究解决路径。深入开展调查研究，就既要广泛听取工人、农民、公务员、知识分子等各方面的意见，也要听取不同利益主体的意见；既要听取赞同意见，也要尊重反对意见；既要认真总结我国传统与现实中的立法经验，也要合理借鉴他国立法成果；既要综合运用经济学、社会学、统计学等领域的理论方法来解释社会现象，也要重视法学理论的指导作用，这样才能准确把握社会的发展规律，使地方立法切合实际，增强地方性法规、地方政府规章的生命力。

（二）立法应当科学合理配置权利与义务、权力与责任

权利与义务、权力与责任是法律的基本范畴，立法工作的核心就是为不同法律关系主体设定权利和义务或者权力和责任。实质上，这个过程又是对社会资源的初次配置，是对各种利益的协调与取舍，从而形成新的制度化、法律化的利益格局。所以，立法对权利与义务、权力与责任的规定必须科学合理。在法律规范中，权利与义务相对应；当法律规定一个主体享有某项权利时，必然意味着其他主体要承担相应的法律义务；法律规定一个主体负担某项义务时，亦必然意味着其他主体享有了相应的法律权利。因此，地方立法务必审慎考量权利与义务的设定，使之在法律规

范之中总量等值，不允许存在部分人只享受权利但不履行义务的
法律规范，任何人都没有超越法律的特权，也不允许存在部分人
只履行义务但不享受权利的法律规范；科学的立法应尽可能地保
障法律主体在自由行使权利的同时，能够自觉履行应尽之义务，
最大限度地降低权利滥用与义务懈怠的发生。法律权力与法律责
任是法律的另一基本范畴，与前者在法律中的普遍性存在不同的
是，权力与责任只是法律中的特殊物。❶ 但是，权利的实现需要一
定的保障机制，其中最为重要的保障机制亦须依托权力来设定。
然而，凝聚性的权力一旦建立起来，权力的无序扩张与责任的自
然放任又会时有发生，反而成为践踏权利的负能量。权力对权利
的保护与冲击的双重效用，敦促人们必须关注权力及其责任的问
题。这就要求地方立法要树立权责一致，"有权必有责，权责相统
一"的理念，不能为了有法可依而仅强调权力的设定，更要重视
对权力的规范和控制，建立权力清单制度，使之公开透明运行，
还要用责任划定权力的边界，任何怠于履行职责或者滥用职权的
行为都应承担相应的法律责任，通过理性制约权力来解决各种利
益纠纷，维护公众的合法权益。

（三）立法应当自觉接受实践检验

实践是法律的基础，法律是实践经验的总结和升华。一部法
律自诞生之日起即面临着实践的挑战，处于不断地自我完善之中，
而一部法律是否科学与良善也只能由法律实践来考查。同时，由
于我国地方立法工作起步较晚，区域间的政治、经济、文化的发
展水平亦不平衡，一些地方又面临着民族团结、国防安全等问题，
经济社会的加速转型又不可避免地引发一些难以预见的新情况，

---

❶　谢晖：《法学范畴的矛盾辨思》，山东人民出版社 1999 年版，第 252 页。

这使得过去的地方立法往往原则性规定较多。所以，地方立法不应仅满足于科学、民主的制定过程和内容设置，还应自觉地追踪执法进度，科学地分析法规、规章的实施效果，及时修改或者废止不适应生产力和生产关系、经济基础和上层建筑发展的法律规范，并总结经验以指导今后立法，使法律规范更为明确、具体，增强其及时性、针对性、可操作性和有效性。

第二节　地方立法的特有原则

立法法规定的立法原则是地方立法活动中必须严格遵循、贯彻始终的基本准则。同时，基于地方立法的"地方性"，地方立法还应坚持地方立法特有的原则。基于对立法法精神的理解，结合长期以来全国各地在地方立法工作中的探索和实践经验，我们认为，地方立法还应遵守以下四个方面的具体要求和原则。

一、不抵触原则

不抵触原则，是我国地方立法必须遵循的立法原则之一。所谓"不抵触"，是指为保证国家法制的统一，地方立法机关制定的地方性法规或者规章不得与宪法、法律、行政法规的内容与精神相抵触。设区的市制定的地方性法规，还必须遵循不得与本省现行有效的地方性法规相抵触的原则。不抵触原则是维护国家法制统一的基本要求，既是地方立法的底线，也是地方立法不可逾越的红线。在我国立法体制中，各个层级立法主体所制定的规范性法律文件的法律效力也不相同，它们之间形成了一种从上到下递减的位阶体系，即下位法的效力低于上位法，下位法不得与上位法的内容、原则、精神相抵触。例如，《立法法》第 80 条明确规定，省、自治区、直辖市的人民代表大会及其常务委员会"在不同宪法、法律、行政法规相抵触的前提下，可以制定地方性法规"。该法第 81 条规定，设区的市的人民代表大会及其常务委员会"在不同宪法、法律、行政法规和本省、自治区的地方性法规相抵触的前提下，可以对城乡建设与管理、生态文明建设、历史文化保护、基层治理等方面的事项制定地方性法规"。这是地方立法"不抵触"原则的直接法律渊源，地方立法主体在地方立法活动中必须不折不扣地执行。

二、不越权原则

所谓"不越权"，就是指地方立法机关在地方立法活动中不得超越宪法和法律赋予的权限范围制定地方性法规和规章。

《宪法》和《立法法》对各个层次立法主体的立法权限作了适当划分。地方立法中存在的"越权"，主要包括下列三种情形：一是违反《立法法》的规定，地方立法主体在立法活动中就属于全国人大及其常委会、国务院的专属立法事项进行立法；二是地方立法主体违反《中华人民共和国行政许可法》《中华人民共和国行政处罚法》《中华人民共和国行政强制法》的规定，在地方性法规或者政府规章中超越权限设立行政许可、处罚或者强制措施，在没有法律、行政法规、地方性法规依据的情况下，制定的政府规章随意设定减损公民、法人和其他组织权利的规定，或者增加其义务的规范；三是设区的市立法机关超越《立法法》规定的权限，就"城乡建设与管理、生态文明建设、历史文化保护、基层治理等"事项范围以外的事项制定地方性法规或者政府规章。

设区的市地方立法要避免越权，就必须正确理解《立法法》

中关于地方立法权限范围的规定。《立法法》第 81 条第 1 款明确规定，设区的市立法权限范围仅限于"城乡建设与管理、生态文明建设、历史文化保护、基层治理等方面的事项"，地方立法主体只能就这些事项制定地方性法规。可以说，《立法法》对设区的市立法权限作了明确且清晰的限定，地方立法主体在立法活动中应当严格遵守，否则就有越权立法的危险。然而，对于《立法法》规定的四个方面事项的界定，相关部门尚未给出权威具体的解释，理论界和实务界也一直在探讨。例如，对于"城乡建设与管理"事项范围的问题的界定，目前可供参考的资料主要是原全国人大法律委员会（现为全国人大宪法和法律委员会）、全国人大常委会法制工作委员会负责人所做的相关说明或者讲话。如：时任全国人大法律委员会主任委员乔晓阳指出，"从城乡建设与管理看，就包括城乡规划、基础设施建设、市政管理等"❶；全国人大常委会法工委原主任李适时指出，"城乡建设既包括城乡道路交通、水电气热市政管网等市政基础设施建设，也包括医院、学校、文体设施等公共设施建设。城乡管理除了包括对市容、市政等事项的管理，也包括对城乡人员、组织的服务和管理以及对行政管理事项的规范等"❷。从目前现有的解释来看，无论是学术界还是具体立法实践中，一般都倾向于做扩大解释，这也符合我国地方立法主体扩容以及社会发展的复杂现实。当然，各设区的市在无法准确把握相关立法事项是否属于本级立法权限范围时，可以先行与省人大常委会法制工作委员会沟通，省人大常委会法制工作委员会

---

❶ 《第十二届全国人民代表大会法律委员会关于〈中华人民共和国立法法修正案（草案）〉审议结果的报告》，载中国人大网，http：//www. npc. gov. cn/wxz/gongbao/2015－05/07/content. 1939079. htmo，2023 年 5 月 16 日访问。

❷ 李适时：《全面贯彻实施修改后的立法法——在第二十一次全国地方立法研讨会上的总结》，载《中国人大》2015 年第 21 期。

认为有必要时，再请示全国人大常委会法制工作委员会确定。

三、有特色原则

有特色是地方立法特有的原则。所谓"有特色"，是指地方立法要在充分考虑本地实际情况的基础上，突出地方特色，所立之法要回应地方法制需求和社会关切。因此，在地方立法活动中，地方立法机关要紧密结合本地实际，坚持问题导向，以解决本行政区域社会治理中存在的突出问题及其法制需求为出发点，立符合本地实际之法、务实管用之法。地方立法要突出地方特色，不需要"放之四海而皆准"，这是由地方立法的特殊性所决定的。地方立法若没有地方特色，也就失去其存在的价值。

那么，地方立法如何突出地方特色呢？主要要从以下三个方面体现。首先，内容上要突出地方特色。地方立法的适用范围仅适用于所辖行政区内，因此要紧密结合本行政区域经济社会发展的实际，针对本地经济社会发展中存在的突出问题和社会公众关注的热点难点问题确定地方立法的内容。我国疆域辽阔，各地的经济发展水平、地理资源环境、历史文化传统、法制环境、人文背景、民情风俗等都呈现出不同的特点，各地的特有问题需要地方法加以调整和规范。地方立法要体现地方特色：一是必须充分反映地方立法对本地经济社会发展等的调整需求；二是在中央立法没有解决或者不宜解决的本地问题上，把制定地方性法规和规章同解决本地实际问题结合起来；三是必须从本地实际出发，所制定的法规在本地具有操作性，能够被广泛遵守。其次，在法律制度的制定过程中，要善于挖掘、梳理与总结在本地被实践证明且行之有效的工作经验、制度和机制，通过地方立法将其上升为法律规范。地方立法本身就有先行、先试的特点，若能及时、准确地将本地的治理经验上升为法律，就既能通过立法肯定和巩固已有的社会治理成果，又能为其他地方立法乃至中央立法提供成熟的制度与经验。最后，法规体例要体现地方特色。地方立法的特性，决定了其在立法形式上不同于国家立法，主要以抓住重点、能够解决实际问题为导向。因此，地方立法要从实际需要出发，科学合理地确定法规的体例，不局限于为追求形式上的完整性而搞"大而全"，而是结合本地的实际情况需要几条搞几条，成熟几条搞几条，注重"小而精"，力求在实践中体现立法质量、效率与体例的有机统一。

四、可操作原则

所谓"可操作"，是指地方立法机关制定的法律规范应当可执行、易操作、真管用、行得通。法律的生命和权威在于实施。一部具备较强的可执行性、可操作性的法律法规，才能真正具有强大的生命力，发挥应有的效用。实践证明，不具有操作性或操作性不强的地方立法，即便立法的出发点再好，框架设计再好，也不能达到立法所要的目的。《立法法》第7条第2款明确规定，"法律规范应当明确、具体，具有针对性和可执行性"，"可操作"是对所有法律规范的必然要求。地方立法本是为解决地方事务而生，更要具备可操作性，因此，地方立法机关必须在地方立法的针对性和可执行性上下功夫，提高地方立法解决地方事务的能力。

针对地方立法的可操作性，地方立法首先应在立法模式和体例上力求小而精，注重实用性。具体到设区的市地方立法而言，应尽量减少大而全的立法，围绕城乡建设与管理、生态文明建设、历史文化保护等方面的一些具体问题，尽量做到一事一法。其次，在法律规范的内容安排上，要坚持"针对问题立法、立法解决问题"的立法思路，设置能够真正解决问题的关键条款，达到围绕立法事项解决迫切现实问题需要的立法目的。最后，在具体法律规范条文的设计上，要尽量具体、明确，少一些原则性规定的设定，多一些具体细化的条款，确保法律规范便于执行。

第三章

地方立法主体与权限

第一节　地方立法主体

一、地方立法主体的概念和分类

地方立法主体是指依法有权制定、修改、废止、解释地方性法规、规章等规范性法律文件的国家机关。我国地方立法主体主要有三类：一是一般地方立法主体；二是民族区域自治地方立法主体；三是经济特区与特别行政区地方立法主体。根据《宪法》《立法法》《地方组织法》等的规定，我国的地方立法主体是依法被赋予地方立法权的地方各级人民代表大会及其常委会、地方各级人民政府。

（一）一般地方立法主体

1. 省一级地方立法主体。根据《立法法》第80条规定，省、自治区、直辖市的人民代表大会及其常务委员会根据本行政区域的具体情况和实际需要，在不同宪法、法律、行政法规相抵触的前提下，可以制定地方性法规。《立法法》第 93 条规定，省、自治区、直辖市的人民政府，可以根据法律、行政法规和本省、自治区、直辖市的地方性法规，制定规章。

从《立法法》的规定来看，我国省级地方立法主体有两类，一是省级人大及其常委会；二是省级人民政府。省级人大及其常委会在不同宪法、法律、行政法规相抵触的前提下，可以制定地方性法规；省级人民政府，可以根据法律、行政法规和本省、自治区、直辖市的地方性法规制定政府规章。省级地方立法主体的立法事项范围比较宽泛，除了专属于全国人大及其常委会的立法事项范围之外，原则上省级地方性法规以及政府规章都可以涉及，《立法法》对省级地方立法的立法事项范围并未作出明确的规定。

2. 设区的市一级的地方立法主体。2015 年《立法法》修正以后，一般地方立法主体范围扩大，把原先省会城市和较大市享有的立法权扩充到所有设有区一级行政区划的地级市。2021 年 3 月，十四届全国人大一次会议通过的《中华人民共和国宪法修正案》，进一步确认了设区的市人大及其常委会的地方立法权。根据《宪法》及《立法法》的规定，设区的市地方立法主体也有两类，包括设区的市的人民代表大会及其常务委员会和设区的市的人民政府。根据《立法法》第 81 条的规定，设区的市的人民代表大会及其常务委员会根据本市的具体情况和实际需要，在不同宪法、法律、行政法规和本省、自治区的地方性法规相抵触的前提下，可以对城乡建设与管理、生态文明建设、历史文化保护、基层治理等方面的事项制定地方性法规，法律对设区的市制定地方性法规的事项另有规定的，从其规定。《立法法》第 93 条规定，设区的市的人民政府，可以根据法律、行政法规和本省、自治区、直辖市的地方性法规，对城乡建设与管理、生态文明建设、历史文化保护、基层治理等方面的事项制定地方政府规章。

（二）特殊地方立法主体

1. 民族自治地方的地方立法主体。我国《宪法》第 116 条、《中华人民共和国民族区域自治法》（以下简称《民族区域自治法》）第 19 条以及《立法法》第 85 条都对民族自治地方的地方立法作了明确规定。《立法法》第 85 条规定："民族自治地方的人民代表大会有权依照当地民族的政治、经济和文化的特点，制定自治条例和单行条例。自治区的自治条例和单行条例，报全国人民代表大会常务委员会批准后生效。自治州、自治县的自治条例和单行条例，报省、自治区、直辖市的人民代表大会常务委员会批准后生效。自治条例和单行条例可以依照当地民族的特点，对法律和行政法规的规定作出变通规定，但不得违背法律或者行政法规的基本原则，不得对宪法和民族区域自治法的规定以及其他有关法律、行政法规专门就民族自治地方所作的规定作出变通规定。"

从以上法律规定可以看出，民族自治地方的立法主体是指有权制定自治条例、单行条例的自治区、自治州、自治县的人民代表大会。在我国现行的立法体制中，一般的县级国家权力机关是不具有立法权的。国家之所以赋予民族自治县人民代表大会享有制定自治条例和单行条例的职权，一是为了更好地贯彻民族区域自治制度；二是通过自治条例和单行条例的制定，更好地引领和推动自治地方的经济、文化和社会等领域各项事业的发展。因此，自治县人民代表大会应当珍惜好这项职权，不断提高立法水平，为当地经济、文化和社会发展提供法治保障。例如，为了更好地保护和发展巫水河，湖南省内的苗族聚居地——城步苗族自治县，将启动巫水河的保护和发展立法工作，以法律的形式为巫水河的保护与发展保驾护航。

另外，根据《立法法》第 85 条以及第 93 条的规定，自治区、自治州的人民代表大会及其常务委员会除了制定自治条例和单行条例，也拥有制定地方性法规的权力，自治区、自治州的人民政府也可以制定地方政府规章。

2. 经济特区的地方立法主体。《立法法》第 84 条规定，经济特区所在地的省、市的人民代表大会及其常务委员会根据全国人民代表大会的授权决定，制定法规，在经济特区范围内实施。

经济特区的地方立法主体主要有两类：一是经济特区人大及其常委会，其制定的是在经济特区实施的法规；二是经济特区人民政府，其制定的是在经济特区实施的行政规章。总体来讲，经济特区的立法权限主要有两个层面：一个是全国人大授权的立法层面，另一个是一般的设区的市的立法层面。

经济特区人大及其常委会的立法权限和立法范围主要有三个方面。一是经济特区人大及其常委会根据国家立法机关的授权规定，就原本属于国家立法机关立法的事项制定在经济特区实施的法规。从这一点来看，表明经济特区人大及其常委会根据授权行使了国家立法机关的部分立法权。然而，这种立法权是受到严格而明确的限制的，其立法内容必须遵守宪法、法律、行政法规的相关规定，且不能就宪法、法律已明确规定由国家立法机关制定为法律的事项进行立法。二是经济特区人大及其常委会在国家立法机关的有关授权规定下，所制定的法规需要结合经济特区的具体情况和实际、以解决经济特区特殊问题为主导。在我国，经济特区实行特殊的经济政策和经济管理体制，这就导致经济特区不同于其他地方，国家有必要通过授予经济特区特殊的立法权以解决经济特区的特殊情况和特殊问题。三是为了保证宪法、法律、行政法规在本经济特区的有效贯彻实施，经济特区人大及其常委会根据经济特区的具体情况和实际需要，在授权范围内制定实施细则。

经济特区人民政府的立法权限和立法范围主要表现在：一是为贯彻执行与本经济特区有关的法律、行政法规和上级地方权力机关及其常设机关制定的地方性法规而制定规章；二是为贯彻执行同级权力机关及其常设机关制定的经济特区法规而制定规章；三是根据经济特区权力机关或其常设机关的授权制定规章。

3. 自贸区或自贸港的地方立法主体。《立法法》第 84 条规定"上海市人民代表大会及其常务委员会根据全国人民代表大会常务委员会的授权决定，制定浦东新区法规，在浦东新区实施。海南省人民代表大会及其常务委员会根据法律规定，制定海南自由贸易港法规，在海南自由贸易港范围内实施。"2021 年 6 月，全国人大常委会授权上海市人大及其常委会制定浦东新区法规。与此同时，《中华人民共和国海南自由贸易港法》（以下简称《海南自由贸易港湾》）正式颁布实施，以法治力量为自贸港发展再添动能。为了顺应法治建设的专业化、精细化趋势，提高立法规范供给效率，扩大立法被授权主体范围，尤其向改革一线的主体进行立法授权，使其能够进行变通型立法，已成为必然❶。新修订的《立法法》适时吸收改革探索成果，处理好改革与法治的关系，不断通过法治赋能经济社会发展。

综合以上所述，我国地方立法主体包括以下几类：（1）省、自治区、直辖市的人民代表大会及其常务委员会，地方立法形式

---

❶ 王春业：《论我国立法被授权主体的扩容——以授权上海制定浦东新区法规为例》，载《政治与法律》2022 年第 9 期。

是制定地方性法规；（2）设区的市的人民代表大会及其常务委员会，地方立法形式是制定部分地方性法规；（3）自治州的人民代表大会及其常务委员会，地方立法形式是制定地方性法规；（4）经济特区所在地的省、市的人民代表大会及其常务委员会，地方立法形式是制定地方性行政法规；（5）上海市人民代表大会及其常务委员会根据全国人民代表大会常务委员会的授权决定，制定浦东新区法规。海南省人民代表大会及其常务委员会根据法律规定，制定海南自由贸易港法规。（6）民族自治地方的人民代表大会，地方立法形式是制定自治条例和单行条例；（7）省、自治区、直辖市和设区的市、自治州的人民政府，地方立法形式是制定地方规章。

第二节　地方立法的权限范围：以设区的市为例

立法权限，是指立法主体行使立法权的界限❶。地方立法权限范围是指享有立法权的地方立法主体行使立法权力的大小幅度以及有权通过立法规范和调整的事项范围。设区的市地方立法权限范围是指设区的市的立法主体即人大及其常委会和人民政府行使地方立法权的界限范围，也就是各立法主体之间的权力分配和事项划分。通俗地说，就是设区的市地方立法主体可以就哪些事项立法，不可以就哪些事项立法。

设区的市是我国地方立法中的最低层级。关于设区的市地方立法的权限范围，修改后的《立法法》用第 81 条、第 82 条、第

---

❶　周旺生：《立法学》（第 2 版），法律出版社 2009 年版，第 205 页。

83 条和第 93 条作了直接规定，学者们对此也从多个视角进行了解读和剖析。有学者从法律保留、列举事项、立法权能三个方面进行解析❶，也有人从横向和纵向两个维度进行分析❷，还有人从地方人大与其常委会、地方人大与地方政府之间的立法权关系进行探讨❸。不管从何种角度探讨地方立法的权限范围，我们都必须以《立法法》及相关法律的规定为前提展开。

一、《立法法》关于地方立法权限范围的一般规定

我国是单一制国家，地方的权力是中央赋予的，不存在只能由地方立法而中央不能立法的情况，同时，也很难对中央和地方的立法权限都作出列举。因此，《立法法》没有对中央和地方立法权限范围一一列举，而是在规定全国人大及其常委会的专属立法权后，对地方立法的权限范围作了原则性规定。地方立法根据其立法目的，大致可以分为三类：实施性立法、地方性事务立法、先行性立法。

1. 实施性立法。实施性立法是指为执行法律、行政法规的规定，需要根据本行政区域的实际情况作具体规定的事项。法律和行政法规是在全国范围内普遍施行的，由于我国幅员辽阔，地区发展不平衡，法律、行政法规不可能对所有问题规定得非常具体，因此有些问题只能作出概括和原则性的规定，需要地方性法规根据本行政区的实际情况和需要作出具体规定，以便于法律、行政

---

❶ 易有禄：《设区市立法权的权限解析》，载《政法论丛》2016 年第 2 期。
❷ 陈国刚：《论设区的市地方立法权限——基于〈立法法〉的梳理与解读》，载《学习与探索》2016 年第 7 期。
❸ 刘志刚：《地方人大及其常委会的立法权限划分》，载《法治研究》2016 年第 1 期；李瀚琰：《论地方人大与地方政府的立法权限划分》，载《山西农业大学学报（社会科学版）》2015 年第 5 期。

法规更好地在本地区实施。

　　各地在制定实施性立法时，需要把握好以下三个方面的关系。一是要把握好"需要"的关系。并不是每一项法律、行政法规都需要制定实施性的地方法规或规章，地方要根据本行政区域内的具体情况具体分析，对于法律、行政法规规定得比较明确具体的问题，不应作重复性规定。二是要从本地实际情况出发。实施性立法的"根"是本地的实际情况。各地区的地方立法可以相互借鉴，但不能盲目照搬外地立法模式，否则解决不了上位法在本地的实施问题。三是不能突破上位法的规定。实施性立法的目的是更好地贯彻、执行国家法律、行政法规，地方立法不能对上位法作出变通规定，也不能违背上位法的精神，更不能和法律、行政法规相抵触。

　　2. 地方性事务立法。地方性事务是相对于全国性的事务而言的，地方性事务是指地方特有的事务，或者是具有地方特色的事务。需要法律规范调整的事务纷繁复杂，而其中许多事务是地方特有的或极具地方特色，由全国制定统一的法律、行政法规来调整地方特有或极具地方特色的事务既不现实也不可能。因此，《立法法》规定可以进行地方性事务立法以弥补中央立法的不足。例如，湖南省湘潭市对本行政区域内韶山灌区的保护，就属于典型的地方性事务，应当由地方立法机关根据地方实际情况进行立法。

　　3. 先行性立法。在全国人大及其常委会专属立法权之外，在中央尚未立法的情况下，地方可以先行制定地方性法规。全国人大及其常委会的专属立法权，地方性法规不能突破，否则就是越权和无效的。对于最高国家权力机关专属立法权以外尚未制定法律或者行政法规的事项，地方性法规可以作出规定。国家允许地方立法先行先试积累经验，这对于加快全国统一立法，健全法律体系是十分必要的。

二、设区的市地方立法权限范围

设区的市地方立法权限范围，主要是指设区的市可以进行地方立法的具体事项范围。对于设区的市而言，不论是为了执行法律、行政法规的规定，需要根据本地区的实际情况作具体规定立法，还是就地方性事务立法或者在全国人大及其常委会专属立法权之外中央尚未立法的事项进行立法，都应受《立法法》第81条第1款规定"城乡建设与管理、生态文明建设、历史文化保护、基层治理等方面的事项"的限制。因此，根据《立法法》的规定，我国在赋予设区的市地方立法权的同时，也对设区的市制定地方性法规和地方政府规章的具体事项范围限制在城乡建设与管理、生态文明建设、历史文化保护等方面。

（一）城乡建设与管理

《第十二届全国人民代表大会法律委员会关于〈中华人民共和国立法法修正案（草案）〉审议结果的报告》提到："'城乡建设与管理、环境保护、历史文化保护等方面的事项'，范围是比较宽的。比如，从城乡建设与管理看，就包括城乡规划、基础设施建设、市政管理等；从环境保护看，按照环境保护法的规定，范围包括大气、水、海洋、土地、矿藏、森林、草原、湿地、野生生物、自然遗迹、人文遗迹等；从目前49个较大的市已制定的地方性法规涉及的领域看，修正案草案规定的范围基本上都可以涵盖。……总体上看，这样规定能够适应地方实际需要。"❶

---

❶ 《第十二届全国人民代表大会法律委员会关于〈中华人民共和国立法法修正案（草案）〉审议结果的报告》(2015年3月12日第十二届全国人民代表大会第三次会议主席团第二次会议通过)，载《全国人大常委会公报》2015年第2期。

　　关于城乡建设与管理，时任全国人大常委会法制工作委员会主任李适时对此作了进一步解释，指出："城乡建设既包括城乡道路交通、水电气热市政管网等市政基础设施建设，也包括医院、学校、文体设施等公共设施建设。城乡管理除了包括对市容、市政等事项的管理，也包括对城乡人员、组织的服务和管理以及对行政管理事项的规范等。对于刚行使立法权的设区的市来说，从赋予立法权的目的看，应注重体现地方特色，着力解决当地面临的实际问题，主要是那些不能通过全国、全省统一立法解决的问题。"❶ 与原全国人大法律委员会的报告相比，李适时的进一步解释一是扩大了"城乡建设"事项的范围，除原全国人大法律委员会说明中列出的"城乡规划"和"基础设施建设"两项外，增加了"公共设施建设"一项，并指出"市政基础设施建设"包括"城乡道路交通、水电气热市政管网等"建设；"公共设施建设"包括"医院、学校、文体设施等"建设。二是扩大了"城乡管理"事项的范围，在原全国人大法律委员会说明提出的"市政管理"之外，增加了"对市容的管理""对城乡人员、组织的服务和管理""对行政管理事项的规范"三项。虽然李适时代表最高立法机关的立法机构对城乡建设与管理作了进一步解释，但在一年后召开的第二十二次全国地方立法研讨会上，依然有地方人大立法机构对设区的市在城乡建设与管理方面的立法权限存在分歧和疑惑。对此，时任全国人大常委会法制工作委员会主任李适时进一步明确"城乡建设与管理"，他说："去年底以来，中央和国务院相继出台了《关于深入推进城市执法体制改革改进城市管理工作的指导意见》和《关于进一步加强城市规划建设管理工作的若干意

---

❶　李适时：《全面贯彻实施修改后的立法法——在第二十一次全国地方立法研讨会上的小结（摘要）》，载《法制日报》2015年9月17日，第3版。

见》，对城市管理的范围作了明确界定。文件明确，城市管理的主要职责是市政管理、环境管理、交通管理、应急管理和城市规划实施管理等，具体实施范围包括：市政公用设施运行管理、市容环境卫生管理、园林绿化管理等方面的全部工作；市、县政府依法确定的，与城市管理密切相关、需要纳入统一管理的公共空间秩序管理、违法建设治理、环境保护管理、交通管理、应急管理等方面的部分工作。根据文件精神，出于城市管理需要而延伸的吸引社会力量和社会资本参与城市管理，建立健全市、区（县）、街道（乡镇）、社区管理网络，推动发挥社区作用，动员公众参与，提高市民文明意识等相关举措，也属于城市管理范畴，涉及的这些领域都是立法法规定的设区的市可以制定地方性法规的范畴。不久前，国务院又出台了《关于推进中央与地方财政事权和支出责任划分改革的指导意见》，意见明确划分了中央财政事权、地方财政事权和中央与地方共同财政事权，对不同的事权范围规定了不同的责任承担。我们要在吃透上述文件精神基础上，严格遵循立法法的规定，坚持在立法权限范围内确定什么法能立、什么法不能立，科学确定立法项目，而不能定指标、画框框。对遇到确实可能超越地方立法权限的问题，要向地方党委汇报清楚，必要时可与省、自治区沟通，取得指导；仍不清楚的，还可以通过省级人大常委会同全国人大常委会法工委沟通。"❶ 李适时主任根据党和国家的最新文件进一步明确了"城乡建设与管理"的含义和范围，对于地方立法主体正确理解和深刻把握"城乡建设与管理"这一词组的具体内涵具有非常重要的参考价值，也为地方

---

❶ 李适时：《始终坚持党对立法工作的领导不断提高立法能力水平——在第二十二次全国地方立法研讨会上的小结（摘要）》，载《法制日报》2016 年 9 月 13 日，第 10 版。

立法提供了权威依据和重要参照。

（二）生态文明建设

生态文明建设就是把可持续发展提升到绿色发展高度，为后人"乘凉"而"种树"，就是不给后人留下遗憾而是留下更多的生态资产。生态文明建设是中国特色社会主义事业的重要内容，关系人民福祉，关乎民族未来，事关"两个一百年"奋斗目标和中华民族伟大复兴中国梦的实现。党中央、国务院高度重视生态文明建设，先后出台了一系列重大决策部署，推动生态文明建设取得了重大进展和积极成效。党的十八大提出要"大力推进生态文明建设"，党的十九大明确指出"要推进绿色发展，着力解决突出环境问题，加大生态系统保护力度，改革生态环境监管体制"。党的二十大报告进一步强调要"坚持绿水青山就是金山银山的理念，坚持山水林田湖草沙一体化保护和系统治理，生态文明制度体系更加健全，生态环境保护发生历史性、转折性、全局性变化，我们的祖国天更蓝、山更绿、水更清"。新修订的《立法法》适时把原法中的"环境保护"修改为"生态文明建设"，把党的路线方针政策和决策部署贯彻于立法中。

新时代加强我国生态文明建设的重要内容，对保障公众健康、促进经济社会可持续发展具有非常重要的意义。把生态环境保护职责下沉到地方政府，赋予设区的市在生态环境保护方面的立法权，更有利于设区的市承担环境保护的职责，以法治化手段促进环境保护，构建起生态环境保护的长效机制。设区的市要在保证国家法律法规在本地区贯彻执行的基础上，结合本地实际，制定出符合本地生态环境保护实际需要的法规。

（三）历史文化保护

所谓的历史文化，是指人类在改造世界的过程中所获得的物质、精神生产的能力及其所创造的财富的总和,包括物质文明、精神文明和制度文明。作为历史悠久的文明古国,我国有着灿烂的历史文化。历史文化按其形态可分为物质性历史文化和非物质性历史文化。物质性历史文化主要以有形的形态存在,一般是指具有历史、艺术和科学价值的文物;非物质性历史文化一般以无形的形态存在,主要是指各种以非物质形态存在的世代相承的传统文化。

具体到法律中的历史文化而言,我国的相关法律并没有给历史文化一个确切的定义。但对于历史文化保护涉及的具体对象,还是可以从《中华人民共和国文物保护法》《中华人民共和国非物质文化遗产法》《历史文化名城名镇名村保护条例》等法律法规的相关规定加以理解和把握,历史文化至少应当包括文物、历史文化名城名镇名村、非物质文化遗产等。总体而言,我国的历史文化保护包括物质性的古遗址、古墓葬、古建筑、石窟寺、石刻、壁画、近代现代重要史迹及代表性建筑等不可移动文物,各时代的重要实物、艺术品、文献、手稿、图书资料等可移动文物,以及在建筑式样、分布均匀或与环境景色结合方面具有突出普遍价值的历史文化名城(街区、村镇);非物质性的文化遗产包括口头传统、传统表演艺术、民俗活动和礼仪与节庆、有关自然界和宇宙的民间传统知识和实践、传统手工艺技能,以及与上述传统文化表现形式相关的文化空间。

(四)基层治理

基层是国家治理的根基,是党和政府与群众联结最为紧密的媒介。推进基层治理体系和治理能力现代化,是确保基层政权坚强有力、维护国家长治久安的必然要求。推进基层治理创新,构建富有活力和效率的新型基层社会治理体系,必须依靠立法将基层社会治理的顶层设计制度化，从而保证基层社会治理的有序推进。当前我国基层社会运行中有着很多结构性问题，权力小、责任大、能力弱，出现权力、责任、能力之间严重失衡的态势❶。

2021 年 4 月，中共中央、国务院出台《关于加强基层治理体系和治理能力现代化建设的意见》，就党组织的全面领导，基层政权治理能力，基层自治、法治、德治及智慧基层治理的建设、组织保障等几个方面提出具体意见。2023 年新修订的《立法法》第 81 条将"基层治理"纳入含区的市的立法权限范围，通过法治实现基层社会的"善治"。

新修订的《立法法》列举的四大事项，成为当前我国设区的市地方立法的基本事项。然而，在规定了三大事项之后，《立法法》中还有"等事项"的表述，这一表述使得许多设区的市的立法者不知所措、无所适从。"等事项"中的"等"到底是"等内"还是"等外"，李适时特别指出："这里的'等'，从立法原意讲，应该是等内，不宜再做更加宽泛的理解。"❷ 究竟是"等内"还是"等外"，我们要从《立法法》设定的立法目的来看。既然《立法法》已经明确列举了设区的市地方立法的基本事项，如果再对"等方面的事项"作任意理解和解释，那么将不符合《立法法》为设区的市设定立法范围来限制立法权的制度安排，也不符合《立法法》的旨意和精神。将"等"字理解为"等内"，既达到了《立法法》所设定的理想目标，也有助于设区的市依法立法、规范立法。

---

❶ 李培欢：《地方人大立法与基层社会治理的顶层设计——以广东省人大立法解决"邻避"事件为例》，载《党政干部学刊》2018 年第 10 期。

❷ 李适时：《全面贯彻实施修改后的立法法——在第二十一次全国地方立法研讨会上的小结》，载全国人大常委会法工委研究室编：《全国地方立法研讨会讲话汇编》，中国民主法制出版社 2017 年版，第 117 页。

三、设区的市立法可以设定和规定的行政处罚、行政许可、行政强制事项

在设区的市地方立法实践中，设区的市地方立法可以设定和规定行政处罚、行政许可、行政强制事项，但不得违反《中华人民共和国行政处罚法》（以下简称《行政处罚法》）、《中华人民共和国行政许可法》（以下简称《行政许可法》）、《中华人民共和国行政强制法》等上位法规定。设区的市地方立法可以设定和规定的行政处罚、行政许可、行政强制事项分别如下。

根据《行政处罚法》第 12 条的规定，行政强制事项分别如下，设区的市地方性法规可以设定除限制人身自由、吊销企业营业执照以外的行政处罚，法律、行政法规对违法行为已经作出行政处罚规定，设区的市地方性法规需要作出具体规定的，必须在法律、行政法规规定的给予行政处罚的行为、种类和幅度的范围内规定。该法第 14 条规定，设区的市的地方政府规章可以设定警告或者一定数量罚款的行政处罚，罚款的限额由省、自治区、直辖市人民代表大会常务委员会规定。设区的市地方性法规以及政府规章在制定过程中，要避免出现增设处罚行为、处罚种类不一致、处罚的幅度与上位法不一致（包括超出幅度范围、改变了罚款的计算方式）、无行为模式却单独设置了行政处罚等超越立法权限的问题。例如，《中华人民共和国水污染防治法》第 81 条规定："以拖延、围堵、滞留执法人员等方式拒绝、阻挠环境保护主管部门或者其他依照本法规定行使监督管理权的部门的监督检查，或者在接受监督检查时弄虚作假的，由县级以上人民政府环境保护主管部门或者其他依照本法规定行使监督管理权的部门责令改正，处二万元以上二十万元以下的罚款。"如果某市对该违法行为规定

处以二万元以上三十万元以下的罚款，则提高了处罚上限；如果规定处以一万元以上二十万元以下罚款，则降低了处罚下限，这些都属于越权立法的情形。

根据《行政许可法》第 15 条、第 16 条的规定，地方性法规可以设定行政许可，还可以在法律、行政法规设定的行政许可事项范围内，对实施该行政许可作出具体规定。地方政府规章可以在上位法设定的行政许可事项范围内，对实施该行政许可作出具体规定。实践中，违法增设许可的条件和事项，以备案、登记、年检、监制、认定、认证、审定等形式变相设定行政许可，以非行政许可审批名义变相设定行政许可等行为都是设区的市的人大及其常委会、政府在立法过程中所要避免的问题。例如，《××市违法建设查处条例（修订草案修改稿）》第 14 条第 1 项规定："城乡规划行政管理部门对违法建设处罚决定未执行完毕或者其违法建设行为已被立案调查、尚未作出处理决定的建设单位或者个人，暂停建设项目的规划审批。"而《中华人民共和国城乡规划法》第 40 条第 2 款对申请办理建设工程规划许可证的条件已经作出了具体规定，修改稿的规定增加了对建设单位或个人的其他违法或者涉嫌违法行为处理完毕后才能进行新项目的审批的条件，属于违法增设了行政许可条件。

根据《行政强制法》第 10 条的规定，尚未制定法律、行政法规，且属于地方性事务的，设区的市地方性法规可以设定查封场所、设施或者财物以及扣押财物的行政强制措施，法律、法规以外的其他规范性文件不得设定行政强制措施。第 13 条则规定，行政强制执行由法律设定。法律没有规定行政机关强制执行的，作出行政决定的行政机关应当申请人民法院强制执行。设区的市的立法要准确把握行政强制法的相关规定，不得超出立法权限设定行政强制措施。如《××市文物保护规定（审议稿）》规定："对严重破坏治安秩序的违法行为人予以强行带离现场或者治安拘留，对涉嫌犯罪的依法予以刑事拘留。"该规定涉及限制人身自由的强制措施和处罚。依照《立法法》和《行政强制法》的规定，限制公民人身自由的强制措施和处罚只能由法律规定，该规定违法设定了行政强制措施，超越了立法权限，属于越权立法。

四、地方立法不得涉及的事项

我国实行的是统一、分层的立法体制，不同层级的立法对应不同的立法事务。只有各层级之间的立法分权得当，才能确保防止越权、夺权等现象发生。就中央与地方立法分权而言，我国《立法法》第11条明确规定了中央专属的立法权限，以详细列举的方式规定了只能由全国人大及其常委会制定法律的事项，地方立法不得涉足，否则就是越权立法。这些事项包括：（1）国家主权的事项；（2）各级人民代表大会、人民政府、监察委员会、人民法院和人民检察院的产生、组织和职权；（3）民族区域自治制度、特别行政区制度、基层群众自治制度；（4）犯罪和刑罚；（5）对公民政治权利的剥夺、限制人身自由的强制措施和处罚；（6）税种的设立、税率的确定和税收征收管理等税收基本制度；（7）对非国有财产的征收、征用；（8）民事基本制度；（9）基本经济制度以及财政、海关、金融和外贸的基本制度；（10）诉讼制度和仲裁基本制度；（11）必须由全国人民代表大会及其常务委员会制定法律的其他事项。

第四章

地方立法技术

第一节　地方立法技术概述

地方立法是一门程序性高、专业性强的科学。地方立法除了实现法的形式与内容的统一外，还要遵循一定的立法技术及规范，地方立法的科学性和质量才有保障。科学化是现代化立法的显著标志之一，而立法的科学化无疑要以讲求立法技术为前提与表征。❶ 法的质量是法的灵魂和法的生命，而要在做好地方立法工作的同时提高地方立法质量，就必须加强立法技术研究，努力提高立法技术与水平，这在当前的地方立法工作中尤为重要。❷ 截至目前，我国还没有出台统一的地方性法规技术规范，但有一些地方人大常委会做了尝试，它们在总结制定地

---

❶ 周旺生：《立法学教程》，北京大学出版社 2006 年版，第 406 页。

❷ 阮荣祥：《地方立法的理论与实践》，社会科学文献出版社 2011 年版，第 264 页。

方性法规实践的基础上，制定了符合自身实践的地方立法技术规范，作为制定地方性法规遵循的依据。❶

一、地方立法技术的含义和特征

关于地方立法技术的含义，学界对此没有统一的观点。综合起来具有代表性的观点有"活动或过程说""规则说""方法或技巧说"三种。"活动或过程说"认为，立法技术是依照一定的体例，遵循一定的格式，运用妥当的语言，促使立法原则或国家政策转换为法律条文的过程。❷"规则说"认为："立法技术在一定的立法制度中，历史地形成、最合理地制定并正确地表述发法的规定，以达到最完善的表述形式所形成的规则的总和。"❸"方法或技巧说"是我国多数学者认同的观点，如周旺生教授认为："立法技术是立法活动中所遵循的、用以促使立法科学化的方法和操作技巧的总成。"❹

就字面意义而言，技术与方法或技巧最为接近，因此用方法或技巧来解释立法技术较为合适，"方法或技巧说"最为接近地方立法技术的含义。地方立法技术是指有关主体在地方立法过程中积累起来并加以运用的方法和操作技巧的总称。❺ 从地方立法技术的含义来看，地方立法技术具有以下特征。

---

❶ 如《广东省人民代表大会常务委员会立法技术与工作程序规范（试行）》对立法技术在地方立法实践中的运用进行了阐述。

❷ 罗成典：《立法技术论》，文笙书局 1983 年版，第 1 页。

❸ 郭道晖主编：《当代中国立法》（下），中国民主法制出版社 1998 年版，第 1106 页。

❹ 周旺生：《立法论》，北京大学出版社 1994 年版，第 181 页。

❺ 石佑启、朱最新主编：《地方立法学》，广东教育出版社 2015 年版，第 178 页。

首先，地方立法技术是一种方法和操作技巧的总称。地方立法技术是地方立法主体在立法实践和立法研究中形成的一种智力成果，它是一系列方法和技巧的总称。它既不同于立法原理，也不同于立法制度，但兼具两者的某些特征。作为一种方法，地方立法技术是一种观念形态，而立法制度则是实体性准则；作为一种操作技巧，它又是实体性准则，而立法原理则是观念性准则。

其次，地方立法技术是地方立法活动中必须遵循的方法和技巧。地方立法技术与地方立法活动相伴而生，地方立法技术的优劣直接影响地方立法质量的高低和法的实施效果的好坏。因此，在地方立法活动中，地方立法技术为地方立法实践服务，给地方立法实践提供指导，确保地方立法质量，是地方立法实践必须遵循的方法和技巧。

最后，地方立法技术是促进地方立法科学化的一种方法和操作技巧。促使地方立法臻于科学化，是地方立法技术的目的与功能所在。地方立法技术是在地方立法实践中产生并发展起来的，对于地方立法的发展，具有弥足珍贵的价值。地方立法技术可以使地方立法成为科学的立法，使地方立法居于较高水平，使地方立法能准确、有效、科学地反映执政者、立法者的意图，从一个重要侧面保证法制系统的有效运行，从而充分满足国家、社会和公民对立法提出的种种需要。❶

---

❶ 周旺生：《立法学教程》，北京大学出版社 2006 年版，第 404 页。

二、地方立法技术的意义

(一) 地方立法技术贯穿立法的各个阶段和环节

地方立法包含许多阶段和环节，如立法的规划和计划、起草、审议、表决等环节，立法技术贯穿地方立法的各个环节，每一环节都要重视立法技术的运用，才能使地方立法从立项到公布实施的各个阶段确保地方立法质量。如在立法准备阶段，就有利于科学且有效地做好立法计划、立法规划与法规案的准备工作；在法规的起草、审议阶段，重视和运用立法技术，就有利于正确把握和运用有关立法基本原则和方法，协调好各相关立法主体之间的关系，科学地选择法规的形式，安排法规的结构，组织法规的语言，使法规能正确地体现决策意图、立法目的，符合人民群众对法规的合理预期。

(二) 地方立法技术影响地方立法的质量

"立法活动需要有各方共同遵循的立法技术及其规范，只有这样才能保证立法质量。"❶ 由此可见，立法技术与立法质量之间具有非常紧密的联系。党的十八大提出了"科学立法"的要求。地方立法如何做到科学立法，遵循一定的立法技术是关键。地方立法者在确定立法目标后，经过调查研究、理论论证、民意征集等环节，把立法意图通过科学的立法技术表达出来，使之成为全社会共同遵守的法律文本。在变成法律文本这一系列过程中，需要立法者熟练掌握并运用立法技术。如法规的名称和内容，法规的总则、分则、附则，法规的章、节、条、款、项等都需要立法者科学合理的编排，这在一定程度上就取决于地方立法者的立法技术。

---

❶ 李高协：《浅议地方立法技术及其规范》，载《人大研究》2015 年第 3 期。

地方立法者运用立法技术娴熟，就有可能制定出高质量的地方性法规，反之，就有可能制定出质量欠佳的地方性法规。

（三）地方立法技术影响地方性法规的实施与监督

地方立法的实施与监督状况受多种因素影响，人们首先想到的是外部因素影响较多，如政治体制、执法人员与司法工作人员的素质、公民的法律意识等，殊不知，法的质量对法的实施与监督有着根本性的影响。而法的质量则与立法技术密切相关。若地方立法者立法技术水平高，对法的指导思想、基本原则与其他内容的表述准确无误，立法语言简洁明了，没有歧义，法与法之间相互协调，就会便于执法、司法、守法和法的实施；反之，若地方立法者立法技术落后，造成所制定的法的目的、任务、基本原理都不明确，法与法之间、同一法内部条款相矛盾，或者法本身不具有可行性，这样的法对于执法、司法、守法和法的实施都会造成巨大障碍。

总之，重视立法技术的研究与运用，可以使立法成为科学的立法，使立法准确、有效、科学地反映执法者或立法者的意愿并进而保障整个法制系统有效地运行。因此，完善立法技术，是做好地方立法工作和提升地方立法质量的必然要求，也是新时代条件下开创地方立法新局面的应有之义。

第二节 地方立法技术的内容

关于立法技术的内容，尽管学界有不同的观点，但在法的结构构造技术和语言表达技术属于立法技术的内容上基本达成了共识。这种共识是由于立法的最终结果是以一定的文本形式呈现，而这个立法文本必须以法的结构构造技术和语言表达技术为支撑。下面，我们对地方立法技术内容的探讨，主要指的是地方立法的结构构造技术与语言表达技术。

一、地方立法的结构构造技术

（一）地方立法文本的名称

每一部地方立法文本，都必须有一个准确且特定的名称。地方立法文本名称的设置是否科学，是衡量该项地方立法是否成功的重要标志之一。

1. 法规文本名称的三要素。一般而言，地方性法规文本的名称主要包括三方面的要素：（1）法规的适用范围，即法规适用的空间、规范事项与行为；（2）法规的调整对象，即法规所要调整的社会关系；（3）法规的效力等级，即法规在整个法律体系中所处的位置。例如，《湘潭市电梯安全管理条例》中的"湘潭市"为该法规的适用范围，"电梯安全管理"是该法规的调整对象。若地方性法规是规范地方人大工作的，一般都在规范事项前冠以"××省或市人民代表大会"或者"××省或市人民代表大会常务委员会"。具体来说，在确定地方立法文本的名称时，要注意以下两个方面：一是名称要集中体现地方立法文本的实质内容，尽量采用足以包含全部内容的词语，不要在名称中使用"几个""等等""若干"等词汇；二是名称要尽量简洁，中间不要使用标点符号，尽量不使用"和""与"等连接词。

2. 名称中的种类名称。地方性法规名称中的种类名称，一般采用条例、实施办法、规定和规则等形式。地方立法名称的表述应当遵循完整、简洁、准确的原则，正确体现法规的适用范围与基本内容。

（1）条例，一般适用于对某一方面事项作出比较全面、系统和综合规定的地方性法规。条例所涉及的事物和问题具有重要性，使用范围比较宽，内容高度概括，法规有效的时间与空间范围较广，对制定与发布机关的地位有严格限制。如《湘潭市平安建设管理条例》《湘潭市电梯安全管理条例》。

（2）实施办法，是对某一项工作或某类社会关系所作的比较具体、详细的规定的实施性法规。办法具有较强的实施性，一般不需要再制定实施细则。办法所涉及的事物或问题性质相对较轻，针对性较强，内容也更加详尽、具体，更具操作性。

（3）规定，是对某一方面的事项或者内容作局部或专项规定的地方性法规。规定是根据实际工作的需要，针对急需解决的问题作出的比较具体、明确的规定，一般可用于制定实施性、自主性或者先行性法规，地方政府规章大多使用该名称。

（4）规则。与条例、实施办法、规定主要规范实体性问题不同，规则是以程序性活动为主要规范内容的地方性法规，大多适用于规范人大及其常委会的程序性活动，名称主要表述为《××（地方或机关）××（事项）规则》。

（二）地方立法文本的结构

地方立法文本的结构，是指地方立法文本内容在逻辑形式上的一种排列顺序。总的来讲，地方立法文本在逻辑形式上按条文的不同性质，可以分为总则、分则与附则三大部分。地方立法文本结构的表述方式有明示式和非明示式两种。在设章节的地方立法文本中，一般采用明示式结构的总则、分则和附则形式，分则是由不同章节构成的一个总括性概念。非明示式结构的总则、分则和附则存在于不设章节的地方立法文本中，总则、分则和附则根据地方立法文本规定的具体内容来区分。从我国地方立法的实践来看，每个地方立法文本并不一定都要具备上述各种要件，一般都会根据具体的内容进行设置。党的十八大以来，有地方立法权的人大及其常委会按照党中央关于人大工作的要求并结合地方实际，注重开展"小快灵""小切口"立法，把有限的地方立法资源用在解决突出问题上，地方立法的针对性、适用性、可操作性得到增强。因此，地方立法要克服以往存在的特色少、体例全的立法现象，使地方性法规做到切实管用，努力为地方性法规"消肿"。

二、总则的地方立法技术

总则是地方性法规的首要部分，一般是对所调整的社会关系的原则性规定。总则主要包括以下内容：立法目的和依据、法规的调整对象与适用范围、法规的指导思想与基本原则、基本概念、主管部门及其主要职责等概括性条款。在分章节的地方性法规中，总则部分的内容应当作为首章；而在不分章节的地方性法规中，总则部分的内容则直接在正文的开端用条款表述。

（一）立法目的和依据

在地方性法规中，立法目的和依据一般都集中在第 1 条表述。对于立法目的的表述，一般都需要结合上位法以及本地实际确定，而立法依据一般是指法律依据，即地方性法规依据的上位法。对于法律依据的表述，有直接上位法依据的，则可以直接列出上位法的名称。例如，《湘潭市人民代表大会及其常务委员会制定地方性法规条例》第 1 条就明确指明了制定该条例的上位法依据，即《中华人民共和国地方各级人民代表大会和地方各级人民政府组织法》和《中华人民共和国立法法》。对于既有直接上位法，又有间接上位法或者几个上位法的，一般都会在直接上位法名称后加上

"等有关法律、行政法规"或类似的表述。对于没有直接上位法的情形，一般可以用"根据有关法律、行政法规"等类似表述。

（二）调整对象和范围

地方立法的调整对象和范围，一般都会在总则中予以明确规定。如《湘潭市平安建设条例》第 2 条明确规定了调整对象和适用范围，即"本市行政区域内的平安建设及其监督管理活动，适用本条例"。对于地方性法规而言，其适用范围一般仅限于本地区行政范围内，超出本行政范围，该地方性法规没有法律效力。

（三）主管部门及其职责

地方立法主要是就某一事务或问题开展立法，而解决具体事务或问题就要有相应的主管部门。在总则部分规定主管部门及其职责是目前地方立法的通行做法，但在对主管部门作出规定时，一般不写明部门或者机构的具体名称，这主要是涉及今后机构改革以及法的稳定性问题。如《湘潭市海绵城市建设管理条例》规定："住房和城乡建设部门是海绵城市建设的综合管理部门，负责海绵城市建设管理的统筹协调、技术指导、监督考核等工作。"协同管理部门的表述一般根据实际情况确定，如有必要明确某个或某些协同管理部门的职责，则可以在法规总则中明确列举。

三、分则的地方立法技术

分则是与总则相对应的概念，是使总则内容具体化的条文总称。分则是地方性法规的中心部分与主体部分，一般内容比较具体、全面，且以具体"章"为标题或者具体条文内容表现分则的内容。分则主要内容包括：地方性法规调整对象的权利和义务、行政许可、行政收费、行政强制以及法律责任等。

（一）分则条款的逻辑顺序

分则部分是具体反映所调整的社会关系的行为规范、活动范围以及相关程序。地方立法文本的分则一般遵从先行政主管部门后行政相对人、先抽象后具体、先直接后间接、先一般后特殊的顺序，科学合理地规定相关部门的权力与责任以及公民、法人和其他组织的权利、义务与责任。

（二）公民权利义务条款

涉及公民、法人和其他组织权利义务的规定，应当具体明确，符合上位法的规定。对于上位法已作出明确规定的，一般从其规定；对于上位法对公民、法人和其他组织的权利未作限制性规定的，地方性法规不得对此作出限制性的规定。对公民政治权利的剥夺、限制人身自由的强制措施和处罚、对非国有财产的征收，地方性法规均不得作出规定。另外，在设定公民、法人和其他组织的义务时，应当与其享有的权利相匹配，做到权利与义务相统一。

（三）行政许可

地方性法规设定行政许可，既要符合《行政许可法》的相关规定，又要不与地方性法规相抵触。上位法已明确设定了有关行政许可，但并未规定行政许可的实施机关，地方性法规应当对该行政许可的实施机关和层级作出明确规定；上位法已明确了行政许可的实施机关的，地方性法规不得对实施机关和层级作出改变。对于自主性、先行性地方立法而言，地方立法可以对某事项设定行政许可的，应当明确规定该行政许可的实施机关与层级。对于上位法对行政许可的实施程序和期限没有作出明确规定的，地方性法规可以作具体规定。

（四）行政强制

地方立法设定行政强制，应当符合下列要求：（1）符合地方立法的权限；（2）确有必要；（3）其他手段不能有效解决；（4）在保障公共利益的前提下，最小限度损害当事人的权益；（5）不设定限制人身自由的行政强制措施。总之，在设置行政强制条款时，地方立法要慎之又慎。除明确条件外，还应对决定主体、执行主体、作出相关处理的期限等程序作出明确规定。

（五）法律责任

地方性法规可以设定行政责任、民事责任，但不得设定刑事责任。对于具体的违法行为，相关上位法已经对法律责任作出明确规定的，地方性法规如果在法律责任内容上没有细化的，一般不再重复规定，也不使用类似"违反本条例规定，依照××（上位法）××（条、款）的规定处罚"等比较笼统的准用性表述。地方性法规可以根据实际，在上位法对违法行为已作出行政处罚规定的情形下，具体规定给予行政处罚的行为、种类与幅度的范围，但不得扩大应受行政处罚违法行为的范围、不得增加行政处罚的种类、不得突破行政处罚幅度的上限和下限，以及不得改变行政罚款的计算方式。

四、附则的地方立法技术

附则是地方性法规的补充部分，主要是对辅助性内容所作的非规范性内容的技术规定，一般放在地方性法规的文本最后，表述的是地方性法规的补充性内容。就地方立法实践而言，附则包括的内容主要有：名词、术语、一般概念的解释性条款；制定实施细则的授权条款；参照性条款；除外条款；过渡性条款；废止性条款；实施日期；其他需要在附则中规定的内容。

尽管附则不是每个地方性法规都必须具备的部分，但综观我国的大多数地方性法规而言，基本上都有附则内容的存在。附则与附件还是有很大的差别，附则是法规整体的一个组成部分，而附件则是独立于法规而存在的，是具有自身法律地位的文件。

第三节　地方立法的语言表达技术

法的逻辑结构需要由一定的语言文字来展现，这种用于立法的语言就称为立法语言。立法语言是立法者法律意志的载体和表达工具，对地方立法具有极为重要的意义。英国哲学家大卫·休谟曾言，"法与法律制度（如所有制）是一种纯粹的'语言形式'。法的世界肇始于语言：法律是通过词语订立和公布的，法律行为和法律决定也都涉及言辞思考和公开的表述或辩论。法律语言与概论的运用，法律文本与事实相关的描述与诠释，立法者与司法者基于法律文书的相互沟通，法律的语境判断等，都离不开语言的分析。"❶ 因此，可以说，"立法语言是法，也是语言"。❷ 没有地方立法语言，地方立法主体的立法观念就失去了表达的工具与载体，地方性法规也就不可能产生。地方性法规如何有效传递立法者所欲表达的信息，如何使公众准确把握立法者的立法意图，如何使法规在今后的施行中畅通无阻，这些都有赖于立法的语言表达技术。因此，地方立法的语言表达技术是地方立法技术的关键内容。

---

❶ 舒国滢：《战后德国法哲学的发展路向》，载《比较法研究》1995 年第 4 期。
❷ 黄振云、张燕：《立法语言学研究》，长春出版社 2013 年版，第 1 页。

一、地方立法语言表达技术的基本要求

立法语言是语言的一种，首先必须符合国家通用语言文字规范。为确保地方性法规的严肃性，地方立法对地方立法语言表达技术还有着特别严格的要求，主要是准确性、简洁性和通俗性。

（一）准确性

地方立法语言的准确性，是指地方立法者要用准确无误的词语表达法规的内容，以此体现立法者的意图与目的。准确是地方立法语言的核心技术特点，要做到地方立法的词义、寓意准确，没有歧义，需要达到三点要求。

首先，立法语言要明确。地方性立法的概念应具体明确，不能使用含糊不清和模棱两可的词语，少用或不用不确定性的法律概念。与语言的明确性相对应的是模糊性。立法语言的模糊会使地方性法规的条文产生歧义，同时会使"自由度"和"可伸缩度"无限放大，导致法规在实践中缺乏操作性。因此，地方立法要对法律事实、法律行为的述说以及对具有法律意义的内容的认定，都必须使用含义确切的词语，不要使用含混或有歧义的词语。

其次，立法用语要统一。在表达同一个意思或描述同一个行为时，必须保持前后一致，使用相同的立法语言。只有在需要特别加以区分的情形下，才能使用不同的立法语言。在同一部地方性法规中，相同的概念用同一个词来表达。

最后，用语要规范。地方性法规语言规范标准，才能清晰地表达法规的内容。要使用语规范严谨，必须做到：（1）规范用词。不使用口语化、标语化、政治化以及含义尚未固定的新词语和网络词语，尽量选取公众都公认理解的常用词语。（2）用语符合语法规范。法律条文都是由完整的句子构成的，每一句子的成分之

间应当搭配得当，符合通行的语法规则。（3）尽量使用标准化、格式化的词语与句式。在我国的立法实践中，有些词语和句式已成为法律规范的固定表达格式，如"可以""应当"等词语以及但书条款等句式。地方立法者正确运用这些词语和句式，有助于国家法律条文表述的统一与规范。

（二）简洁性

简洁是地方立法语言的突出特点。地方立法语言的简洁，是指在地方立法时要用简洁明确的词语表达法规的内容。地方立法语言简洁明确，容易为社会公众所理解，也有助于立法者准确表达立法意图。

地方立法要做到语言简洁明确，应该注意以下几个方面：一是避免不必要的修饰词。地方立法语言应以平实朴素为贵，不要夸张渲染，要干净利落，直截了当，避免盲目堆砌词语。同时应少用修辞手法，尤其不要使用夸张、比喻等修饰手法，这些修辞手法往往会带来法规规定的不确定性。二是减少重复表述。在一部地方性法规中，对同一个内容只从最直接的角度进行表述，不要变换角度加以规定，更不要从反面加以反证。地方立法通常从正面加以规定，尽量减少重复，做到没有多余的话。三是合理使用句式。从句式来说，地方立法要多用短句，避免使用长句，合理使用并列句式结构，多采用无主句。无主句的使用，能使法律条文的表述更加简洁明确。如《湘潭市平安建设条例》第 1 条规定："为了提升市域社会治理现代化水平，推进平安湘潭建设，促进社会和谐稳定，增进人民幸福安宁，根据有关法律法规，结合本市实际，制定本条例。"此条文通过介宾短语的并列使用来阐明立法目的、依据等内容，是典型的无主句，起到了简洁明确的效果。

（三）通俗性

地方立法要为本地区内的人们提供标准和指明方向，就必须要为人民所理解和掌握，做到通俗易懂。通俗性是地方立法语言的特殊技术要求。德国学者鲁道夫·冯·耶林曾说："立法者应当像哲学家一样思考，但像农人一般说话。"❶ 地方立法预设的没有接受过法律专业知识教育的普通民众，更贴近人民群众的生活，故其立法语言的通俗易懂更为重要。因此，地方立法要做到这一点，就应该注意以下三个方面。一是尽量不要使用晦涩生僻的词语。地方立法中如果使用生僻深奥、晦涩难懂的词语，那么它会使有一定文化功底的人读起来都比较费力，对于普通民众而言简直就是"天书"。因此，地方立法应当采用社会公众易于接受、易于理解的通俗语言。二是慎用新词新语。随着社会经济、科学技术的发展，一些新兴词语不断涌现，特别是近几年网络词语的流行，更是进一步丰富了人们的语料库。但就地方立法而言，有些新出现的词语经过实践虽被认定为规范词语，但仍有大量新兴词语还没有被大家普遍接受，地方立法在使用新兴词语时一定要慎之又慎，不要使用未被接受的新兴词语。三是少用或不用专业术语。科学技术不断发展，新的专业术语也不断出现。专业术语是某一领域的专业词语。脱离相关专业，专业术语的使用空间较为狭窄。虽然专业术语是地方立法中不可缺少的，但毕竟对大多数社会公众而言，他们对此不够熟悉。为了使地方性法规的内容更易被社会公众理解，地方性法规还是应尽量少用或不用专业术语。如在事关普通群众的地方性法规中非用专业术语不可，则应设置相应的专门条文对专业术语进行解释。❷

---

❶ ［德］亚图·考夫曼：《法律哲学》，刘幸义等译，五南图书出版有限公司2000年版，第110－111页。
❷ 崔立文主编：《地方立法理论与实务》，辽宁人民出版社2016年版，第108页。

准确、简洁、通俗是地方立法语言规范性的一般要求，也是地方立法语言本质的突出表现与特殊要求。需要注意的是，准确是地方立法语言最根本的要求。虽然地方立法语言追求简洁和通俗也很重要，但都是在准确的前提下进行，如果地方立法语言失去了准确性，那么其简练和通俗也就失去了意义。

二、地方立法常用词使用规范

立法用词是地方立法语言的重要组成部分。地方立法语言除要使用现代汉语的常用字、词和词组外，还应避免使用深奥的法律用语、模糊性的修饰词、口头用词以及生造词语。下面将介绍地方立法中主要法律常用词语的使用规范。

（一）应当、必须

"应当"与"必须"在含义上并没有实质性的区别。地方立法在表述义务性规范时，经常使用"应当"，一般不用"必须"。"应当"表示该主体应该履行的职责或义务，是不可以选择性履行的。例如，《湘潭市平安建设条例》第 10 条规定："市、县（市、区）人民政府、乡（镇）人民政府、街道办事处应当建立健全社会风险研判制度，及时对有关社情、舆情及涉稳矛盾纠纷开展风险研判。"

（二）和、以及、或者

"和"是连接句子的并列成分的词，并列成分间互换位置后也不会发生语义的变化，但是地方性法规一般都会根据句子成分的重要性、逻辑关系或用语习惯排列顺序。"以及"也是连接句子的并列成分的词，但其前后成分有主次之分，主要部分放"以及"前面，"以及"前后部分的位置不宜互换。"或者"可以连接具有选择关系的词、词组和句子，表示一种选择关系，一般指其所连接的成分中的某一部分。

（三）以上、以下、以内

地方立法在划定数量界限时，一般都会用到"以上""以下""以内"三个词组。在地方立法中，除非有特别说明，否则"以上""以下""以内"都是包含本数的。

（四）不得、禁止

"不得"和"禁止"都表示禁止性的情形，相关主体是必须遵守并执行的。"不得"主要用于有主语或有明确规制对象的句子中，而"禁止"主要用于无主语的祈使句中。

（五）但是、但

"但是"与"但"含义没有实质性不同，主要是取决于使用者的习惯。地方立法中的但书，一般都用"但是"，基本不用单音节词"但"。"但是"后面可以加逗号，也可以不加。

（六）依照、按照、参照

"依照""参照""按照"是引出某一标准为依据的用语。一般情形下，以某种法律法规作为依据的用"依照"，"按照"一般用于遵循某种约定、章程、规定、份额、比例等从事某种事务的表述，"参照"一般用于某一事务没有直接纳入法规的调整范围，但是又属于该范围自然延伸的事项。

（七）缴纳、交纳

"交纳"与"缴纳"相比，其含义更广，覆盖的面也更为宽广。在语气色彩方面，"交纳"是中性词，而"缴纳"语气色彩较为强烈。地方性法规中，当事人自己向法定机关交付相关款项时，一般使用"交纳"，而使用"缴纳"时，一般带有强制性的意思。

（八）日、工作日

"日"和"工作日"是地方立法中经常使用的立法语言。它们的区别是："日"通常包含节假日，"工作日"则不包含节假日。在地方立法中，限制公民人身自由或因权力的行使严重影响公民、法人和其他组织的其他权利的，应当使用"日"而不用"工作日"。

（九）公布、发布、公告

"公布"用于向社会公开法律、法规、结果、标准等情形。"发布"用于向社会公开发出新闻、信息、命令、指示等情形。"公告"用于向社会公众发出告知事项。

（十）批准、核准

"批准"是指有权机关依据法定权限和条件，对当事人提出的申请、请求、呈报的事项等进行审查后，决定是否予以准许的行为。"核准"是指有权机关依据法定权限和条件进行审核后，对符合法定条件的人或事予以准许的行为。

（十一）注销、吊销、撤销

"注销"是指由于一些法定事实的出现，导致登记在册的事项或已经批准的行政许可被取消。"吊销"是一种行政处罚，主要用于行政机关针对行政相对人的违法行为，以注销证件或公开废止证件效力的方式，对违法者先前已经取得的许可证件予以取消。"撤销"是指有权机关对依法不应颁发的行政许可或发出的文件、设立的机构予以取消，也适用于取消资质、资格等。

（十二）谋取、牟取

"谋取"与"牟取"的情感色彩是不同的。"谋取"是一个中性词，主体既可以是谋取合法利益，也可以是谋取非法利益。而"牟取"则是一个贬义词，表示主体通过违法行为追求各种利益。

（十三）等

"等"主要用于不能周延的列举事项后面，在地方立法中应尽量避免使用。在表述条件、标准、适用范围、处罚的事项时，不应使用"等"字。

三、地方立法的常用句式规范

地方立法中的句子与一般的句子结构没有差别，但由于立法语言的特殊性，立法者必须注重句子结构的规范使用，慎重地选择句子结构。总之，地方立法语言的句式要完整、明确，符合语法规范，尽量避免使用长句。下面主要阐述几种常用句式的表达规范。

（一）"的"字结构

"的"字结构是一种无主语句式，一般无特指或特定的对象，"的"字一般附着在名词、代词、形容词或者动宾词组之后使用，能使地方性法规的条文表述言简意赅。它主要用于条文假定部分的表述，表明法规所适用的条件、主体、情况、范围等，一般表述为"……的，……"。但是，当条文所列项是主谓结构时，一般不使用"的"。

（二）但书条款

但书条款是法律条文中的一种特定句式，在我国地方立法实践中广泛使用。它是以"但"或"但是"引出的一段文字，表示对前文所作规定的例外、转折、限制、补充或者附加条件，主要用于条文的句尾。但书条款主要有以下几种适用情形。

1. 表述排除、例外情形。当地方性法规设置的条款与其上位法或其他相关法律、行政法规可能有交叉时，为了避免与上位法相抵触，地方立法需要作"但书"表述。一般用"……但法律、行政法规另有规定的除外"形式表述。

2. 表达限制情形。这一表达是通过"但"或"但是"引出文字，一般用"但（但是）……不（不得）……"形式表述。例如，《湘潭市人民代表大会及其常务委员会制定地方性法规条例》第 5 条第 2 款规定："市人民代表大会常务委员会（以下简称常务委员会）制定除前款以外的地方性法规；在市人民代表大会闭会期间，对市人民代表大会制定的地方性法规进行部分补充和修改，但不得同该地方性法规的基本原则相抵触。"

3. 表达补充、说明情形。一般是指在法律条文中，通过"但"或"但是"引出的文字补充说明此前的文字，使条文更加全面、完整。

（三）除外规定

除外规定是地方立法中运用较多的常见句式，主要以"除""外"搭配的句式，用于表述对条文内容的扩充、排除与例外规定。除外规定的句式有两种情形：一是对条文内容作扩充表达的，一般置于条文中间，用"……除（应当）外，还（应当）……"予以表述；二是对条文内容作排除、例外表达时，置于句首或者条文中间都可以，用"除……外，……"或者"……除……外，……"来表述。

四、地方立法常用标点使用规范

标点符号是书面语言中不可缺少的组成部分，对地方性法规的形成与理解具有重大意义，可以将地方性法规的停顿、语气、语义、句子关系等完整、清晰地表达出来。

地方性法规条款的表述，离不开标点符号的使用。现代汉语标点符号分点号和标号，共有七种点号（句号、问号、感叹号、逗号、分号、冒号、顿号）和九种标号（引号、括号、省略号、破折号、书名号、着重号、间隔号、连接号、专名号）。地方立法中使用的标点符号应当符合《标点符号用法》（GB/T 15834—2011）的规定。地方立法中，有些标点符号是不适用的，如问号、感叹号、着重号、省略号、间隔号等，常用的标点符号主要有以下几种。

（一）句号

句号是地方立法中比较常用的一种标点符号，它用于一个意思表达完整的语言单位之后。有时用于单句和复句的句尾，有时又用于复句内各分句之间的停顿。

（二）逗号

逗号表示句中停顿，单句、复句中的句中停顿都可以用逗号。

（三）顿号

顿号是比逗号更短时间的停顿。地方立法中有多个对象并列的，一般使用顿号连接；若所列举的对象内部有顿号的，可以用逗号连接或者使用文字来连接。在使用顿号时，应注意所列对象的层次，只能连接同一层次的对象。例如，《湘潭市平安建设条例》第3条规定："平安建设遵循总体国家安全观，坚持以人民为中心，完善党委领导、政府负责、民主协商、社会协同、公众参与、法治保障、科技支撑的社会治理体系，形成共建共治共享的社会治理格局。"

（四）分号

分号是大于逗号又小于句号的句中停顿，一般用在并列的分句之间。地方性法规有分项表述的，除末尾项后面用句号外，各项的末尾用分号；若分项中间已使用了分号或句号，各项的末尾都使用句号。例如，《湘潭市平安建设条例》第48条规定："有关单位未依法履行平安建设责任，有下列情形之一的，市、县（市、区）平安建设组织协调机构根据情节轻重，分别采取通报、约谈、督办等形式进行督导，督促其限期整改。（一）不重视平安建设，相关工作措施落实不力，本地区本系统本单位基层基础工作薄弱，治安秩序严重混乱或者社会矛盾突出的；（二）本地区本系统本单位在较短时间内连续发生重大刑事案件、群体性事件、公共安全事件的；（三）本地区本系统本单位发生特别重大刑事案件、群体性事件、公共安全事件的；（四）本地区本单位平安建设工作考核评价不合格、不达标的；（五）对群众反映强烈的社会治安重点地区和突出公共安全、治安问题等，没有采取有效措施或者出现反弹的；（六）其他需要督促整改的情形。"

（五）冒号

冒号在句中表示引起上下文的停顿，一般用于列举结构中，在概念性条文中对概念作解释时也会使用冒号。《湘潭市人民代表大会及其常务委员会制定地方性法规条例》第5条规定："下列事项，由市人民代表大会制定地方性法规：（一）法律规定应当由市人民代表大会制定地方性法规的事项；（二）涉及市人民代表大会职权的事项；（三）市行政区域内特别重大事项。"

（六）书名号

地方立法在引用法律、行政法规标题时，一般在统一使用全称时使用书名号，但注明是简称的除外。例如，《湘潭市人民代表大会及其常务委员会制定地方性法规条例》第1条规定："为了规范我市地方立法活动，提高立法质量，发挥立法的引领和推动作用，全面推进依法治市，根据《中华人民共和国地方各级人民代表大会和地方各级人民政府组织法》《中华人民共和国立法法》的有关规定，结合本市实际，制定本条例。"

第五章

地方立法程序

第一节 地方立法程序概述

一、地方立法程序的概念和特征

如果我们要实现有节度的自由、有组织的民主、有保障的人权、有制约的权威、有进取的保守这样一种社会状态的话，那么，程序可以作为其制度的最重要的基石。❶ 程序是制约公权力滥用的方式之一，其作用不可小觑，在我国的法学研究中关于程序的研究多集中在诉讼领域，对于立法程序的研究相对较少。随着法治中国建设的不断推进，不管是在诉讼领域还是立法领域，人们已越来越认识到程序的重要性，认识到地方立法要达到合法、民主、科学和有特色的目标，就必须注重地方立法程序的设计和运用。

---

❶ 季卫东：《法治秩序的建构》，中国政法大学出版社 1999 年版，第 11 页。

地方立法程序是指地方立法主体在制定、认可、修改或废止地方性法规和地方政府规章的活动中必须遵循的法定步骤、方式、时序和期限。地方立法在其发展过程中，程序也日渐完善。根据《立法法》的规定，地方立法程序具体来说包括地方性法规案的提出、地方性法规案的审议、地方性法规案的表决和地方性法规的公布（见图 5 – 1）。

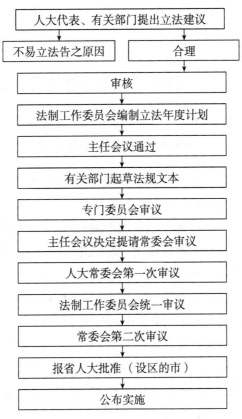

图 5 – 1　地方性法规制定流程

相较于中央立法而言，地方立法程序具有以下三个特征。

（一）法定性

地方立法程序属于一种法定的程序规则，在《立法法》《规章制定程序条例》都有所涉及。地方立法中，哪些主体能够进入地方立法程序、在何时并以何种方式进入地方立法程序等，法律、法规均有明确规定。也就是说，地方立法程序概而言之就是方式法定、步骤法定、时序法定、期限法定。

在地方立法程序方面，《立法法》的规定比较原则和概括，明确授权地方立法程序由地方人大自己规定。《立法法》在第 87 条明确规定："地方性法规案、自治条例和单行条例案的提出、审议和表决程序，根据中华人民共和国地方各级人民代表大会和地方各级人民政府组织法，参照本法第二章第二节、第三节、第五节的规定，由本级人民代表大会规定。"因此，享有立法权的地方国家机关一般都会根据《立法法》的规定，并结合当地的实际情况制定具有自身特色和差异的地方立法程序规则或者立法条例（见表 5－1）。例如，《湘潭市人民代表大会及其常务委员会制定地方性法规条例》就是为了规范本市地方立法活动，提高立法质量，并根据《中华人民共和国地方各级人民代表大会和地方各级人民政府组织法》《立法法》的有关规定，再结合本市实际由湘潭市人大制定的地方立法条例。

对于设区的市地方立法程序而言，由于《立法法》第 81 条规定，设区的市的地方性法规须报省、自治区的人民代表大会常务委员会批准后施行，因此，设区的市地方立法程序还包括地方性法规的报批，也是设区的市地方立法的法定程序之一。设区的市制定的地方性法规若不按照规定报批，其制定的地方性法规将不具有法定效力。

表5-1 设区的市制定地方立法程序表

序号	名　称
1	《那曲市制定地方性法规条例》
2	《西安市制定地方性法规条例》（2021年）
3	《哈密市制定地方性法规条例》（2020年）
4	《克拉玛依市制定地方性法规条例》（2020年）
5	《湖州市制定地方性法规条例》（2020年）
6	《普洱市人民代表大会及其常务委员会制定地方性法规条例》
7	《湘西土家族苗族自治州人民代表大会及其常务委员会制定地方性法规条例》
8	《郴州市人民代表大会及其常务委员会制定地方性法规条例》
9	《岳阳市人民代表大会及其常务委员会制定地方性法规条例》
10	《益阳市人民代表大会及其常务委员会制定地方性法规条例》
11	《保山市人民代表大会及其常务委员会制定地方性法规条例》
12	《娄底市人民代表大会及其常务委员会制定地方性法规条例》
13	《邵阳市人民代表大会及其常务委员会制定地方性法规条例》
14	《张家界市人民代表大会及其常务委员会制定地方性法规条例》
15	《丽江市人民代表大会及其常务委员会制定地方性法规条例》
16	《昆明市人民代表大会及其常务委员会制定地方性法规条例》
17	《玉溪市人民代表大会及其常务委员会制定地方性法规条例》
18	《南京市制定地方性法规条例》
19	《抚顺市制定地方性法规条例》（2018年）
20	《承德市制定地方性法规条例》
21	《哈密市制定地方性法规条例》
22	《湘潭市人民代表大会及其常务委员会制定地方性法规条例》

续表

序号	名　称
23	《商洛市制定地方性法规条例》
24	《鞍山市制定地方性法规条例》（2018 年）
25	《淮安市制定地方性法规条例》
26	《松原市制定地方性法规条例》
27	《徐州市制定地方性法规条例》（2018 年）
28	《秦皇岛市制定地方性法规条例》
29	《临沧市人民代表大会及其常务委员会制定地方性法规条例》
30	《拉萨市制定地方性法规条例》（2018）
31	《宁波市制定地方性法规条例》
32	《昭通市人民代表大会及其常务委员会制定地方性法规条例》
33	《石家庄市制定地方性法规条例》（2017）
34	《三亚市制定地方性法规条例》
35	《河源市制定地方性法规条例》
36	《沈阳市制定地方性法规条例》（2017 年）
37	《鸡西市人民代表大会及其常务委员会制定地方性法规条例》
38	《绥化市人民代表大会及其常务委员会制定地方性法规条例》
39	《茂名市制定地方性法规条例》
40	《宿迁市制定地方性法规条例》
41	《苏州市制定地方性法规条例》（2017 年）
42	《汕尾市制定地方性法规条例》
43	《海口市制定地方性法规条例》
44	《广安市制定地方性法规条例》
45	《聊城市制定地方性法规条例》
46	《无锡市制定地方性法规条例》

续表

序号	名　称
47	《淄博市制定地方性法规条例》
48	《枣庄市制定地方性法规条例》
49	《德州市制定地方性法规条例》
50	《日照市制定地方性法规条例》
51	《延安市制定地方性法规条例》
52	《嘉兴市制定地方性法规条例》
53	《肇庆市制定地方性法规条例》
54	《惠州市制定地方性法规条例》
55	《盐城市制定地方性法规条例》
56	《阳江市制定地方性法规条例》
57	《丽水市制定地方性法规条例》
58	《扬州市制定地方性法规条例》
59	《金华市制定地方性法规条例》
60	《镇江市制定地方性法规条例》
61	《台州市制定地方性法规条例》
62	《绍兴市制定地方性法规条例》
63	《衢州市制定地方性法规条例》
64	《舟山市制定地方性法规条例》
65	《湖州市制定地方性法规条例》
66	《长沙市人民代表大会及其常务委员会制定地方性法规条例》（2016 年）
67	《梅州市制定地方性法规条例》
68	《菏泽市制定地方性法规条例》
69	《泰州市制定地方性法规条例》
70	《南通市制定地方性法规条例》

续表

序号	名　称
71	《常州市制定地方性法规条例》
72	《乌鲁木齐市制定地方性法规条例》（2016 年）
73	《中山市制定地方性法规条例》
74	《韶关市制定地方性法规条例》
75	《威海市制定地方性法规条例》
76	《湛江市制定地方性法规条例》
77	《江门市制定地方性法规条例》
78	《揭阳市制定地方性法规条例》
79	《东莞市制定地方性法规条例》
80	《莱芜市制定地方性法规条例》
81	《云浮市制定地方性法规条例》（已废止）
82	《清远市制定地方性法规条例》
83	《济宁市制定地方性法规条例》
84	《潍坊市制定地方性法规条例》
85	《东营市制定地方性法规条例》
86	《烟台市制定地方性法规条例》
87	《滨州市制定地方性法规条例》
88	《临沂市制定地方性法规条例》
89	《泰安市制定地方性法规条例》
90	《无锡市制定地方性法规条例》
91	《鞍山市制定地方性法规条例》
92	《南昌市制定地方性法规条例》
93	《呼和浩特市人民代表大会及其常务委员会制定地方性法规条例》
94	《包头市人民代表大会及其常务委员会制定地方性法规条例》

序号	名　　称
95	《邯郸市制定地方性法规条例》
96	《佛山市制定地方性法规条例》
97	《沈阳市制定地方性法规条例》
98	《大连市制定地方性法规条例》（已废止）
99	《济南市制定地方性法规条例》
100	《青岛市制定地方性法规条例》
101	《本溪市人民代表大会常务委员会制定地方性法规条例》
102	《温州市制定地方性法规条例》
103	《潮州市制定地方性法规条例》

（二）地方性

地方立法的本质是为了解决地方的实际问题而开展的立法活动。作为地方立法的程序，尽管地方人大在制定本地的地方立法条例时，最大限度地保留了《立法法》关于全国人大及其常委会的立法程序，但也不可避免地带有地方色彩，在一定程度上充分行使了地方自主权，因而地方立法程序在一些内容和方面也带有一定的地方性。

（三）动态性

地方立法程序中的各个环节和步骤，都是地方立法程序的有机组成部分，它们共同推动地方立法程序的持续运行。一般而言，地方立法程序自启动以后，地方立法程序即表现为一个连续的、不间断的行为和时间过程，除因地方性法规案的撤回、搁置审议、暂不交付表决或终止审议等一些特殊情况而发生中断或终止外，它自启动时起一直延续至地方性法规的制定完成为止。地方立法这一过程的行为和进程则集中反映了地方立法程序的动态性。

二、地方立法程序的价值

程序法是实体法之母，程序正义是实体正义的前提。地方立法程序同地方立法工作的效率和质量紧密相连，它不仅反映该地区立法过程是否公正、民主和科学，而且还是衡量该地区民主与法制建设水平的重要标尺，更是开启新时代全面依法治国的体现和要求。因此，建立和完善地方立法程序，对既体现时代要求又符合本地实际的地方立法而言具有十分重要的价值。

（一）规范价值

相较于中央立法而言，地方立法具有较强的自主性与灵活性。为了防止地方立法权力被滥用，规范地方立法的立法程序就显得很有必要。2015 年《立法法》修改后，地方立法权成功扩容，《立法法》虽明确了中央和地方立法的权限分工，但在部分地区法治观念缺失以及法治水平落后的情形下，地方立法权被滥用的风险始终存在。因此，仅通过对地方立法权的适用范围作出限制是不够的，还必须针对地方立法权的立法活动进行动态规范。在此情形下，地方立法程序就应运而生，并以规范地方立法活动作为其首要功能。一方面，地方立法程序将地方立法活动寓于特定的步骤和环节中，可以减少和避免地方立法权行使的随意性和独断性，确保立法权运行的合法性与正当性。另一方面，地方立法程序包含有一定的强制性规则，这些强制性规则对地方立法权具有严格的限制作用，能对立法权行使的全过程进行监控，防止立法权被滥用或发生异化。

（二）民主价值

"法律是人民意志的体现，立法的过程就是将人民意志上升为国家意志的过程。"❶ 地方立法所形成的法规或政府规章，往往都会对地方公众产生具体而直接的影响。因此，为使地方立法能最大限度地保障当地人民的公共意志，必须确保地方立法的民主化。新修订的《立法法》第 6 条明确规定"立法应当坚持和发展全过程人民民主，尊重和保障人权，保障和促进社会公平正义。立法应当体现人民的意志，发扬社会主义民主，坚持立法公开，保障人民通过多种途径参与立法活动。"如何实现地方立法的民主化价值，通过程序化的立法制度设计，优化社会公众民主参与立法的方式，使多数人的合意得到贯彻，这便是地方立法程序贯彻民主价值的最佳选择。

地方立法程序的主要使命就是要通过立法的程序民主来带动立法的实体民主，从而不断推动地方立法的民主化进程。综合来看，地方立法程序的民主价值主要体现在两个方面：一是保障社会公众直接参与地方立法。地方立法程序中设置有关公众参与的程序，使得公众可以直接参与地方立法。一般而言，在地方立法的立项过程中，公众可以提出制定地方性法规或政府规章的建议；在地方性法规或规章的审议过程中，地方立法主体可以就法规或规章向公众广泛征集意见和建议。公众参与地方立法的渠道也多样，既可以通过座谈会、论证会、听证会等会议形式参与，也可以通过网络平台直接参与地方立法活动。例如，为了使地方性法规能更好地体现民意、反映民情、集中民智，《湘潭市人民代表大会及其常务委员会制定地方性法规条例》中明确了地方性

---

❶ 易有禄：《正当立法程序研究》，中国社会科学出版社 2009 年版，第 111 页。

法规案中有关问题存在重大意见分歧或者涉及利益关系重大调整，需要进行听证的，经主任会议决定，可以将法规草案公布或者举行立法听证会，听取市人民代表大会代表、有关基层和群体代表、部门、人民团体、专家和社会有关方面的意见。二是保障地方立法代表多数公众的意志。地方立法是为了适应地方治理的现实需要而存在的，是为了解决地方实际情况而产生的，因此，要想地方立法在当地具有可操作性，地方立法必须借助地方立法程序中多数表决通过的规则，在合意的基础上通过地方法规的形式表现出来。这种体现多数人意志的规则制定方式，是地方立法民主化最直接的体现。

（三）保障价值

不公正的程序结出的"毒树之果"是没有价值的。地方立法除了充分反映公众的意志外，还必须具备一定的立法质量。地方立法程序的存在，为地方立法构建了一道完整的"工序"，使地方立法活动不偏离目标，对地方立法质量起到正向促进作用，从而有效防止"恶法"的产生。若地方立法活动没有相应的立法程序制约，不仅地方立法质量无从得到保证，而且还有可能成为少数人谋取利益的工具。

我们都知道，地方立法程序包括立项、起草、提案、审议、表决通过、公布等一套完整的程序，它们之间是紧密相连、相辅相成的。通过这一套完整的程序，有关的地方性法规或政府规章草案才逐渐演变为结构完整、操作性强的地方性法规或政府规章。因此，从这个意义上说，地方立法程序起到一个从整体上对地方立法质量予以保障的作用。具体到地方立法的各个环节，地方立法程序对地方立法质量起到更为细致、深入的保障作用。以地方法规的制定为例，在地方法规案的提出阶段，只有急需立法且符合立法时机的法规案才能被列入议程；在地方法规的审议阶段，一般的地方法规都要经过两次或三次审议，多次讨论、修改打磨，才能使法规案进一步完善；在地方法规的表决阶段，法规必须经过地方国家权力机关全体人员过半数的同意才能通过，为法规案的最终出台把好最后一道质量关。

总之，面对具有较强的自主性和灵活性的地方立法，地方立法程序的设置是确保地方立法权不被滥用的有力保障。特别是在《立法法》修改后，我国地方立法权下放至所有设区的市，这些城市的地方立法工作才刚刚起步，立法经验相对不足，立法人员水平有限，只有设置科学、合理的地方立法程序，将地方立法活动纳入规范化和程序化的轨道，才能确保地方立法活动不至出现无序状态，有效防止立法的盲目性和随意性，也只有完善的地方立法程序才可以有效地保障地方立法健康有序地发展。

第二节　地方性法规制定程序

一、地方性法规案的提出

提出法案，是指有立法提案权的机关、组织和个人，依据现行的法定程序向有立法权的机关提出关于制定、认可、修改、补充和废止规范性文件的提议和议事原型的专门活动。[1] 地方性法规

---

[1]　周旺生：《立法学》，法律出版社 2004 年版，第 159 页。

案的提出，则是指依法享有地方性法规提案权的主体，依照法定程序向地方人民代表大会或常务委员会提出有关制定、认可、修改、补充或者废止某项地方性法规的活动。地方性法规案的提出，标志着地方性法规制定活动的正式开始。在这一阶段涉及的主要内容有以下几个方面：谁有权提出法规案，提出什么样的法规案，通过什么形式提出，提出的时间，法规案如何列入立法程序以及是否可以撤回等。

至于提出法规案的要求，《立法法》对此提出了明确的要求，其第58条规定："提出法律案，应当同时提出法律草案文本及其说明，并提供必要的参阅资料。修改法律的，还应当提交修改前后的对照文本。法律草案的说明应当包括制定或者修改法律的必要性、可行性和主要内容，涉及合宪性问题的相关意见以及起草过程中对重大分歧意见的协调处理情况。"根据立法法对提出法律案的要求，大部分设区的市人大及其常委会对提出的地方性法规案也作了明确的要求。例如，《湘潭市人民代表大会及其常务委员会制定地方性法规条例》第42条规定："提出地方性法规案，应当同时提出法规草案文本及其说明，并提供必要的参阅资料。修改法规的，还应当提交修改前后的对照文本。法规草案的说明应当包括制定或者修改法规的必要性、可行性和主要内容，以及起草过程中对重大分歧意见的协调处理情况。"

（一）向人民代表大会提出地方性法规案的主体及处理程序

地方性法规案的提出是一项法律法规规定的由有关国家机关、团体、组织和个人享有的专属权利，其他未经授权的任何机关、团体、组织和个人都没有向地方人大及其常委会提出地方性法规案的权利。享有地方性法规提案权的主体十分广泛，《立法法》对地方性法规案的提出只作出了宏观规定，所以不同地区可能会存在一些差别。该法第87条第1款规定："地方性法规案、自治条例和单行条例案的提出、审议和表决程序，根据中华人民共和国地方各级人民代表大会和地方各级人民政府组织法，参照本法第二章第二节、第三节、第五节的规定，由本级人民代表大会规定。"一般来说，地方的各级人大主席团、地方人大常委会、地方人大专门委员会、同级人民政府和10人以上联名的人大代表都可以向地方人民代表大会提交法规案。

1. 地方人民代表大会主席团。地方人民代表大会主席团由地方人民代表大会预备会议选举产生，是地方人民代表大会会议期间主持会议的临时会议机构。主席团成员来自全市各方面、各行业，他们都是党政军、工人、农民和知识分子等代表人士，具有非常广泛的代表性。大会主席团在集中各方面意见的基础上向地方人民代表大会提出地方性法规案。地方人民代表大会主席团提出的地方性法规案，直接列入会议议程，由地方人民代表大会审议。

2. 地方人民代表大会常务委员会。地方人民代表大会常务委员会是地方人民代表大会的常设机构，对人民代表大会负责并报告工作。地方人大常委会可以向地方人民代表大会提出地方性法规案，由主席团决定是否列入会议议程。另外，在地方人民代表大会闭会期间，向地方人民代表大会提出的地方性法案，可以先向地方人大常委会提出。地方人大常委会依照法定程序对地方性法规提案进行审议，并有权决定是否提请地方人民代表大会审议。若提请地方人民代表大会审议，地方人大常委会或提案主体应就地方性法规案向地方人民代表大会全体会议进行说明。

3. 地方人民代表大会各专门委员会。地方人民代表大会各专门委员会是地方人民代表大会的工作机构，在地方人民代表大会闭会期间开展经常性工作。其主要职责是在地方人民代表大会及其常委会的领导下，研究、审议、拟定有关议案；向地方人民代表大会及其常委会提出属于本级人民代表大会职权范围内的地方性法规案。地方人民代表大会各专门委员会提出的地方性法规案，由地方人民代表大会主席团决定是否列入会议议程。

4. 地方人民政府。地方人民政府是地方国家行政机关，拥有对本行政区域内的行政事项的管理权，可以向地方人民代表大会提出地方性法规案。对于地方人民政府提出的地方性法规案，由地方人民代表大会主席团决定是否列入会议议程。

5. 地方人民代表大会代表团。地方人民代表大会代表团是地方人大代表参加地方人民代表大会时临时组成的基本组织，每个代表团都享有向地方人民代表大会提出法规案的权利。每一个代表团提出的地方性法规案，由地方人民代表大会主席团决定是否列入会议议程，或者先交有关的专门委员会审议并提出是否列入会议议程的意见后，再由地方人民代表大会主席团决定是否列入会议议程。有关的专门委员会审议地方人民代表大会代表团提出的法规案时，可以邀请提出地方性法规案的地方人民代表大会代表团列席会议并发表意见。

6. 十名以上地方人大代表联名。《中华人民共和国地方各级人民代表大会和地方各级人民政府组织法》规定："县级以上的地方各级人民代表大会代表十人以上联名，乡、民族乡、镇的人民代表大会代表五人以上联名，可以向本级人民代表大会提出属于本级人民代表大会职权范围内的议案，由主席团决定是否列入大会议程，或者先交有关的专门委员会审议，提出是否列入大会议程的意见，再由主席团决定是否列入大会议程。"因此，地方的人民代表大会代表十人以上联名，有向地方人民代表大会提出属于地方人民代表大会职权范围内的地方性法规案的权利。代表联名提出地方性法规案不受代表团的限制，只要有十名以上的代表共同联名，也可以向地方人民代表大会提出地方性法规案。十名以上地方人大代表联名提出的地方性法规案，由主席团决定是否列入会议议程，或者先交有关的专门委员会审议，提出是否列入大会议程的意见，再由主席团决定是否列入大会议程。有关的专门委员会审议十名以上的代表联名提出的法规案时，可以邀请提出地方性法规案的联名代表列席会议并发表意见。

（二）向地方人大常委会提出地方性法规案的主体及处理程序

向地方人大常委会提出地方性法规案的主体，与向地方人民代表大会提出地方性法规案的主体既有相同的，也有不同的。相同的是地方人大各专门委员会和地方人民政府。

1. 地方人大常委会主任会议。地方人大常委会主任会议由地方人大常委会主任、副主任、秘书长组成，是处理地方人大常委会日常工作的机构，其有权向地方人大常委会提出地方性法规案，由地方常务委员会会议审议。

2. 地方人大各专门委员会。在地方人民代表大会闭会期间，地方人大各专门委员会受地方人大常委会领导，可以向地方人大常委会提出地方性法规案，由地方人大常委会主任会议决定是否列入常委会会议议程，或先交有关的专门委员会审议并提出报告后，再决定是否列入常委会会议议程。如果主任会议认为地方性法规案有重大问题需要进一步研究的，可以建议提案主体修改后再向地方人大常委会提出。

3. 地方人民政府。地方人民政府向地方人大常委会提出地方性法规案的程序与地方人大各专门委员会相同。在我国的地方立法实践中，地方人大常委会审议通过的地方性法规案中，由地方人民政府提出的法规案占绝大多数。

4. 地方人大常委会组成人员五人以上联名。地方人大常委会组成人员五人以上联名，可以向地方人大常委会提出地方性法规案，由地方人大常委会主任会议决定是否列入常委会会议议程，或者先交有关的专门委员会审议并提出是否列入会议议程的意见，再决定是否列入常委会会议议程。若决定不列入会议议程，地方人大常委会主任会议应当向市常务委员会会议报告或向提案主体作出说明。

二、地方性法规案的审议

地方性法规案的审议，是指享有地方立法权的国家权力机关对已列入议程的地方性法规案进行审查、讨论、评议以及修改的专门活动，它是地方立法程序中的一个重要阶段。地方性法规的审议主要是对制定地方性法规案的必要性和可行性以及法规草案具体内容的合法性、合理性、科学性等进行论证，并对地方性法规案的技术性问题加以解决与完善。地方性法规案的审议是地方性法规案制定程序中的核心环节，它既是对地方性法规立项、起草质量的评判，也是为地方性法规的实施奠定基础的重要阶段。

从《立法法》与相关地方立法条例的规定来看，地方人民代表大会的审议程序与地方人民代表大会常务委员会的审议程序存在一定的区别，下面分别就两类主体的审议程序予以阐述。

（一）地方人民代表大会审议程序

地方性法规的立法权是宪法和法律赋予地方人民代表大会的一项重要职权。与地方人大常委会审议程序相比，地方人民代表大会审议地方性法规案一般采用一次会议审议制度，审议程序相对较为简单。

1. 地方人大代表团审议。地方人大代表审议地方性法规案基本是以代表团为单位进行的。代表团审议是地方人民代表大会审议地方性法规案的第一个步骤。各代表团在审议地方性法规案时，提案人应当指派人员到会听取意见并回答代表的询问。此外，根据代表团的要求，与法规案有关的机关、组织，也应当指派人员到会介绍法规案的基本情况。

2. 有关专门委员会审议。在我国，人民代表大会一般每年只开一次，且每次会议持续的时间有限，导致代表们对地方性法规案的讨论难以深入。因此，地方人民代表大会往往设立若干个专门委员会来对地方性法规案进行审议。❶ 在地方人民代表大会会议期间，有关的专门委员会在地方人大代表团审议后，对其对口的地方性法规案进行审议，向主席团提出审议意见，并将审议意见印发会议。法制工作委员会再根据地方人大代表团和有关专门委员会审议的意见对地方性法规案进行统一审议。

3. 主席团组织审议。在有关专门委员会审议以后，如果觉得地方性法规案还有审议的必要，可由主席团组织代表团有关人员进行讨论、审议。这里分为两种方式：一是由主席团常务主席召开各代表团团长会议，目的主要是就法规案中的重大问题听取各代表团的意见并进行讨论，最后将讨论的情况和意见向主席团报告；二是由主席团常务主席召集各代表团推选的有关代表，就法规案中重大的专门性问题听取意见、进行讨论，并将讨论情况和

---

❶ 如湘潭市人民代表大会设立了社会建设委员会、农业与农村委员会、环境与资源保护委员会、教育科学文化卫生委员会、财政经济委员会、法制委员会、监察和司法委员会、民族华侨外事委员会等8个专门委员会。

意见向主席团报告。至于主席团组织审议采取哪种方式，由主席团常务主席决定。

4. 授权地方人大常委会审议。地方性法规案经过以上审议程序后，认为在审议中还存在重大问题需要进一步研究的，经主席团提出，由大会全体会议决定，可以授权地方人大常委会根据代表们的意见进一步开展审议并作出决定，并将决定情况向下一次地方人民代表大会会议报告。另外，也可以授权地方人大常委会根据代表的意见进一步审议并提出修改方案，将修改方案提请下一次地方人民代表大会会议审议决定。

（二）地方人大常委会审议程序

我国地方立法中绝大多数的地方性法规案都是由人大常委会审议通过的，因此，在地方立法中，人大常委会审议具有非常重要的地位和作用。目前，各地人大常委会审议地方性法规案的程序主要是参照《立法法》的具体规定或基本精神予以设定的，各地制定的地方性法规条例对人大常委会的审议程序作了具体规定。一般情况下，地方性法规案应当经两次或三次以上的常委会会议审议后再交付表决，即实践中存在的"二审制"❶或"三审制"❷。二审制是指列入地方人大常委会会议议程的地方性法规案，一般应当经过两次人大常委会审议后再交付表决。而三审制则是指列入地方人民代表大会会议议程的地方性法规案，一般应当经过三次人大常委会审议后再交付表决。下面根据有关地方的实践，将分

---

❶ 如《长沙市人民代表大会及其常务委员会制定地方性法规条例》第 19 条第 1 款规定："列入常务委员会会议议程的地方性法规案，一般应当经两次常务委员会会议审议后再交付表决。"

❷ 如《湘潭市人民代表大会及其常务委员会制定地方性法规条例》第 21 条第 1 款规定："列入常务委员会会议议程的地方性法规案，一般应当经过三次常务委员会会议审议后再交付表决。"

别叙述二审制和三审制的基本程序。

1. 二审制的基本审议程序及审议重点

（1）第一次审议程序及审议重点。根据我国地方立法的实践，在地方性法规案的审议中，人大常委会可以采取召开全体会议、分组会议或者联组会议的形式进行，但只有全体会议有人数的限制且有决定问题的权力。人大常委会在第一次审议地方性法规案时，一般首先由人大常委会以分组会议的形式举行，会议审议的重点主要是听取提案主体的说明，就法规草案的必要性、可行性、合法性和主要问题等进行审议。其次是由人大常委会根据需要召开分组会议或全体会议，对法规案中的主要问题进行讨论。最后，由法制工作委员会根据人大常委会组成人员和有关的专门委员会的审议报告和各方面的意见进行统一审议，提出审议结果报告，由主任会议提请人大常委会进行第二次审议。究竟是采取分组会议进行审议还是采取联组会议进行审议，需要根据各个地区的实际决定。对于大多数设区的市而言，由于地方人大常委会的组成人员并不是很多，一般在审议地方性法规案时不分组，而是采取全体会议的形式进行审议。

（2）第二次审议程序及审议重点。人大常委会会议第二次审议地方性法规案，首先由法制工作委员会在常委会全体会议上宣读关于法规草案审议结果的报告，然后由人大常委会全体会议或者分组会议对草案修改情况、有关问题及主要制度设计进行审议，最后由法制工作委员会根据审议意见对地方性法规案进行统一审议，提出审议结果报告和法规草案表决稿，再提请人大常委会全体会议表决。如《长沙市人民代表大会及其常务委员会制定地方性法规条例》规定，常务委员会会议第二次审议地方性法规案，在全体会议上听取法制工作委员会关于地方性法规草案审议结果的报告，由分组会议对地方性法规草案修改稿进行审议。

2. 三审制的基本审议程序及审议重点

（1）第一次审议程序及审议重点。第一次审议时，先由有关的专门委员会对法规案的必要性、可行性、科学性、合法性等提出审议意见，并将意见印发给人大常委会会议；再由人大常委会分组会议对法规案的主要问题进行审议。如《湘潭市人民代表大会及其常务委员会制定地方性法规条例》规定，常务委员会会议第一次审议地方性法规案，在全体会议上听取提案人的说明，听取有关的专门委员会的审议意见，进行初步审议。

（2）第二次审议程序及审议重点。第二次审议时，先由法制工作委员会对法规案进行统一审议，然后由法制工作委员会向人大常委会会议提出关于法规草案修改情况的报告和草案修改稿，最后由人大常委会分组会议根据修改情况的报告和草案修改稿对草案作进一步的审议。如《湘潭市人民代表大会及其常务委员会制定地方性法规条例》规定，常务委员会会议第二次审议地方性法规案，在全体会议上听取法制工作委员会关于法规草案修改情况和主要问题的汇报，进一步审议。

（3）第三次审议程序及审议重点。人大常委会会议第三次审议地方性法规案，主要是听取法制工作委员会在人大常委会全体会议上对法规草案审议结果的报告，并对法规草案修改稿进行审议。第三次审议侧重于对草案审议结果、表决前评估的情况报告和草案表决稿进行审议。如《湘潭市人民代表大会及其常务委员会制定地方性法规条例》规定，常务委员会会议第二次审议地方性法规案，在全体会议上听取法制工作委员会关于法规草案修改情况和主要问题的汇报，进一步审议。

【示例】

市人大常委会：

为规范我市市容环境卫生管理，提升城市管理水平，根据《中华人民共和国立法法》《城市市容和环境卫生管理条例》（国务院令第 101 号，1992 年）等规定，结合湘潭实际，由市城管执法局牵头，市政府法制办等部门密切配合，起草了《湘潭市城市市容和环境卫生管理条例（草案）》，这将成为《立法法》修改后我市市人大常委会要求制定的第一部地方性法规。前段，在市人民政府的高度重视下，市城管执法局、市政府法制办做了大量卓有成效的立法准备工作。

经反复征求意见，多轮修改完善，该条例草案已经 2016 年 4 月 26 日市人民政府第 46 次常务会议审议通过。现按程序提请市人大常委会审议，并予以立法颁布实施。

特致函，恳请支持。

湘潭市人民政府

2016 年 5 月 16 日

三、地方性法规案的表决

地方性法规案的表决，是指享有地方性法规案表决权的主体，对提请表决的地方性法规案能否成为正式法规所表示的赞成、反对或弃权的态度。地方性法规案经过多次充分审议后，一般会有付诸表决、延期审议、终止审议等三种结果。经过审议后由法制工作委员会形成付诸表决的表决稿，由主席团提请人民代表大会全体会议表决。地方性法规案的表决是地方立法程序中不可缺少的重要环节，地方性法规案只有通过表决，才能成为地方性法规，不付诸表决的法规案不可能成为正式的地方性法规。

1. 表决的原则。《地方组织法》第 25 条、第 51 条规定，地方人民代表大会表决地方性法规案，以全体代表的过半数通过；地方人民代表大会常务委员会表决地方性法规案，以全体组成人员的过半数通过。由此可以看出，过半数通过成为我国地方性立法表决通过的基本原则。各地在制定的地方性法规条例中都遵从了《地方组织法》的规定，也以过半数通过作为赞成地方性法规案通过的基本原则。如《湘潭市人民代表大会及其常务委员会制定地方性法规条例》第 16 条规定："法规草案修改稿经各代表团审议，由法制工作委员会根据各代表团的审议意见进行修改，提出法规草案表决稿，由主席团提请大会全体会议表决，由全体代表的过半数通过。"第 32 条规定："法规草案修改稿经常务委员会会议审议，由常务委员会法制工作委员会根据常务委员会组成人员的审议意见进行修改，经法制工作委员会审议提出法规草案表决稿，由主任会议提请常务委员会全体会议表决，由常务委员会全体组成人员的过半数通过。"地方性法规案表决遵循多数通过的原则，也体现了全体代表或者常委会组成人员的集体意志，也是我国民主集中制原则在地方立法领域的体现。

2. 表决的方式。表决的方式是指表决地方性法规案的方法和形式。由于表决在地方立法中具有非常重要的作用，各地对法规案的表决方式都进行了严格规范。根据不同的标准，可以对表决的方式作不同的划分。根据表决人在地方性法规案表决过程中的态度是否公开，可以将表决分为公开表决和秘密表决。其中，公开表决的方式主要包括举手表决、口头表决、点名表决、起立表决、行进表决、计牌表决、记名投票表决、使用表决器表决等；

秘密表决则以无记名投票为主要形式。❶ 根据表决的对象是地方性法规案的整体还是部分，可以将表决分为整体表决和部分表决。整体表决顾名思义就是指对整个地方性法规案进行的表决，而部分表决则是指对地方性法规案中的部分章、节或条款所进行的表决。实践中，整体表决是我国设区的市制定地方性法规的基本表决方式。在部分表决里，又可以分为逐条表决和单独表决两种方式。逐条表决是指先由表决人对法规案中的每个条款或章节逐一表决，在此基础上再对整个法规进行表决。单独表决是指表决人就法规案中的个别条款先行表决，然后再根据该条款的表决结果来决定是否对整个法规案进行表决。在地方立法的实践中，经常会出现表决人对法规案中的个别条款持反对意见的现象。因此，单独表决在地方立法法规案的表决中得到了运用，各地的地方性法规制定条例也对单独表决进行了规定。

单独表决最先出现于党的十八届四中全会通过的《中共中央关于全面推进依法治国若干重大问题的决定》，具体表述是"完善法律草案表决程序，对重要条款可以单独表决"，它是新时代我国推进科学立法、民主立法的必然要求和体现。为贯彻落实党的十八届四中全会决定精神，2015 年修订的《立法法》第 44 条对重要条款单独表决作出了明确规定。2015 年，广东省第十二届人大常委会第十三次会议第二次全体会议对《广东省环境保护条例（修订案草案）》第 19 条进行单独表决，开启了自党的十八届四中全会以来全国第一个就地方性法规案进行单独表决的先例。然而，由于设区的市地方立法工作起步较晚，实践中还没有采取单独表决的情况。

---

❶　陈洪江主编：《地方立法简本》，天津人民出版社 2007 年版，第 195 页。

各地一般都根据《立法法》的规定，在制定的地方性法规条例中规定了单独表决条款，如《湘潭市人民代表大会及其常务委员会制定地方性法规条例》第 32 条第 2 款规定："法规草案表决稿交付常务委员会会议表决前，主任会议根据常务委员会会议审议的情况，可以决定将个别意见分歧较大的重要条款提请常务委员会会议单独表决。"结合《立法法》的精神以及各设区的市制定的单独表决条款，可以发现地方性法规案适用重要条款单独表决必须符合某些条件和程序等方面的要求，并对单独表决后的处理也作出了明确规定。

（1）单独表决适用的时间条件。适用单独表决，时间条件非常重要，各地制定地方性法规条例都有明确的规定，一般都规定在法规草案表决稿提交常委会会议表决前进行。因为在这一时间点，对法规草案的审议已经相当充分，审议人员已就地方性法规案中的大部分问题达成共识，未达成共识的矛盾焦点已经十分明确。主任会议此时根据常委会会议审议作出判断，对某些意见分歧较大的重要条款是否提请常委会会议单独表决。

（2）单独表决的启动条件。单独表决是否启动，取决于法规草案表决稿中是否存在个别意见分歧较大的重要条款。对于意见分歧较大，一般还很好理解，然而对于一部法规案中什么是重要条款，这就只能交由主任会议根据该部法规的核心来定夺。总之，单独表决程序的启动，需要意见分歧较大且是重要条款，二者都必须具备。

（3）单独表决后的处理程序。根据《立法法》以及各地的制定地方性法规条例规定，单独表决的条款在经过常务委员会会议表决后，主任会议根据单独表决的情况，分两种情形处理：一是可以决定将法规草案表决稿交付表决；二是决定暂不交付表决，交由法制工作委员会和有关的专门委员会进一步审议。

四、地方性法规的报批和公布

（一）地方性法规的报批

报批是设区的市地方性法规的特有程序，下面将着重分析。《立法法》第 81 条第 1 款规定："设区的市的地方性法规须报省、自治区的人民代表大会常务委员会批准后施行。"也就是说，设区的市人大及其常委会表决通过的地方性法规，并不能自主生效，而是必须依法报省、自治区人大常委会批准后才能施行，省人大常委会的审查批准是设区的市地方性法规生效的法定程序和必要条件。这就是人们通常讲的"报批程序"。

1. 报批期限要求。《立法法》对于设区的市上报表决通过的地方性法规的期限并没有作出明确规定，省、自治区地方立法条例中对此也没有明确的规定。不过大部分设区的市地方立法条例中对地方性法规表决通过后的报批期限作出了明确要求，有的规定应于通过之日起 15 日内报请省人大常委会批准，也有的规定应于 30 日内报批。例如，《湘潭市人民代表大会及其常务委员会制定地方性法规条例》第 45 条规定："市人民代表大会及其常务委员会制定的地方性法规，应当自表决通过之日起十五日内，由常务委员会报请省人民代表大会常务委员会批准。"

2. 审批要求。对于省、自治区人大常委会审查批准设区的市的地方性法规的期限，《立法法》作出了明确的规定。《立法法》第 81 条第 1 款规定："省、自治区的人民代表大会常务委员会对报请批准的地方性法规，应当对其合法性进行审查，同宪法、法律、行政法规和本省、自治区的地方性法规不抵触的，应当在四个月内予以批准。省、自治区的人民代表大会常务委员会在对报请批准的设区的市的地方性法规进行审查时，发现其同本省、自治区的人民政府的规章相抵触的，应当作出处理决定。"根据《立法法》对省、自治区人大常委会审查批准设区的市地方性法规的规定可以看出，《立法法》对批准设区的市地方性法规从审查内容、批准期限以及与省级政府规章抵触的处理三个方面予以规定。

（1）省级人大常委会对设区的市地方性法规原则上只作合法性审查，也即是说，在决定批准与不批准地方性法规时，主要是根据其合法性状况进行判定。只要地方性法规不同宪法、法律、行政法规和本省、自治区地方性法规相抵触，就认定其具有合法性，省、自治区人大常委会就应当予以批准。

（2）对设区的市报请批准的地方性法规，省、自治区人大常委会应当在四个月内予以批准。这四个月是《立法法》规定的法定期限，是固定不变的，不存在中止、中断、延长等情形。

（3）根据《立法法》的规定，省、自治区人大常委会对报请批准的设区的市地方性法规进行审查时，发现其同本省、自治区人民政府的规章相抵触的，应当作出处理决定。因为设区的市地方性法规的制定主体是市人大及其常委会，而省政府规章的制定主体是省级政府，一个是人大立法，一个是行政立法，所以，这种情况下应该由省人大常委会裁定。例如，《湖南省地方立法条例》第43条第1款规定："对与省人民政府规章相抵触的，先由法制工作委员会和有关专门委员会组织协调、提出处理建议，再由主任会议提请常务委员会作出处理决定。"

3. 有合法性问题的处理方式。绝大多数地方性法规都能通过省、自治区人大常委会的合法性审查，但也存在没有通过合法性审查导致不予批准的情形。在长期的地方立法实践中，部分省、自治区人大常委会总结出一些可行的经验，把这些可行的经验嵌入省、自治区的地方立法条例。对设区的市的地方性法规存在的合法性问题，一般有几种处理方式，下面以湖南省为例予以介绍。《湖南省地方立法条例》第43条第3款规定："经常务委员会全体会议审查，报请批准的地方性法规或者自治条例、单行条例存在合法性问题的，不予批准或者经报请批准机关修改后提请下一次常务委员会会议审查批准。"从这里可以看出，湖南省人大常委会对存在合法性的地方性法规明确了两种处理方式：一是不予批准；二是修改后再提请批准。

（二）地方性法规的公布

地方性法规的公布，是指地方人大或地方人大常委会将已批准通过的地方性法规按照法定程序和形式公之于众的行为。《立法法》对地方性法规的公布作出了明确规定，各地的地方立法条例根据《立法法》对这些问题也都作出了相应的规定。

1. 公布的主体。地方性法规公布的主体，是指有权将批准通过的地方性法规依法公开发布的地方国家机关或机构。根据《立法法》第88条的规定，地方性法规的公布包括以下四种情形：（1）省、自治区、直辖市的人民代表大会制定的地方性法规由大会主席团发布公告予以公布；（2）省、自治区、直辖市的人民代表大会常务委员会制定的地方性法规由常务委员会发布公告予以公布；（3）设区的市、自治州的人民代表大会及其常务委员会制定的地方性法规报经批准后，由设区的市、自治州的人民代表大会常务委员会发布公告予以公布；（4）自治条例和单行条例报经批准后，分别由自治区、自治州、自治县的人民代表大会常务委员会发布公告予以公布。对于设区的市而言，《立法法》只规定了设区的市人大常委会作为唯一的地方性法规公布主体。

2. 公布的形式。地方性法规公布的形式，是指地方性法规公布的方式方法。根据《立法法》的规定，地方性法规的公布是由省、自治区、直辖市人大主席团，省、自治区、直辖市人大常委会和设区的市、自治州的人大常委会分别以发布公告的形式予以公布。也即是说，所有地方性法规的公布形式都是由相关主体发布公告，只是公告名称有别而已，如人大主席团发布的公告称为"人民代表大会公告"，人大常委会发布的公告称为"人民代表大会常务委员公告"。一般而言，地方性法规的公告内容通常包括法规的名称、制定机关、通过和施行日期、公布主体和公布时间，设区的市人大常委会发布的公告还要载明批准机关和批准日期。例如，《湘潭市人民代表大会及其常务委员会制定地方性法规条例》第46条规定："公布地方性法规的公告应当载明制定和批准机关及其通过日期，以及法规的施行日期。"

【示例】

××市第×届人民代表大会常务委员会公告

（第×号）

××市第×届人民代表大会第×次会议于××××年×月×日通过的《××市×××条例》，业经××省×届人民代表大会常务委员会第×次会议于××××年×月×日批准，现予公布，自××××年×月×日起施行。

××市人民代表大会常务委员会

××××年×月×日

3. 公布的载体。地方性法规公布的载体，是指在何种媒体公布地方性法规的文本。《立法法》第89条规定："地方性法规、自治条例和单行条例公布后，其文本以及草案的说明、审议结果报告等，应当及时在本级人民代表大会常务委员会公报和中国人大网、本地方人民代表大会网站以及在本行政区域范围内发行的报纸上刊载。在常务委员会公报上刊登的地方性法规、自治条例和单行条例文本为标准文本。"地方人大常委会公布地方性法规有两类载体：一类是纸质载体，包括地方人大常委会公报和本行政区域内发行的报纸；另一类是网络载体，主要是地方人大网站。例如，《湘潭市人民代表大会及其常务委员会制定地方性法规条例》第 46 条第 2 款规定："地方性法规签署公布后，应当及时在常务委员会《公报》《湘潭日报》和湘潭人大网上刊登。"

五、地方性法规案制定的停止

在地方性法规的立法过程中，可能会因为某种原因导致地方立法程序的中断、终止或重新开始，如法规案的撤回、搁置审议、暂不付表决和终止审议等情形。

（一）地方性法规案的撤回

提案人既有提出法规案的权利，也有撤回提出的法规案的权利。按提案人行使地方性法规案撤回权的时间节点，地方性法规案的撤回分为两种情形：一是列入会议议程前的撤回；二是交付表决前的撤回。设区的市的地方立法条例一般都根据《立法法》的规定对这两种情况作出了明确的规定。

1. 列入会议议程前的撤回。对于列入会议议程前的地方性法规案的撤回，撤回的程序比较简单。例如《湘潭市人民代表大会及其常务委员会制定地方性法规条例》第 43 条规定："向地方人民代表大会及其常务委员会提出的地方性法规案，在列入会议议程前，提案人有权撤回。"也即是说，向地方人民代表大会及其常委会提出的地方性法规案，只要是在列入人大或人大常委会会议议程前，法规的提案人都随时可以撤回，不需经过任何同意程序，也不需作出说明。地方性法规案列入会议议程之前被撤回，完全体现了提案人对法规案的自主决定权。

2. 交付表决前的撤回。相较于列入会议议程前的撤回，交付表决前地方性法规案的撤回程序要复杂一些。这是因为，列入会议议程的地方性法规案，已经经过了审议阶段，地方性法规案集中了多数人的意志，已不再专属于提案人。为了避免浪费立法资源，此时提案人提出撤回法规案，必须要有正当的理由。如果主席团或主任会议认为要求撤回地方性法规案的理由成立，对该地方性法规案的审议就此终止，反之则继续审议。例如，《湘潭市人民代表大会及其常务委员会制定地方性法规条例》第 14 条、第 30 条规定，列入市人民代表大会或市人大常委会会议议程的地方性法规案，在交付表决前，提案人要求撤回的，应当说明理由，经主席团或主任会议同意并向大会或常务委员会报告，对该地方性法规案的审议即行终止。

（二）搁置审议和终止审议

《立法法》第 45 条规定："列入常务委员会会议审议的法律案，因各方面对制定该法律的必要性、可行性等重大问题存在较大意见分歧搁置审议满两年的，或者因暂不付表决经过两年没有再次列入常务委员会会议议程审议的，委员长会议可以决定终止审议，并向常务委员会报告；必要时，委员长会议也可以决定延期审议。"《立法法》关于法律案搁置审议及终止审议情况的规定，对设区的市同样适用。

1. 搁置审议。对地方性法规案实施搁置审议的，主要是因为各方面对制定该法规的必要性、可行性等重大问题未达成共识，存在较大的意见分歧。地方性法规案的搁置审议程序一旦启动，意味着法规案有两种处理后果：一是搁置审议超过两年期限的，由委员长会议向常委会报告，该法律案终止审议；二是搁置审议的地方性法规案，在两年内其重大问题得到解决的，可以由专门委员会或者常务委员会组成人员联名提出书面建议，由主任会议决定或直接提请常务委员会会议继续审议。因此，对于搁置审议立法程序的启动，各地立法机关应当谨慎处置。

2. 终止审议。法规案的终止审议程序的启动，需要具备一定的条件：一是列入常委会会议审议的地方性法规案，搁置审议满一定期限；二是由于暂不付表决而经过一定期限没有再次列入会议议程。只要具备其中一种情形，就由主任会议向常委会报告，该法规案终止审议程序将启动。至于以上两种情况的一定期限具体是多少，大多数地方立法条例都根据《立法法》的规定定为两年。需要特别注意的是，只有主任会议才有向常委会提出法规案终止审议的权利，其他如专门委员会是无权提出法规案终止审议的。

（三）暂不付表决

地方性法规案列入常务委员会会议议程后，经常务委员会两次或三次审议后，仍有重大问题需要进一步研究的，由常务委员会主任会议提出，经常务委员会全体会议同意，可以暂时不交付表决，并交由法制工作委员会进一步审议。

第三节　地方政府规章制定程序

地方政府规章的制定程序是指享有政府规章制定权的地方人民政府依照法定职权制定、修改、废止规章所应遵守的程序。赋予地方人民政府制定政府规章的权力，是政府发挥政府职能的必然要求，也有利于促进政府管理行为的规范、合法，同时也有利于为本地区行政管理积累大量有益的经验与做法，为此类事项地方性法规的制定提供经验。《立法法》对省、自治区、直辖市的人民政府制定规章没有明确的范围规定，但第 93 条对设区的市制定政府规章进行了明确的规定，即设区的市可以为执行法律、法规的规定需要制定规章的事项和属于本行政区域的具体行政管理事项制定规章，制定规章的范围仅限于城乡建设与管理、生态文明建设、历史文化保护、基层治理等方面。一般来说，地方政府规章的制定程序如下。

一、地方政府规章的立项

地方政府规章的立项包括规划编制和计划编制两个方面。根据《立法法》的规定，地方政府规章制定规划的周期是 2～5 年，计划的周期为 1 年。

1. 地方政府规章项目的建议与申请。根据《规章制定程序条例》的规定，地方政府规章规划和计划的提出主体有两类：一是地方政府所属的各个职能部门或下级人民政府；二是地方人民政府向社会公开征集的规章制定项目建议。地方政府各职能部门或下级人民政府提出的项目建议，应当在指定时间内以书面形式向地方政府法制机构上报立项申请。报送制定规章的立项申请，应当对制定规章的必要性、所要解决的主要问题、拟确立的主要制度等作出说明。

2. 地方政府规章规划的拟订。地方政府法制机构应根据本辖区经济、社会发展的实际情况和政府确定的工作任务，就地方政府规章项目建议或立项申请开展调查研究、评估与论证，并在此基础上拟订地方政府规章规划。

3. 地方政府规章规划的公布。地方政府法制机构应以召开论证会、听证会等方式，就拟订的地方政府规章规划向有关单位和个人广泛征求意见。地方政府法制机构在总结各方意见的基础上，对拟订的地方政府规章规划进行修改完善后，再将规划报请本级政府批准并公布。

二、地方政府规章草案的起草

地方政府规章的起草阶段是整个制定过程中的基础阶段。地方政府规章的起草一般由政府所属的各个工作部门组织起草，也可以委托有关的科研机构、专家或一些研究机构起草。其中，若规章草案的内容涉及两个或两个以上的职能部门，则可以由相关的职能部门联合起草。地方政府规章草案的起草，需遵循一定的体例和格式，因此，在草案起草前，起草人员要充分了解本行政区内的实际情况，在深入分析、合理论证、广泛征求各方意见的基础上拟定并修改草案，由起草部门制定规章草案送审稿。规章草案送审稿完成后，起草部门再将地方政府规章送审稿及其说明、相关材料等，报送地方政府法制工作机构统一审查。

三、地方政府规章草案的审查

对政府规章草案的审查，是制定地方政府规章的核心环节，因而受到各地的普遍重视。地方政府规章的草案一般由地方政府法制机构进行。地方政府法制机构在收到草案后，一般会从合法性、必要性、可操作性等方面进行：（1）是否符合法律、法规的规定；（2）是否与有关规章协调、衔接；（3）是否与其部门职能权限一致；（4）是否妥善处理有关意见；（5）是否符合立法技术规范；（6）其他需要审查的内容。在审查过程中，法制机构要对草案进行分析、调研，必要时还要召开听证会听取社会各界的意见，在此基础上对草案进行修改完善并形成报审稿和法律审核说明，由法制机构主要负责人同意后，提出提请政府常务会议审议的建议。

四、地方政府规章草案的讨论决定

根据《地方组织法》第 74 条第 2 款的规定，制定地方政府规章，须经各该级政府常务会议或者全体会议讨论决定。因此，地方政府常务会议或全体会议的讨论决定是地方政府规章草案获得效力的必经程序。地方政府有关会议对政府规章草案讨论决定后，由政府法制机构报送地方政府行政首长审定。值得一提的是，由于地方人民政府实行行政首长负责制，因而地方政府规章草案的通过方式是首长负责制，而不是采用地方性法规的表决制。

五、地方政府规章的公布

地方政府规章的公布是将通过的地方政府规章公之于众的活动。《立法法》第 96 条第 2 条规定了地方政府规章的公布主体，即地方政府规章由省长、自治区主席、市长或者自治州州长签署命令予以公布。第 97 条第 2 款、第 3 款规定了地方政府规章公布的载体，即本级人民政府公报和中国政府法制信息网以及本行政区域范围内发行的报纸。

第六章

地方立法立项

第一节　地方立法立项概述

"凡事预则立，不预则废"。地方立法立项是指地方立法主体在自身职权范围内，根据本行政区域的实际情况和现实需要，对一个时期内的立法任务所作的立法预测、立法安排与立法准备。结合目前我国地方立法的实践来看，立项主要体现为编制立法规划与立法计划两种方式。地方立法立项是地方立法活动中一个重要的环节，既是科学配置地方立法资源的有效形式，也是提高地方立法质量的前提条件，能最大限度减少或避免地方立法工作的盲目性和无序性。

一、地方立法立项的主要原则

（一）法制统一原则

法制统一原则是指地方立法立项应当在宪法、法律法规的框架内，因地制宜地解决本地的实际问题，而不是自行其是、另搞一套。地方立法是中国特色社会主义法律体系的重要组成部分，它使中国特色社会主义法律体系进一步丰富和完善，同时也在维护国家法制统一中起着非常重要的作用。为了维护国家法制统一，地方立法就要从地方立法的第一道工序——地方立法立项抓起。对于那些与国家上位法的基本原则和主要精神不符以及超越地方立法权限的立法项目，特别是设区的市超越《立法法》所规定的城乡建设与管理、生态文明建设、历史文化保护、基层治理等方面的立法项目，应坚决不予立项。

（二）地方特色原则

地方立法是以解决地方实际问题为导向的，它服务于地方的中心工作。我国幅员辽阔，各地经济、社会发展情况差别较大，因此国家通过赋予地方立法权的方式，授权地方通过地方立法来解决许多属于地方的事务。对于哪些项目能够列入立法规划和计划，地方立法主体就要本着从本地经济、社会发展的实际状况出发，统筹考虑立法的社会环境、社会要求以及实施的可能性等方面，解决那些国家尚未立法而本区域又迫切需要用法规加以规范和解决的领域。因此，地方立法主体在编制地方立法规划和立法计划时，要坚持从地区实际出发，满足地方民主法治建设需要，实事求是，既不能滞后立项，又不能过于超前立项，更不能无的放矢。

（三）民主原则

习近平总书记指出："民主不是装饰品，不是用来做摆设的，而是要用来解决人民需要解决的问题的。"《立法法》第 6 条也强调了"应当坚持和发展全过程人民民主"，"应当体现人民的意志，发扬社会主义民主"。在地方立法过程中贯彻全过程人民民主，就应当致力于充分体现人民民主的全过程性，在地方立法的每一环节体现民主，其中也包括地方立法规划和年度立法计划的编制环节。"民有所呼，我有所应"是新时代地方立法项目反映人民的根本利益和意志的生动体现。因此，在整改地方立法规划和计划的过程中，立法主体既要广泛听取各工作部门的意见，也要鼓励和引导广大人民群众积极参与，要通过多种渠道广泛倾听人民群众和不同利益群体的呼声和要求。立法活动是一项非常复杂的系统工程，只有在立法的各个阶段包括项目的立项阶段，充分了解民情、集中民智、反映民意，才能集中大多数人的意志，也才能取得大多数人的支持。

另外，在编制立法规划和年度计划的过程中，坚持民主原则还要坚持以人为本，防止和克服部门利益倾向。只有从人民群众的根本利益出发，重视人民群众普遍关心和迫切要求解决的热点、难点问题，才能防止权力利益化、利益法律化。

（四）科学性原则

编制立法规划、立法计划是一项政治性、理论性、技术性、实践性很强的工作，必须遵循科学立法原则，在推进科学立法中找准编制规律。江苏省人大提出的"凡可立可不立的不立，条件不成熟的不立，没有地方特色的不立"，就非常值得地方立法规划、计划编制主体参考。首先，要明确规划、计划的时序安排。地方立法一般要根据急用先行的原则和立法条件成熟程度，对本地区的立法规划和年度立法计划作出安排。哪些是立法计划的正式项目，哪些是立法计划的调研项目，哪些是立法计划正式项目的备选，都要根据本地区的实际情况确定。其次，要实施规划、计划的动态调整。地方立法规划作为地方立法的预期性、指导性文件，存在一定的不确定性：其中的一些项目可能由于形势任务变化或条件不够成熟，暂时不能付诸实施或不具有操作性；也有可能根据实际情况，需要增加、补充一些新的立法项目。按照地方人大的经验，如确有必要对立法规划进行中期调整，具体项目的删减、增补将通过制订年度立法计划加以实施。另外，编制地方立法规划和年度立法计划还应当适时安排地方法规的清理工作，把修改、废止地方性法规放在与制定地方性法规同等重要的位置。

二、地方立法立项的意义

进入新时代，我国立法已由追求数量向注重质量转变，地方立法也面临着如何让有限的立法资源着重解决重要问题的新形势和新要求。地方立法立项是积极有序地开展地方立法的一项基础性工作，也是提高地方立法质量和立法工作效率的重要措施。随着地方立法实践的不断发展，许多地方已日渐认识到地方立法立项的重要性，也对地方立法立项的相关程序和要求进行了积极的探索和完善。例如，湘潭市人大常委会于 2019 年制定出台了《湘潭市地方性法规立项办法》，对湘潭市地方立法的立项相对固定、完善的经验和做法及时进行固化，从而形成了具有湘潭特色的地方性法规立项办法。随着地方立法工作的创新发展及时代要求，地方立法立项在地方立法工作中的地位和意义将日益凸显。

（一）有利于地方立法决策和改革决策相衔接

我国社会主义法治建设是与改革开放事业共同推进、共同发展的。全面深化改革和全面推进依法治国，要求立法不应是被动地适应、接受改革，而应是更加积极、更加主动地适应改革发展稳定的需要。习近平总书记指出："凡属重大改革都要于法有据。在整个改革过程中，都要高度重视运用法治思维和法治方式，发挥法治的引领和推动作用，加强对相关立法工作的协调，确保在法治轨道上推进改革。"地方立法立项是对一定时期内地方经济社会发展趋势和重点作出的立法决策，因此，地方人大常委会应通过立项，紧紧围绕党委的中心工作谋划立法工作，优先将那些对本地区改革具有重要引领和推动作用、对本地经济社会发展具有重要支撑、保障作用的立法项目作为立法决策的重点，努力把立法决策和改革决策更好结合起来，做到重大改革于法有据，立法主动适应改革和经济社会发展需要。对地方发展改革行之有效的，及时上升为法律，对不适应改革发展要求的法规，及时修改和废止，有效实现地方立法决策和改革决策的衔接。

（二）有利于发挥地方人大及其常委会在立法中的主导作用

党的十八届四中全会提出："健全有立法权的人大主导立法工作的体制机制，发挥人大及其常委会在立法工作中的主导作用。"修改后的《立法法》规定："全国人民代表大会及其常务委员会加强对立法工作的组织协调，发挥在立法工作中的主导作用。"党的十九大报告再次提出："发挥人大及其常委会在立法工作中的主导作用。"坚持地方人大在地方立法中的主导地位，是新形势下加强和改进地方立法工作的一个重要着力点，也是充分发挥立法引领和推动作用的必然要求。地方人大及其常委会在立法中的主导作用体现在法规立项、起草、审议、表决等各个环节，而法规立项是体现地方人大立法主导作用的关键，也是立法主导性的第一道关口。只有制定地方立法规划，选择确定好地方立法项目，地方立法的价值取向和立法工作的成功才有保障。地方人大及其常委会可以通过立项主导好立法工作方向，从服务于本地经济社会发展的大局考量，选取急需解决的事项作为立法项目，而对那些立法条件不成熟、条件不具备、需要不迫切的事项，坚持能不立就不立，能缓立的就缓立，对各方面提出的立法需求进行科学论证、通盘考虑，广纳民声民意，努力改变"政府提什么，人大立什么"的传统惯例，从而为立法决策更加充分体现各方面、各领域的呼声和期盼奠定坚实的基础。

（三）有利于增强地方立法科学性、提高地方立法质量

地方立法是一项系统工程，涉及许多方面，需要大家共同努力来确定立法规划和年度立法计划，要突出重点，统筹安排，明确部署，既注重当前，又顾及长远，增强立法的现实性和科学性。地方立法立项是否准确直接关系到地方立法是否科学和质量高低。因此，要想从源头上保证地方立法的科学性和质量，首先就要做好立法项目的筛选、论证工作，避免立法的盲目性和随意性；同时，还要通过整合立法需求和资源，避免重复立法和分散立法，使地方立法项目之间相互协调，克服立法中的部门利益倾向。

（四）有助于提高地方立法效率

对于一个地区而言，立法资源是有限的，有限的立法资源与快速增长的地方立法需求，成为当前地方立法中的一对矛盾。如何有效应对立法资源的这种有限性，地方人大常委会在立项时应按照轻重缓急合理安排立法的先后顺序，在保证立法重点的前提下合理有效地运用立法资源，及时制定能够解决社会急需解决的问题的"良"法。立项就是根据本地经济社会发展实际对立法资源的使用进行统筹规划、合理安排的最佳选择，能有效提高立法效率，实现立法资源的合理配置，加快地方立法进程。

第二节 地方立法规划和计划的编制程序

立法规划，是人大常委会为实现任期内的一定目标，依照职权按照一定原则和程序编制的关于立法工作的设想和部署❶。立法

---

❶ 乔晓阳主编：《〈中华人民共和国立法法〉导读与释义》，中国民主法制出版社2015年版，第193页。

规划以人民代表大会的届次（五年）为一个规划周期。立法计划是关于地方性法规创制的短期设想与安排，它的编制周期一般以年度为主❶，是人大常委会对本年度立法工作作出的近期安排。立法规划是长远的分阶段实施的立法计划，而立法计划可以说是短期的立法规划，立法计划的制定一般依照立法规划进行，要与立法规划相衔接。

实践证明，编制地方立法规划和立法计划，将需要制定的地方性法规项目列入规划和计划，有利于克服地方立法的随意性和盲目性，使地方立法工作有计划、有步骤、有目的地进行，最大限度地减少或避免立法工作的盲目性和无序性。因此，大部分地区非常重视立法规划和立法计划的编制，也根据《立法法》的精神以及全国人大常委会和省级人大常委会的经验做法，制定了地方性法规立项办法或规定，为科学编制立法规划和立法计划提供了基本遵循。例如，湘潭市人大常委会制定出台了《湘潭市地方性法规立项办法》，以此规范和指导湘潭地方立法规划和计划的编制工作，增强立法的针对性和时效性。

一、地方立法规划和计划的编制程序

地方人大常委会立法规划和立法计划的编制，一般由地方人大常委会法制工作委员会负责，地方人大各专门委员会和各工作机构按照各自职责分工共同做好法规的立项工作。一般情况下，立法规划的编制是在上一届人大常委会任期的最后一年开始，而下一年度立法计划草案则是在每年下半年或者第三季度着手编制。地方人大常委会编制立法规划和立法计划的大致步骤如下。

---

❶　石佑启、朱最新主编：《地方立法学》，广东教育出版社2015年版，第120页。

（一）征集立法建议项目

向社会公开征集立法建议项目是近年来编制规划和计划的新方式。在编制地方性法规立法规划和计划前，地方人大常委会一般会发出通知向社会各界公开征集地方性法规立法建议项目。地方人大常委会征集立法项目的形式和对象范围广泛，征集形式可以是书面、公告、媒体、网络等途径或方式，征集对象包括地方政府及其各职能部门、地方人大各专门委员会及常委会工作机构、人大代表、民主党派、工商联、社会团体、企事业单位及社会公众等。可以说，任何单位和个人都可以向地方人大常委会提出立法建议项目。

【示例】

××市人大常委会关于公开征集立法建议项目的公告

为了提高地方立法的民主性和科学性，拓宽公民有序参与地方立法途径，明确我市当前和今后一段时期地方立法工作的主要任务，充分发挥立法对我市经济社会发展的引领和推动作用，现面向社会公开征集立法建议项目。

一切国家机关、政党和社会团体、企业事业单位、公民都可以针对我市经济社会发展中的重大问题以及涉及人民群众切身利益、需要地方立法规范的问题，提出立法建议项目。立法建议项目应当按照立法法规定的立法权限，围绕我市城乡建设与管理、环境、历史文化保护等方面事项，符合我市的具体情况和实际需要，突出地方特色，具有必要性和可行性。提出立法建议项目应当有明确的项目名称，阐明立法的必要性、可行性、立法依据、拟规范的主要内容等，条件成熟的，还可以提供法规草案建议稿。

征集立法建议项目的截止日期为××××年×月×日，

可以通过电子邮件、电话、传真或信函等方式将立法建议项目提交至市人大常委会法制工作委员会（地址：××市行政中心，电话：0731-×××，传真：0731-×××，电子邮箱：×××）。

××市人大常委会办公室

××××年×月×日

（二）论证、遴选立法建议项目

地方人大常委会法制工作机构在立法建议项目征集后，应将征集到的立法建议项目分类整理，并对这些立法建议项目在反复论证的基础上遴选，形成立法规划和年度立法计划。一般而言，地方在立法建议项目的遴选上主要从三个方面展开：一是征集的立法建议项目是否属于本地区的地方立法权限范围。由于《立法法》对设区的市的立法权限范围进行了明确的规定，地方立法机关在立法建议项目的遴选上应严格遵守这一规定，不得对超越地方立法权限范围的立法建议项目进行立项。二是征集的立法建议项目是否具有必要性。对立法建议项目的必要性审查，主要是从立法建议项目所调整的社会关系的性质出发，首先审查立法建议项目所涉及的社会关系是否已被纳入法律法规的调整范围；其次审查立法建议项目中的社会关系是否适合通过法律手段进行调整；最后判断立法建议项目是否必须借助地方性法规进行调整。三是审查立法建议项目的可行性。主要是对立法建议项目进行正式立法的时机是否成熟，所拟定的调整手段是否有一定的管理经验作基础，立法建议项目所定的规范是否在财力、物力、人力等方面具备实施的条件等进行审查。

目前，地方在立法建议项目的遴选上普遍缺乏科学明确的标准，导致在立项建议项目的遴选中往往存在凭感觉、经验或者领导意志立项的现象，这样的遴选无疑是难保法规立项的科学性的。虽然法规立项的标准很难做到绝对量化，但为了使法规立项具有科学性、可操作性、可判断性，哪些立法项目应当优先立项、哪些立法项目坚决不能立项，还是需要立法机关制定一个明确的指引和规定，避免随意对立法建议项目进行遴选。

（三）拟订立法规划和计划草案

在充分论证、认真遴选立法建议项目后，地方人大常委会法制工作机构根据立法建议项目的成熟度、可行性、立法时机、社会影响、社会效果及立法能力等各方面因素综合考量，科学拟订立法规划和计划草案。

（四）广泛征求各方意见

立法规划和立法计划草案拟订以后，设区的市人大常委会法制工作机构还要广泛征求各方意见：既可以通过发函书面征询、召开座谈会等形式向市政府及有关职能部门征求意见，也可以利用官方网站、新媒体公开草案内容，向社会大众广泛征求意见，还可以采取专题调研、实地考察、问卷调查等方式，对立法建议项目的必要性、可行性、合法性、合理性等作进一步论证。在广泛征求各方意见后，地方人大常委会法制工作机构依据意见作进一步修改、完善。

【示例】

关于召开立法建议项目分析会的函

本会有关工委，市直和驻××有关单位，市××协会：

为了深入把握立法需求，科学安排立法项目，根据市人大常委会领导的意见，定于×月××日（星期×）下午在市人大常委会主任会议室（市行政中心×号楼×室）召开立法建议项目分析会。会议主要内容是听取立法建议项目有关情况的介绍，对其立法必要性、可行性进行研究分析。会议分段进行（相关安排详见附件），请提出立法建议项目的单位和其他参会单位根据议题安排提前组织研究，做好介绍情况、参与分析的准备。提出立法建议项目的单位在介绍情况时，应当着重介绍立法必要性和可行性，主要包括：（1）相关领域管理或者执法的基本情况及存在的主要问题；（2）当前国家和省在相关领域的立法情况，现行上位法规定能否满足管理或者执法的法制需求；（3）从问题导向出发，实践中哪些问题迫切需要通过制定地方性法规予以解决或者规范，拟采取哪些相对应的法律制度安排；（4）立法工作准备情况和下一步工作进度安排。

××市人大常委会办公室

××××年×月×日

（五）报审并公布立法规划和计划

修改、完善后的立法规划和计划草案稿经地方人大常委会原则通过后，再由地方人大常委会以党组名义报同级党委审批，审批通过后即产生最终的地方性法规规划和计划。立法规划和立法计划正式通过后，以市人大常委会办公室名义印发关于立法规划和立法计划的通知，同时通过官方网站、本地党报向社会及时公布。

【示例】

关于印发《××市人大常委会××××年立法计划》的通知

市人民政府办公室：

《××市人大常委会××××年立法计划》业经市人大常委会主任会议审议通过，现印发执行。请按照立法计划确定的进度安排，认真组织开展立法调研、论证和起草等工作，确保列入立法计划的项目按时按质完成。确因特殊情况不能按时完成的，提案单位应当及时书面报告市人大常委会主任会议，说明原因。

××市人大常委会办公室

××××年×月×日

二、编制地方立法规划和计划应着重解决的问题

（一）立法项目来源单一

虽然提出立法建议项目的主体非常广泛，但从实际情况来看，绝大多数立法建议项目的提出主体主要来自地方政府及其组成部门，这是因为地方性法规主要是地方事务方面的行政管理，与政府各职能部门的日常管理息息相关。人大及人大代表提出的议案或社会团体的意见在所提立法建议项目中的比例很小。例如，抚顺市曾经制定90部地方性法规，由人大常委会、主任会议、专门委员会提出的立法案有8件，占近9%，其余皆为市人民政府提出，占近91%，主席团、代表团、人大代表联名、常委会组成人员联名提出的，一件也没有没有（具体见表6-1）❶。立法项目来源的单一化，既削弱了立法视角的广泛性、全面性，也增强了编制立法规划和计划时对政府的依赖性，减少了人大对立法规划和计划的主导性。因此，在征集立法建议项目问题上，地方人大及其常委会必须进一步发挥立项的主动性，采取多种有效途径和方

---

❶ 抚顺市人大常委会法制工作委员会：《提高地方立法质量研究——以立法过程为视角》，载中国人大网，http://www.npc.gov.cn/zgrdw/npc/lfzt/rlyw/2016-09/18/content_1997580.htm，2023年5月19日访问。

式，健全公开征集立法建议项目体制机制，如完善立法建议项目的公开征集程序，推行立法建议项目的专家论证制度，建立立法建议项目的听证制度，选择合适的立法建议项目决定模式等❶。只有建立并完善立法建议项目的体制机制，才能提高立法规划和计划的科学性、合理性、必要性和可行性。

表6-1 抚顺市立法提出法案主体统计

法案提案主体	主席团	人大常委会	市政府	专门委员会	主任会议	代表团	代表联名	组成人员联名	合计
法规数量	0	1	82	5	2	0	0	0	90
比例	0	1%	91%	5%	3%	0	0	0	

（二）立项标准问题

立项标准是检验立法规划和计划科学性的标准之一，然而长期以来，地方对那些项目应该列入地方立法规划和计划，普遍缺乏科学明确的标准，导致在立项建议项目的遴选中往往存在凭感觉、经验或者领导意志立项的现象，这样的遴选无疑是难保法规立项的科学性的。虽然法规立项的标准很难做到绝对量化，但为了确保法规立项的科学性、可操作性、可判断性，还是可以从以下几个点予以把握。一是要突出立法规划和计划的重点，对于那些重要的、急需的且条件成熟的立法项目，应当作为制定地方立法规划和计划的主要内容和重点予以优先考虑。二是在制定立法规划和计划时，应考虑法规制定与修改的关系，做到法规制定与修改兼顾。地方立法固然要体现与时俱进的精神，及时把本地在

---

❶ 陈洪江主编：《地方立法简本》，天津人民出版社2007年版，第99-100页。

社会经济发展领域的管理经验上升为法律意志，为本地区社会经济发展提供法治化保障，但同时也要及时修改那些与本地发展不相适用的地方性法规，适时开展地方性法规的清理工作。三是要正确处理立法数量与质量的关系。在中国特色社会主义法律体系基本形成的当下，地方立法已经步入转型升级新阶段，已从过去的数量型发展转入质量型发展轨道，地方立法不在于"量多"而在于"质优"，立法质量是衡量立法工作的主要标准。因此，地方规划和计划的制定应在这一理念的指导下开展立法项目的遴选。

（三）编制部门的主导性不强

编制地方立法规划和计划，是一项非常复杂且难度较大的工作。编制地方立法规划和计划是地方人大常委会的一项工作，同时也需要许多部门共同配合才能完成。然而绝大多数的立法建议项目都是由政府职能部门提出，编制部门也只能根据政府部门的意图进行立法规划和计划项目的选择。这样导致立法工作对政府部门的依赖性较强，编制部门只能从现有的申报项目中选择，编制工作的主导性受到了极大的约束，严重影响地方立法的总体结构。

第三节　地方立法规划和计划的实施

地方立法规划和立法计划一经制定，若没有特殊情况，必须认真贯彻执行。在地方立法规划和计划的实施过程中，地方人大常委会法制工作机构应当按照地方人大常委会的要求，一方面督促立法规划和计划的顺利实施，另一方面要根据本地社会经济的发展以及其他对立法规划和计划实施有影响的情形，对立法规划和计划适时进行调整。

一、立法规划和计划的实施监督

(一) 立法规划的实施监督

立法规划一经编制完成后，就应当严格执行。立法规划公布以后，地方人大常委会法制工作机构应按照地方人大常委会的要求积极督促、推动有关方面做好立法规划的实施，人大各专门委员会或者常委会有关工作机构也要主动配合，及时了解列入立法规划项目的起草进展情况。特别是地方性法规的制定责任单位，更要增强责任感，明确任务分工，加强组织领导，严格按照立法规划按时完成起草和提出法规案的任务。实践中，地方人大常委会法制工作机构一般根据立法规划的实施情况，适时召开进度协调会，建立立法工作责任制，使法规项目从立项、起草、提请审议到表决的整个过程都有相应的责任主体，以督促立法规划的实施，强化立法规划的严肃性和权威性。

(二) 立法计划的实施监督

立法计划因是对本地本年度立法工作作出的统筹安排，一般变动不大，其实施的确定性较强。立法计划一经确定，就要严格实施，如果不能按期完成，也要向人大常委会作出说明。立法计划分别由地方人大有关的专门委员会、地方人大常委会有关的工作机构和地方人民政府法制工作机构在各自职责范围内组织实施。一般而言，地方人大常委会在编制立法计划时，就应当明确立法项目的起草单位、第一次审议的时间以及此后的审议安排等内容，各单位根据立法项目推进的时间节点完成相应的工作任务，保证立法计划更好地实施。

二、立法规划和计划的调整

由于各种因素的影响，地方的立法规划在实施后，不可避免地存在某些项目无法或不宜按原计划提请审议的情况。出现这种情况，就应该本着实事求是的态度根据本地经济社会发展的具体情况和实际需要进行调整，对立法规划进行相应的补充和修改。对于立法规划的调整，也要遵循相应的规范和程序。有关部门认为立法规划需要调整的，可以向地方人大常委会提出书面报告，并附上论证材料或者需要调整的理由。地方人大常委会法制工作机构经过研究后，作出是否同意调整的意见并向地方人大常委会主任会议报告。

地方立法计划在经党委审批同意后，经人大常委会主任会议审议通过的情况下，一般不会调整。确有需要调整的，由地方人大常委会法制工作机构提出调整意见，报请地方人大常委会主任会议决定。调整后的立法计划及其调整情况，地方人大常委会应当及时抄送上一级人大常委会。

第七章

地方立法调研

调查研究是我们党一贯的优良作风。"没有调查，就没有发言权。"这是毛泽东同志的名言。江泽民同志也指出："坚持做好调查研究这篇文章，是我们的谋事之基，成事之道。"❶ 习近平同志更是强调要在"全党大兴调查研究之风"。调查研究是做好一切工作的基础，地方立法也不例外。立法实践告诉我们，调查研究是实现科学立法、民主立法的一项最基础的工作，也是地方立法工作者的一项基本功，立法调研的质量决定着立法的质量。

立法调研就是围绕立法开展的一系列调查和研究工作，它贯穿立法活动全过程。确定年度立法项目是不是可行，能否解决实际问题，立法条件是否成熟，需要开展立法调研；法规草案质量高不高，审议质量高不高，出台的法规质量高不高，也需要法规草案起草单位、地方人大各专门委员会、常委

---

❶ 《江泽民文选》（第 1 卷），人民出版社 2006 年版，第 309 页。

会工作机构以及常委会组成人员开展广泛的调研。因此，立法调研是立法工作的有机组成部分，从立法项目库的编制、年度立法计划项目的确定、法规草案的起草、法规草案的审议和修改等各个立法环节，都需要开展有针对性的立法调研。

第一节　地方立法调研概述

一、地方立法调研的含义及特点

根据《立法法》的规定，享有地方立法权的各级人大及其常委会、各级人民政府进行立法活动时，必须通过多种途径与方式开展立法调研。地方立法调研是指具有地方立法权的地方立法主体根据《立法法》的相关规定和实际立法需要，以调查、座谈、访谈、实地考察等方式围绕立法所要解决的主要问题收集资料，然后进行科学的分析、归纳、综合，从而得出地方立法结论的一系列活动过程。

地方立法调研作为特定的调查研究类型，是一种实践性与目的性都很强的科学探索活动，具有法定性、全过程性、互动性、针对性、实证性等特点。

1. 法定性。地方立法调研的法定性，是指地方立法调研有明确的法律法规的规定。地方立法调研作为一种常用的工作方法，既有上位法的依据，也有地方立法条例的依据。《宪法》第 27 条第 2 款规定：一切国家机关和国家工作人员必须依靠人民的支持，经常保持同人民的密切联系，倾听人民的意见和建议，接受人民的监督，努力为人民服务。从这条可以看出，在参与立法、表达意见、提出建议方面，人民有权利，国家机关有义务。国家立法机关或受托起草的机关或组织、个人应主动深入人民群众进行调查研究，认真听取人民群众真实的想法和建议。这是《宪法》第27条的规定在立法领域中的基本要求和体现。此外，《立法法》第19条第2款规定：常务委员会依照前款规定审议法律案，应当通过多种形式征求全国人民代表大会代表的意见，并将有关情况予以反馈；专门委员会和常务委员会工作机构进行立法调研，可以邀请有关的全国人民代表大会代表参加。可以看出，《立法法》对立法调研主要作了两个方面的规定：一是立法调研的主体是专门委员会和常务委员会工作机构；二是立法调研的参与者是有关的全国人民代表大会代表。

除了《宪法》《立法法》是关于地方立法调研直接的上位法规定外，《行政法规制定程序条例》《国务院关于全面推进依法行政的决定》《全面推进依法行政实施纲要》《国务院关于加强法治政府建设的意见》等法规文件也是地方立法调研规范化的重要参考。此外，各设区的市的地方立法条例都直接或间接、或多或少地对立法调研也进行了相应的规定。这些法律法规和规范性文件为地方立法调研的法定化提供了依据，使立法调研成为地方立法必须进行的一个法定环节。

2. 全过程性。立法是一系列规范性活动组成的整体，每一环节都离不开立法调研活动。立法调研的全过程性，是指立法调研贯穿立法活动的全过程，从法规立项、起草到草案审议等各环节，都要开展调研活动，而且不同的阶段有不同的目的和任务。在法规立项阶段，只有通过调查研究，才能将立法项目选得准；在法规起草阶段，只有通过调查研究，才能将事项问题摸得清，找到应对问题的措施；在法规修改阶段，只有通过调查研究，才能将法规制度设计得更好，使法规更具有可操作性。因此，对于立法调研贯穿立法活动全过程的特性而言，相关主体既要整体谋划，又要各阶段分工，确定不同主体负责不同阶段调研的实施，同时又要注意各部门相互配合。

3. 互动性。立法调研是相关主体就立法活动征求社会各界的意见、建议，涉及的覆盖面非常广，涉及的调研对象也比较多，加之制定的法规是对事不对人的，因此，在立法调研中不运用一定的方式方法，是难以达到调研效果的。这就要求我们在立法调研活动中，要注意与调研对象的互动，针对不同对象进行关涉其利益关系的引导，点燃他们参与立法的激情，让他们就立法问题畅所欲言，撞击出思想的火花。只有加强立法调研的互动性，才能收到各行各业一些好的意见和建议，使法规内容进一步完善，更具可操作性。

4. 针对性。立法调研是以直接解决立法中的问题为目的而展开的，因此，在调研前，立法主体一般都会根据立法中发现和存在的问题拟一个调研提纲，合理确定调研内容与调研方式。调研提纲主要都是罗列某个立法项目的实际问题，根据调研对象的特点以及地域客观条件而定，使立法调研具有较强的针对性。实际上，在地方立法的各个阶段，立法调研都需要根据不同的工作重点有所侧重地开展：如在制定地方立法规划和计划时，立法调研要围绕社会急需的热点问题，有针对性地进行立法调研后确定立法项目；在法规草案起草时，要围绕如何进行制度设计、体现地方特色、完善法规文本等主题进行调研；在法规审议阶段，要围绕草案中的重点问题或争议进行调研。另外，由于调研对象的经历差异，一些问题并不是通过一次调研活动就能完成的，有时需要就某一问题反复进行调研，因此，针对某一问题反复调研也是立法调研具有针对性的另一体现。

5. 实证性。地方立法调研是否具有实证性，是检验地方立法是否具有可操作性和能否落地的重要标准。地方立法调研的实证性来自三个方面。首先，地方立法所调研的事项具有实证性。地方立法调研一般是以本地区的特定社会事务为主题展开的，其调研对象与调研内容是实实在在存在的，这些问题也是立法中所要着重解决的问题。因此，要解决这些问题，只有基于实证的方法进行深入调查研究，才能发现已有的成熟经验与做法，也才能正确反映社会现实并得出正确的结论，用以指导地方立法实践。其次，地方立法调研的对象都是与立法项目相关的利益相关人，也包括与地方立法有关的职能部门、基层政府、基层人民代表大会及其常务委员会、企事业单位和社会组织等，他们对这一领域的具体情况最为熟悉与了解，也最能反映人民群众的心声，因此，向上述主体进行调研，能够获得全面、准确地反映社会事实，忠实反映社会现象本来面目所需的一手资料。这样获取的一手材料，才能呈现出事物的真实面目，反映事物发展的客观规律，也大大增加了地方立法调研具有的实证性。最后，地方立法调研一般都是通过问卷调查、立法听证、立法论证、立法座谈、实地考察、来电来信、网络与自媒体等方式收集各种资料。通过这些方式开展的立法调研，立法主体或者受委托的调研者能真实反映立法诉求，因此具有一定的实证性。

二、地方立法调研的作用

在我国革命、建设、改革的各个历史时期，党和政府历来重视调研的作用，视调研为做好各项工作的重要法宝。新时期以来，习近平同志也十分重视调研的作用，指出"调查研究是谋事之基、成事之道。没有调查，就没有发言权，更没有决策权"❶。地方立法调研是地方立法工作的重要组成部分，是地方立法主体科学立法、民主立法的有效途径，对地方立法工作具有非常重要且现实的意义。

1. 有利于体现立法为民的思想。立法调研就是问政于民、问需于民、问计于民的过程，其出发点就是为了人民、依靠人民，使法律能够反映广大人民的共同意志，充分保障广大人民的各项权利和根本利益。立法怎样才能反映人民群众的心声，开展富有成效的立法调研是了解民情群意的最佳选择。通过立法调研深入群众，一是可以面对面倾听民众的心声，使民众的意见和建议得到全面、充分的表达；二是可以收集到第一手资料，真正了解人民群众的现实需要与诉求；三是可以全面掌握各种实际情况，防止出现立法脱离实际、部门利益法制化等问题。因此，只有通过广泛而充分的调研，所立之法才能真正接地气，真正代表民众的意志和根本利益，才能使法规成为增进人民福祉、增进社会认同的最大公约数。

2. 有利于提高地方立法质量。2013 年，时任全国人大常委会委员长张德江在广东调研时强调，提高立法质量，要加强调查研究，抓住事物的本质、把握事物的规律，夯实立法工作基础。如何提高地方立法质量，制定出具有地方特色、可操作性强、效果好的地方性法规，做好立法调研工作，广听民声、广聚民意、广集民智是关键。只有做好立法项目、法规草拟、法规审议等各个环节的调研，深入群众，实实在在了解情况，听取各方面的意见，全面、准确反映人民群众的根本利益和要求，才能有针对性地制定法规内容，为提高立法质量奠定基础。具体到立法工作的每一个阶段而言，在立法规划阶段，通过立法调研，立法机关可以准

---

❶ 《习近平：调查研究是谋事之基、成事之道》，载《人民日报》2014 年 07 月 17 日，第 12 版。

确把握社会对立法的客观需要，对立法工作作出科学合理的安排，保证立法规划或立法计划的科学性、合理性。在立法起草阶段，通过立法调研，立法机关可以做到适度的提前介入，了解法规案起草的背景和全过程，掌握法规起草中的重点和难点问题，找准立法切入点，为人大常委会审议法规打下良好基础。在立法审议阶段，通过对审议中存在的重大问题和争议问题进行调研，可以为法规高质量地表决通过做好准备。在立法评估阶段，通过立法调研，可以有效检验立法质量和立法效果，为法规的进一步修改和完善提供依据和参考。立法就是通过每一环节扎实的调研活动，确保法规的高质量。

3. 有利于坚持以问题为导向。问题是时代的声音，指引着工作的导向。党的十八大以来，党和国家各项事业之所以取得历史性成就、发生历史性变革，其中一条重要经验就在于，强化问题意识、坚持问题导向，把解决实际问题作为打开工作局面的突破口。地方立法工作也应以问题为导向，所立之法应以解决当地社会发展中存在的问题为基准，尤其是在当前，我国正处于社会的转型期，各种社会矛盾叠加的风险不断增加，作为市域社会治理法治化手段的地方立法，应顺势而为，坚持问题导向，努力为构建地方新秩序保驾护航。地方立法坚持问题导向，首先就要求立法机关要有问题意识。东汉著名哲学家王充在《论衡·书解》篇中指出："知屋漏者在宇下，知政失者在草野。"本地社会经济发展遇到哪些问题，人民群众有什么期盼，只有通过深入基层调查研究，才能为立法解决这些问题找准切入点，从而立出良法，实现善治。

4. 有利于提高公众参与。地方立法最根本的是要牢固树立以人民为中心的观点，贯彻全过程人民民主，而调查研究是开门立法的重要举措。地方立法让公民有序参与立法，一方面可以集中民众智慧，使所立之法获得巨大的民意基础。通过深入群众调研，向公众敞开"大门"，面对面地交流，可以全方位地听取群众的意见和建议，了解真实情况，广泛收集到第一手资料，使所立之法真正接地气，真正体现人民意志。另一方面，在立法调研中，公民既是立法过程的参与者，同时也是向公民普及法律知识、树立法律权威、促进法律贯彻实施与遵守执行的过程。公民对立法过程的全程参与，能最大限度地调动他们推进法治建设的积极性、主动性和创造性，进而使立法调研成为增强公民对法律的认同感、增强公民守法、用法的自觉性的有效途径。

5. 有利于形成地方立法特色。根据《宪法》和《立法法》的精神和相关规定，我国地方立法主要包括实施性立法、自主性立法和创制性立法，然而，无论哪种形式的立法，地方立法都要求结合本地实际情况，作出具有针对性和自身特色的细化或规定。因此，地方性法规必须建立在对本地区情形全面、充分和准确把握的基础上。若没有对本地区的具体情况的调研，所定之法是不可能形成地方特色的。立法调研可以使立法机关紧密结合本地实际，把地方立法同与本地发展定位结合起来，与解决本地特殊的社会问题结合起来，固化本地成熟的社会管理经验，制定出具有鲜明个性和地方特色、能够解决本地实际问题的法规。

第二节　地方立法调研的基本要求与方法

一、地方立法调研的基本要求

实践证明，立法调研直接关系到立法的质量与水平。因此，地方立法机关要以神圣的使命感，认真做好立法调研这项工作，发挥好立法调研的作用与功效。

（一）精心组织

一场精心组织的调研，是调研富有成效的开始。在调研的精心组织上，无论是调研者还是调研对象，都应该做好充分的准备，这准备既包括调研知识的准备，也包括调研方案、调研材料的准备。对于立法调研的知识准备，无论是调研者还是调研对象，都应该在调研前认真学习相关知识，特别是要对相关的法律、法规、行政规章有一个全面的了解，熟悉相关情况，找准本地在立法上的空白点、模糊点，提高立法调研的针对性。对于调研方案而言，调研主体要拟订调研提纲，确定调研的对象、目标、方式、方法等，特别是对于调研问题的设计，应该具有针对性，突出主要问题和调研主题，并将调研提纲提前发给调研对象，方便调研对象围绕调研提纲精心准备发言材料。立法调研的过程其实是为了求实立法过程中存在的某一问题或某些问题，因此，开展扎实的调查是实现科学立法的前提条件。只有经过精心组织的调研，才能真正了解立法过程中存在的问题及其根源，也才能真正掌握全面系统的第一手资料。

（二）认真分析研究资料

通过调研获得大量第一手资料，立法机关要认真进行分析与论证，去伪存真，去粗取精，归纳整理出各方面的意见建议，对其中认识比较一致的意见建议和存在较大分歧的意见建议分别处理。在资料的分析与整理上，我们也要遵循一定的规律和方法，确保资料分析与整理的科学性。在立法资料的分析与整理上，我们既要体现客观规律，又要真正反映广大人民群众的立法诉求。如在制定《湘潭市电梯安全管理条例》时，有人建议将私人电梯排除在电梯安全管理之外，有人建议应当将私人电梯纳入条例管理范围。经过多次调研，特别是在基层调研时，大家对这一问题的意见建议非常多。最后结论是：私人安装的电梯确实也存在安全风险，但只要不是改为公共使用的，其安全管理完全由所有者负责，私梯一旦改为公用，其安全管理就应该纳入监管范畴。

二、地方立法调研的方法

立法调研属于社会调查研究的一种，根据社会调查研究方法的分类，可以将立法调研的方法分为以下几种。

（一）问卷调查法

问卷调查法，是指调查者运用统一设计的问卷向调查对象了解情况或征询意见以此来收集资料的一种调查方法。问卷调查法在国内外的社会调查中广泛使用。对于一些不愿意接受访谈的调查对象来说，问卷调查是一种不错的资料收集方法。

对于问卷调查法而言，主要有以下几个特点：一是成本比较低，能节省大量的人力、物力和财力；二是不受时间和空间的限制，可以跨区域展开，开展的时间不受限制；三是问卷的标准化程度高，调查者收集到的问卷具有统一标准，可以用分析软件量化处理，大大节约了调查者的时间，也使得调查结果的真实性较强；四是问卷调查一般都是匿名的，调查对象不需要在问卷上署名，这就减少了调查对象的心理压力，所收集的问卷比较客观、真实，基本上反映了调查对象的真实意思。虽然问卷调查法有许多优点，但若想要收集到大量、及时、真实的资料，调查者就要设计出良好的问卷，所设计的问卷需要标准化，方便后续标准化处理和定量分析。

（二）访谈法

访谈是立法调研最常用的一种形式。访谈是指通过调研者和调研对象面对面地交谈，有计划地获取信息和资料的一种调查方法。由于访谈是调查者系统而有计划地与调查对象直接交谈，所以其具有以下特点：一是在访谈前，调查者一般都会根据立法项目所确定的调查要求与目的，拟订访谈提纲，确定访谈的具体内容；二是由于是双方之间面对面的直接交流，调查的效率和效果比较高，因此所获得的资料也就更加真实、具体、生动；三是对于调查者来说，由于访谈是一种双向互动的过程，访谈者需要掌握一定的访谈技巧，访谈者要控制整个访谈的节奏和过程，同时也要积极调动受访者的积极性，与访谈对象建立起基本的信任关系，这样才能使受访者提供他所了解的真实情况，按照预定计划完成访谈任务。

（三）实地调查法

实地调查法是指调查者凭借自己的感官或其他辅助工具，通过直接观察社会事物或现象来现场收集资料的一种调查方法。实地调查是在特定的研究目的和理论假设的主导下进行的，一般都会在调查前制订详细的调查计划，并以此为指导有组织地开展调查活动。实地调查受多种因素的限制，如调查工具，观察者的经验、知识、情感和心理素质等，因此对调查的结果而言，具有一定的主观性，需要运用科学方法进一步加以验证。

（四）网络调查法

网络调查法（network survey method）是指调查者利用互联网的互动信息交流渠道收集相关数据与资料的一种调查方法。随着互联网的快速发展，地方调研通过互联网、自媒体收集资料的方式已比较普遍，也越来越受到立法机关的青睐。通过网络调查收集资料的方法包括两种形式，一种是直接使用问卷在互联网上进行调查，另一种是通过互联网从收集一些二手数据。互联网调查方法的优点是方便、快速、调查效率高、调查成本低，缺点则是调查的范围受到一定程度的限制，在调查过程中有可能受计算机病毒的干扰和破坏导致调查结果丢失。

（五）文献法

文献法就是搜集、鉴别、整理各种现存的文献，并从这些文献提取有用的信息进行分析研究，以达到某种调查研究目的的一种调查方法。文献法是目前最为基础和最广泛的资料收集方法之一。一般的立法项目启动，立法者都会有针对性地整理和分析一系列文献，其目的就是通过检索、收集、鉴别、加工，从而找出事物间的新联系、新规律，形成新观点与新理论。文献法具有成本小、信息量大等特点，但易受收集者经验和能力的限制，因此应对所收集的资料归纳、整理，取其精华、去其糟粕，并对相关观点、结论进行研究批判，才能形成新观点和新理论。

第三节　地方立法调研报告的撰写

立法调研报告是呈现立法调研过程、基本情况、发现的问题和对策建议的规范性文本，对地方立法起支撑和辅助的作用。所以，立法调研主体在开展一系列调研后，一般都会撰写内容翔实的具体地方立法调研报告，以便为地方立法提供辅助性的支撑材料。

一、撰写地方立法调研报告的基本要求

调研报告是一种书面形式的调查研究成果，它以文字、图表等形式全面、客观地展现调查研究的过程、方法与结果等。因此，立法调查报告一般具有很强的针对性和时效性，在撰写立法调研报告时应注意以下基本要求。

（一）客观性

客观性是所有调研报告的基本要求，地方立法调研报告也应遵循客观性的要求。地方立法调研报告的客观性是指地方立法调研报告的撰写必须以客观事实为基础和依据，报告所包含的内容必须客观、真实，全面、准确地反映调查的基本情况。只有建立在客观事实基础之上的调研报告，才是调研报告的价值和意义所在。调研报告的最大特点就是必须用事实说话，只有这样，才能为地方立法主体提供解决实际问题的经验与方法，所得出的研究结论才具有较强的说服力。因此，地方立法调研研究报告要想反映客观事实和得出符合客观实际的结论，就必须在客观的基础上，准确客观、真实地反映涉及的地点、时间、事件的前因后果、资料引用等，既不能做夸大与缩小描述，更不能做歪曲事实的描述，只能依据事实分析与评价。

（二）简洁性

简洁性是地方立法调研报告撰写的又一基本要求。地方立法调研报告是对地方某一事物或问题进行调查研究后调查材料和结果的书面化表达，其撰写应遵从简洁的原则，切忌长篇大论。地方立法调研报告的简洁性要求，地方立法调研报告尽量用简明朴素的语言反映客观情况，避免或少用专业性的术语，以能说明调研的问题、使人一看就明白为原则，同时可以在适当的地方辅以

统计数据或图表来阐释问题。

(三) 叙述性

立法调研报告要从立法调查研究中概括出自己的观点，因此其写作的主要特色要以夹叙夹议、以叙为主。要做到这一点，就要求撰写者要在正确思想的指导下，对收集的材料研究透彻，能在众多的材料中找到并运用最能说明问题的材料，加以合理组织和安排。只有经过"去粗取精、去伪存真、由此及彼、由表及里"的科学方法与过程，才能既弄清事实，又说明观点。只有在对事实进行叙述的基础上展开恰当的议论，才能表达出调研报告的主题与主旨。虽然辅以必要的议论对观点的表达具有重要的作用，但就整个立法调研报告而言，其观点和结论都必须是从叙述性材料中得来的，客观叙述调查所得的材料与结果是调研报告的重点。因此，立法调研报告必须以叙述为主。

二、地方立法调研报告的具体实施

立法调研报告的撰写是地方立法调研的最后一个环节。立法调研报告的写作要遵循确定报告主题、选择调研资料、拟订报告提纲、撰写调研报告四个基本环节。

(一) 确定报告主题

调研报告的主题是调研报告的宗旨与灵魂，它完全地展现了撰写者说明事物、阐释道理所表现出的逻辑思路与中心思想。一个主题鲜明且有价值的调研报告，能引起人们的重视和关注。要确定调研报告的主题，三个方面的因素需要撰写者重点考虑。首先，要明确调查研究的最初目的。一般情况下，上级机关或委托立法调研的部门都会事先确定立法调研报告的主题。对于地方立法调研而言，调研的最初目的就是要全面准确了解某领域社会事务的真实情况，为制度创新与调整提供实际依据。其次，依据调研所获得的实际材料确定。调研报告的主题，不论是谁确定或拟订的，也不论是在调研那个阶段确定的，最终都要由调研所获得的实际材料来确定。即使有时主题是事先确定好的，但发现根据调研所获得的实际材料却与主题不一致或完全相反，也要对先前确定的主题加以必要的修正和补充，有时甚至要重新确定调研主题。最后，调研主题要紧扣现实中急需解决的问题。密切联系现实中急需解决的问题，既是由调研的主要任务决定的，同时也是调研报告的价值和意义所在。因此，在确定地方立法调研报告的主题时，撰写者应该密切联系该领域存在的突出问题，通过立法项目拟调整与创设的主要制度予以确定。

（二）选择调研资料

每一次立法调研，调研者都会收集到一大批的资料，而这些资料在未被取舍前，也仅仅只是一堆"调查资料"而已，调查报告的撰写者要对这一堆调查资料认真分析研究后，才能用于调研报告的写作。调研报告的撰写，往往是在经过分析大量材料的基础上，用充分的调查材料来说明问题并阐明观点。因此，虽然调查资料很多，但不能全部都写进调研报告，必须有一个取舍的过程，做到合理用"材"。调研报告主题确定后，撰写者就要全面分析、研究全部资料，选择能契合主题的调研资料，以满足调研报告撰写所需。选择资料时，我们应该要注意几个要点。首先，要善于分析与鉴别资料。对调研资料，我们要善于去粗取精，去伪存真，要把资料中所反映的现象和本质等认识清楚，从中找出带有一般规律性的东西。其次，要认真区分典型资料与一般资料。一般资料往往反映了事物的整体面貌，而典型资料则深刻反映了事物的本质并具有代表性。在撰写调研报告时，要把两者结合起来使用，才能充分说明问题的总体情况。再次，要重视对比资料和排比资料的运用。新与旧、好与坏、先进与落后、历史与现实等的对比，能使人一目了然地认识事物的真实面目。对比资料的运用能使调研报告的主题更为突出，其给人的印象更为强烈、深刻。排比资料则是从不同角度、不同侧面出发，以一组不同的材料阐明相同的主题，这样能使调研主题更为深刻和有说服力。最后，重视数字资料的运用。数字资料具有较强的概括力和表现力，有些问题和观点用文字是难以表达清楚的，而用一些统计数字就能使事物的总体面貌清晰明了，一目了然。

（三）拟订报告提纲

在主题和材料选定以后，就需要草拟一份写作提纲。写作提纲是构建整个调研报告的"骨架"。在把调研报告的"骨架"搭建好以后，就可以把调查和分析的结果按照调研报告的要求充实进去。在拟订调研报告提纲时，一般都会着重解决立法调研报告的主题、表现主题的层次、材料的安排、内在的逻辑关系等问题。实际中，一份完整的调研报告提纲都会包含此次报告的论题、说明论题的材料、报告的结构及各层次内容的安排、每部分标题及内容概述等内容。

（四）撰写调研报告

立法调研报告是一种以叙事为主、叙议相结合的说明性文体。在经过确定报告主题、选择调研资料、拟订报告提纲三个基本环节后，就要开始着手撰写调研报告了。在调研报告的写作过程中，要根据拟好的提纲，科学合理地使用调研资料，同时调研报告的语言应力求准确、朴实、简洁、生动。具体而言，地方立法调研报告的基本框架结构主要有以下几个部分。

1. 标题。对于一篇立法调研报告而言，标题最能吸引读者的注意。简洁明了的标题能让人迅速抓住报告所要表达的主要内容。因此，我们在选取标题时，应精心凝炼，力求明确、生动、针对性强。从我国大多数地方立法调研报告的标题实际情况来看，其立法调研报告的标题一般都采用比较固定的格式，即"地域＋事项＋立法调研报告"的格式，如《××市××立法调研报告》。

2. 引言。引言一般是调研报告的开头部分。在引言部分，主要介绍调研的内容、调研的目的和调研所使用的方法。目前，地方立法调研报告导言部分的常见写法主要是：说明所调查的现象，阐明调查的目的与意义，最后介绍调查的范围、内容以及方法。

3. 主体。主体部分是地方立法调研报告的核心部分。在主体部分，研究者主要对问题进行分析与描述，对现象进行解释，表达见解与展现研究成果。因此，主体部分往往篇幅最大，内容也最为丰富。一篇合格的立法调研报告，都是在分析大量材料的基础上，经过科学严密地论证，才能得出合理性和科学性俱佳的观点。主体部分所采用的叙述结构一般比较固定，主要是围绕该立法事项的社会状况、该立法事项的治理或执法现状、在治理或执法中所遇到的问题、解决现存问题应采取的措施及其立法思考与建议来展开。当然，立法调研报告的结构也不是一成不变的，对于一项具体的调研报告来说，还是应根据调研的实际情况进行构思和写作。然而，无论怎样，调研报告主体部分的写作还是必须达到实事求是、合乎逻辑、层次分明、准确完备的基本要求。

4. 结尾。结尾是地方立法调研报告的总结部分，它是在推理、判断、归纳等基础上得出的调研报告全文的总体观点。结尾部分主要是对调研报告前几个部分内容的概括和总结，以及根据先前的陈述、研究结果得出的各种结论与推论等。结尾部分在地方立法调研报告中主要有两个作用：其一，研究者根据调查研究得到的结果和提出的立法建议，可以为有关部门提供决策与参考；其二，调查分析得出的调查结果，可以引起有关部门的注意与重视。结尾部分的写法要简明扼要，重点阐述调查结果中最有价值和最关键的结论。

5. 参考文献。在调研报告的写作或研究过程中，一般都会参考或引用他人的文献资料来加强报告的可读性。凡参考或引用他人的文献都属于参考文献。在调研报告的最后列出参考文献目录，既能对他人劳动成果表示尊重，又能提升调研报告的学术价值，也能方便同行对同一课题或相关课题开展研究。

6. 附录。附录一般是调研报告的佐证材料，如有关材料的出处、调查过程中使用的测量量表与其他工具、调查图表的注释与说明、其他旁证材料等。

（五）地方立法调研报告撰写应注意的问题

地方立法调研报告，除了遵循调研报告写作的基本框架格式外，其撰写还应根据实际情况，注意以下几个方面的问题。

1. 内容要充实具体。地方立法调研报告内容要充实且具体，必须要在相关数据和其他材料的支撑下开展论证和得出结论。为了使调研报告具有较强的可读性，在使用生动活泼的语言的同时，也可以适当采用一些"土言土语"；为了更形象生动地说明问题，必要时可以使用一些生动的比喻，增强调研报告说理的形象性与生动性；在涉及技术性概念的解释时，要结合读者自身的经验和已有的知识水平进行解读。

2. 使用第三人称，避免主观臆断。地方立法调研报告在叙述中尽量使用第三人称或非人称代词，最好不要使用第一人称。因为报告中使用第一人称，会显得主观或感情色彩较浓，有主观臆断之嫌，调研报告就有可能失去客观性。因此，在撰写调研报告时，要尽可能地摒弃一切感情用事的成分，不用"我认为""我们发现"等词语，多用"这一结果表明""这些数据说明"等词语行文。同时，应以一种向读者报告的语气撰写，不要用力图说服读者同意某种观点或看法的口吻撰写，更不能将自己的观点或看法强加给别人。尽管在研究结论的阐述中，作者个人的主观分析和思考是必不可少的，但这些分析和思考也只能是研究资料和分析客观事实得出的逻辑结果。

3. 思路和对策要具体可行。地方立法调研报告的根本在于提出解决问题的具体办法或方案，因而是一种操作性较强的政策性调研报告。这些具体办法或方案只有经过可行性论证后，才有可能通过立法行为转化为地方性法规并付诸实施。而这些具体办法或方案是在提出并分析问题的基础上产生的，所以提问要鲜明，要说明问题存在的状况和解决的迫切性。要使思路和对策具体可行，就必须对问题的分析合情合理，有强有力的事实加以证明。

第八章

地方性法规的起草

地方性法规的起草，是指具体承担法规起草工作任务的主体依照一定的体例和格式，将立法的目的、指导思想、立法原理和所要确定的行为规范以书面形式见诸文字的过程。地方性法规的起草，是地方立法准备阶段的一个重要环节，也是确保地方立法质量的第一关。法规草案质量的高低，直接决定着地方性法规的最终质量和立法速度，因此，地方性法规的起草是一项基础性的工作，起草主体应当认真对待，从源头提高地方性法规起草的质量。

第一节　地方性法规的起草主体

一、地方性法规的起草主体

地方性法规的起草主体是指具体承担地方性法规案起草工作的组织和个人。在我国的地方立法实践中，法规提案人与法规草案起草主体有着密切的联系。一般来说，法规草案的起草通常由法规草案的提案人或提案人所属的部门或工作机构来完成。也即是说，起草主体或者是提案人，或者是提案人所属的部门或工作机构，或者是受提案人委托的组织或机构。但是，无论由谁承担法规案的起草，都应该坚持人大在法规起草过程中的主导作用，充分汲取人民群众的意见和建议，使地方性法规真正体现人民的意志，成为人民集体智慧的结晶。

具体而言，我国地方性法规的起草主要由下列主体承担：一是地方人民代表大会各专门委员会、人民代表大会常务委员会、人民代表大会代表或者人民代表大会常务委员会组成人员、人民政府；二是地方人民代表大会常务委员会法制工作机构、地方人民政府法制工作机构或相关工作部门；三是被委托的组织或个人，如高等院校、科研单位、专家、学者等。我国地方立法起草的主体数量多既是立法科学化和民主化的必然要求，也是我国社会发展的需要以及地方立法实践的需要。无论起草主体是谁，都应该制订具体的工作计划和保证措施，并保障起草工作所需的经费和物资。

二、地方性法规起草主体的种类

（一）人民代表大会及其常务委员会

地方人大及其常委会最基本也是最重要的一项职权就是地方立法权，承担地方性法规的起草工作是地方人大及其常委会行使地方立法权的重要体现。在实际进行地方性法规起草工作中，一般是由人大有关专门委员会或者人大常委会法制工作机构及其他工作部门负责完成。然而，实践中，人大起草的地方性法规比较少，人大专门委员会主要起草涉及人大相关委员会工作内容的以及问题比较综合、由人大相关委员会起草比较好的立法项目，而人大常委会法制工作机构主要起草涉及人大常委会工作方面中重要的、综合性的法规。党的十八届四中全会提出："建立由全国人大相关专门委员会、全国人大常委会法制工作委员会组织有关部门参与起草综合性、全局性、基础性等重要法律草案制度。"《立法法》第57条第1款对此也作了规定："综合性、全局性、基础性的重要法律草案，可以由有关的专门委员会或者常务委员会工作机构组织起草。"因此，根据《立法法》以及相关会议精神，大部分具有地方立法权的地方人大及其常委会都制定了规范本地区地方立法程序的立法条例，如《湘潭市人民代表大会及其常务委员会制定地方性法规条例》）。

（二）人民政府相关部门

由于我国的现实情况，地方人大及其常委会没有足够的能力完成立法任务，因此其只能授权政府及相关部门起草地方性法规。在地方立法实践中，地方性法规的立法权几乎完全由地方政府代为行使，特别是立法的起草工作几乎完全掌握在地方政府手中。而在人民政府相关部门负责地方性法规的起草时，对于规范事项内容单一、主要涉及一个政府部门的地方性法规草案，通行的做法是该法规草案与哪个部门的业务密切相关，一般就交由哪个部门负责法规的起草工作，因此实践中大多数的地方性法规都是由政府主管部门负责起草。如《湘潭市海绵城市建设管理条例》的起草工作就是根据部门职责分工确定，由湘潭市住房和城乡建设部门负责组织起草。

实际生活中，地方行政事务一般都牵涉多个部门，需要多个部门配合才能完成。对于地方性法规草案的主要内容涉及几个部门分管的，可以由几个部门联合起草，但人民政府要指定一个部门为起草牵头单位，其他部门相互配合，共同负责法规案的起草工作。如《湘潭市电梯安全管理条例》根据部门职责分工，主要涉及湘潭市市场监督管理局与市住房和城乡规划建设局，市政府指定由湘潭市市场监督管理局组织起草，市住房和城乡建设局参与，共同负责该条例的起草工作。

（三）受委托的有关专家或组织

立法者良好的职业素质、较高的参政议政能力、娴熟的立法技巧，是确保地方立法质量的一个重要因素。设区的市自获得立法权以来，由于时间较短，立法经验不足，再加上人大代表及人大常委会组成人员专业素质良莠不齐，专职时间不足等原因，致使人大及其常委会很难高质量完成立法工作。因此，设区的市面对这种立法水平和立法能力不足的情形，委托有关的专家或组织起草地方性法规就成为现实的需要，也成为推进科学立法、民主立法、提高立法质量的一种重要方式。实际中，地方人大或者政府及其组成部门委托的有关机构、组织或者人员，既可以委托一位或多位专家，或者成立专家组，也可以委托高校、研究机构等教学科研单位，还可以委托律师事务所、律师协会、法学会等社会组织。湘潭市人大常委会自行使地方立法权以来，在立法层面和实践层面都积极探索委托第三方起草地方性法规的模式，并取得了很好的效果，获得了省人大常委会的高度肯定。《湘潭市人民代表大会及其常务委员会制定地方性法规条例》第41条第2款明确规定："专业性较强的法规草案，可以吸收相关领域的专家参与起草工作，或者委托有关专家、教学科研单位、社会组织起草。"实践中，将湘潭市的多部地方性法规委托给湖南科技大学地方立法研究所起草。

第二节　各类主体起草地方性
法规草案的优劣与建议

一、人大及其常委会起草的优点与不足

（一）人大及其常委会起草的优点

相比其他立法主体，人大及其常委会起草地方性法规具有较大优势，也最能保证地方立法的质量。一是人大有广泛的群众基础。人大的许多代表和常委会的许多委员，大多来自本地区各个行业，最熟悉基层情况与环境，非常了解基层民众的情况，因此最能反映最广大人民群众的意见。二是人大及其常委会有庞大的专业人才库，为法规草案的起草提供强大的人才支撑。能当选人大代表和常务委员的，基本上都是各个行业的精英，也非常熟悉相关行业的特点，具备一定的专业知识。三是人大及其常委会作为法定的立法机关，有专门的委员会承担立法任务，且配备了专门的立法工作人员。这些立法工作人员具有一定的法学理论知识与立法技术，其主要职责就是负责立法工作。四是人大是民意代表机关，具有民意机关的特殊性。在地方立法工作中，人大及其常委会不受部门利益影响，可以从制度设计层面防止行政权力部门化、部门权力利益化、部门利益法制化，能够综合考虑各方利益且反映人民群众的根本利益。五是由人大及其常委会起草地方性法规，可以充分发挥人大的专业立法优势，使所立地方性法规不抵触上位法，有效防止越权立法、重复立法、法规打架等现象发生。

近年来，地方人大及其常委会在立法工作方面进行了一系列的探索，确定了地方人大在立法体制中的主体地位和主导作用。对于设区的市人大及其常委会而言，充分发挥人大在立法中的主导作用，提前介入法规案的起草工作是其中一项重要内容。在法规案的起草阶段，在由政府相关部门起草的过程中，人大及其常委会相关工作人员应当参与起草、调研、论证，政府有关起草部门也应主动邀请人大及其常委会有关部门提前参与法规案的起草工作。

（二）人大及其常委会起草的不足

尽管人大主导地方性法规的起草具有一定的优势，但单独依靠人大及其常委会进行地方性法规的起草也存在一些不足。这些不足与地方人大及其常委会自身的局限性有一定的关系。一方面，地方人大及其常委会是我国的权力机关，而具体的行政管理则由地方行政机关负责。相较于行政机关而言，人大及其常委会对某一领域的了解没有行政机关深入，缺乏对行政管理事项经验的积累，这也是地方性法规的提案主体主要集中于政府部门的原因。在此种情形下，如果坚持由人大及其常委会起草地方性法规，既容易导致政府部门"出工不出力，甚至不闻不问"的现象发生，也很难达到政府部门所期望的"良法"。另一方面，由于人大及其常委会要负责地方性法规的立项、审议、表决、公布等工作，导致其立法任务繁重，再加上人员配置不足，往往使其在法规起草过程中力不从心。

二、人民政府相关部门起草的优点与不足

（一）人民政府相关部门起草的优点

人民政府作为地方性法规案的起草主体，有以下优点。一方

面，我国绝大多数地方性法规都是关乎政府行政管理方面的事项，人民政府相关部门直接行使行政管理权限，直接与社会各方面打交道，也非常熟悉本行政区域内经济、文化、民族、民政等各项事业的发展情况。对于这些事业中存在哪方面的行政执法问题，应当通过立法解决什么问题，政府相关部门最为熟悉，并在实践中也积累了许多行政管理方面的经验。另一方面，地方性法规草案由政府部门起草，有利于发挥政府部门的行政管理和专业优势，同时也能调动政府部门参与地方立法的积极性，充分发挥政府部门的资源优势。

（二）人民政府相关部门起草的不足

实践中，虽然由政府相关部门起草地方性法规已成为常态，有其现实存在的原因，但是这种起草模式也存在一定的局限性。其不足主要表现在以下方面：一是部门利益法律化问题比较突出。政府相关部门起草法规案因受其部门利益驱使，往往会更多地考虑本部门利益或者如何方便本部门执法，较少考虑行政管理相对方的权利与公民权利的保护，容易造成"重权力轻责任、重管理轻服务"的现象发生。在地方性法规中，最突出的体现是在法律责任的设置部分，政府相关部门为了方便行政职权的顺利实施，往往会对相对方设定数量比较多且具体的罚则，而对行政管理方违反法规所设定的罚则笼统且操作性不强，打破了法律应该遵循的"公平、公正"原则。例如，或大量增设行政审批权，或随意增设处罚权，或随意加重行政管理相对方的义务，或几种情形兼而有之，等等。二是法规难以体现部门职能的协调性。政府部门起草的地方性法规，首先想到的是"为我所用"，不可避免地会站在本部门立场上考虑问题，尽可能地把本部门的职权通过立法形式固定下来。在这种本部门优先思想的驱使下，如果该地方性法规涉及多个政府部门的职责和权限且相互间协调配合不够，就容易造成地方性法规之间在同一职权的设定上出现交叉、重复现象，有可能导致多头执法，也有可能互相推诿，出现管理上的"真空地带"。三是在一定程度上制约了人大及其常委会在立法中主导作用的发挥。由政府提交人大或其常委会审议的法规案，由于会期有限且议题并不仅限于所提交的法规案，而且人大及其常委会在审议时受法规案框架的限制，人大代表或常委会委员若在没有充分调研的基础上进行审议，往往处于被动状态，其立法的主导作用也得不到较好的发挥，法规质量也很难得到保证。四是由政府起草的地方性法规，往往是地方性规章或规范性文件的翻版。在实际工作中，地方政府为了顺利行使职权，往往会先于地方性法规制定地方政府规章或规范性文件。针对同一事项再由政府部门制定地方性法规，虽然可以充分发挥政府部门的资源优势，突出地方性法规的针对性和专业性，但往往制定的地方性法规是政府规章或规范性文件的翻版，致使地方性法规与地方性规章在内容上高度重合。

三、委托第三方起草的优点与不足

（一）委托第三方起草的优点

法规的起草，既是立法的第一步，也是把守立法质量的第一关。近年来，不少地方立法主体探索委托第三方起草法规草案的模式，并将其纳入一般性、常态化的立法程序。委托第三方起草地方性法规，使立法能够更加客观公正，广泛收集各方面的意见和建议，既有利于客观、公开地反映各方面的诉求，也有利于公平、公正地设定法律规范和权力边界，可以有效避免部门立法的痕迹，增强法规的执行力。因此，委托第三方起草地方性法规是集科学立法和民主立法于一体，也是解决地方性法规起草工作中专业性、技术性较强难题的有力举措。

具体到委托对象而言，各被委托主体的优势也不尽相同。就委托法学专家起草而言，由于法学专家具有较高的理论素养，而且思维也比较开阔，所立之法对于立法理念的提升有较大帮助，也有利于法规制度设计的专业化，但有可能缺乏对具体行政事务的全方位了解，所立之法可能出现理论性太强而操作性不够的问题。若委托律师起草的话，由于律师经常与法律实务部门打交道，他们的法律知识和社会经验使他们比其他行业的人更胜任立法工作，由他们起草地方性法规可以较好地解决地方性法规不实用、缺乏操作性的问题，同时律师在办案过程中也锻造了平衡各方面当事人利益的能力，会对各方的利益作权衡考虑，因此，相对于其他法规起草主体而言，律师的利益平衡能力更强，也更具理性，所立之法能有效摆脱单一利益主体的影响，兼顾各方的利益。

（二）委托第三方起草的不足

与具体的政府部门相比，第三方起草主体往往大都缺乏具体的行政管理工作经验，缺乏对实际情况的全面了解和掌握，因此，他们所掌握的立法信息相对不足，进而有可能产生所起草的法规与实际情况相脱节的现象，有时甚至过于理想化、抽象化，导致难以被人民群众所接受。另外，第三方主体接受委托后，由于对本地的实际情况了解不够，在起草过程中就有可能过多地依赖或借鉴其他省市甚至国外的做法，使得所立之法虽具备一定前瞻性，却丧失了地方性法规所应具备的地方性特征，不符合本地现实，这样的地方性法规往往难以经得起时间和实践的考验，只会造成地方性法规质量不高、实施效果不佳的困境。

值得注意的是，鉴于委托第三方起草所存在的缺陷，地方性法规委托第三方起草时应注意两点：一是只能将技术性、专业性要求较高的地方性法规委托给第三方起草，不宜将全部地方立法委托给第三方；二是委托方不能过度依赖第三方而当"甩手掌柜"，要明确委托第三方起草不是一种单一的雇佣关系，双方要本着互相合作、取长补短、优势互补的态度建立一种合作共事的关系。注意这两点，方能达到地方立法预期的效果。

四、对地方性法规起草的建议

（一）充分发挥地方人大及其常委会在立法中的作用

地方人大及其常委会是我国法律规定的地方性法规制定机关，享有地方立法职权，应该尽职尽责行使法律授予的地方立法权。然而，在我国的地方立法实践中，政府相关部门往往是地方性法规的起草主体，这种现实情形是多种原因造成的。假设立法权滥用的潜在危险成为现实，那么，"行政权和司法权的专横和武断不过弄脏了水流，立法权的滥用则败坏了水源"❶。因此，应严格限制授权立法的使用，充分发挥地方人大及其常委会在地方立法工作中的主导作用，从源头抓起，重视地方性法规案的起草工作，增强起草地方性法规案的主动性和积极性。具体而言，一是要建立独立起草地方性法规案的机制。对一些本地区社会热点、影响

---

❶ 近几年来，学界大都将司法权视为最后的国家权力和法治的最后一道防波堤，并将司法腐败喻为"污染了水源"般的腐败。参见谢晖：《价值重建与规范选择》，徐显明序，山东人民出版社1998年版，第4页。英国哲学家培根也曾言："一次不公的（司法）判断比多次不平的举动为祸尤烈。因为这些不平的举动不过弄脏了水流，而不公的判断则把水源败坏了。"参见弗·培根：《培根论说文集》，水天同译，商务印书馆1983年版，第193页。比较而言，评析立法权、行政权、司法权腐败程度及其危害，将立法权的滥用与"败坏水源"相联系，似乎更合乎一般逻辑。

重大、带有全局性、关系本地区经济发展和社会稳定的重要法规，特别是涉及限制政府部门公权力的立法，人大或者常委会应牵头组织起草或者亲自起草。二是对涉及几个职能部门职责的地方性法规，可由人大及其常委会牵头，邀请有关政府职能部门参加，成立专门的起草小组共同进行起草，也可以由人大的工作机构会同政府法制部门共同起草。三是对政府相关部门牵头起草的地方性法规案，人大及其常委会可以和政府法制办及相关部门搞好协调，要求有关的专门委员会提前介入，全程参与每一个环节。人大及其常委会提前介入，可以有效帮助起草部门端正立法指导思想，把握地方性法规草案内容的合法性、合理性和可行性。四是对一些专业性较强的地方性法规，人大及其常委会可以委托法学专家学者、科研机构起草，也可以尝试采用由不同的起草小组分别起草相同项目的法规草案，最终从多个起草版本中择优采用或取长补短。

（二）设立专门的立法起草机构

我国香港地区的法律起草是由法律草拟决策机构、法改会与法律草拟科这三个部门相互分工相互配合完成的。香港法律改革委员会是为了从制度上保证社会各方对立法活动的参与而设立的，在香港立法活动中发挥着重要的作用。它是一个专业研究立法的机构，其主要作用是为法律草拟科提供研究成果。我国的地方立法也可以借鉴香港地区的这一立法模式，在地方人大设立中立的法规起草机构，该机构听取各方面意见，包括政府相关职能部门、法学专家、专业领域专家以及公众的意见，在综合分析各方意见的基础上再进行立法，确保地方性法规制定的民主性与科学性。在实际工作中，专门立法起草机构的设立要注重各部门的构成，这样可以充分利用各方的优势，实现资源整合，有效发挥立法工作者、实际工作者和理论工作者的合力。这是因为，政府职能部门熟悉行政管理和业务，考虑问题比较实际且可行；而人大和政府法制部门考虑问题则能兼顾与平衡政府部门和行政相对人的利益，为立法提供法律技术上的支撑；专家学者则能够为法规起草工作提供理论上的支持。

（三）建立联合起草机制

当今社会是一个精细分工和高度专业化的社会，再加上人们所拥有的知识又往往局限在个别领域，而地方性法规起草是一项综合性、系统性较强的工程，涉及社会生活的各个领域，有时还涉及比较专业的领域，此时若由政府部门、人大还是委托第三方起草，都会存在或多或少的局限性。为了弥补由单一主体起草带来的不足和缺陷，有必要建立一种联合起草机制。所谓联合起草机制，就是指根据立法目的和要求，由立法机关的工作机构、政府有关部门与机构、社会组织、专家学者和其他社会相关人员组成联合起草小组，在充分调研和论证的基础上共同完成地方性法规的起草工作的一种机制。

近年来，联合起草地方性法规机制在各地地方立法中被积极运用，并收到了较好的立法效果。联合起草机制之所以受到地方人大的青睐，主要是因为这种模式可以充分利用各方在地方性法规起草中的优势。政府部门与机构是具体行政事务的执行者，最熟悉实际情况和行政管理业务，他们提出的制度设计方案往往具有较强的可操作性；人大及其常委会处于中立地位，立法技术较强，同时能兼顾与平衡政府部门和行政相对人各方的利益诉求；专家学者理论性较强，能为法规起草工作提供理论支持。因此，地方人大建立联合起草机制，既能发挥人大及其常委会作立法机关的主导作用，在程序上确保起草工作的民主科学，又能合理利用政府部门的实践经验，节约立法成本，提高起草效率，还能集思广益，为不同利益群体参与起草工作创造公平合理的机会，有效避免了人大及其常委会起草、政府部门起草、委托第三方起草等单一起草模式的弊端。

第三节 地方性法规的起草程序

地方性法规无论以何种方式起草，都必须遵循一定的程序。只有经过科学、规范的起草程序，才可以保证起草这项艰巨而烦琐的工作有条不紊地推进。我国现行法律法规对地方性法规的起草并没有作出严格的规定，但各地对地方性法规的起草程序都进行了积极的探索和实践。总结起来，地方性法规的起草程序大致如下。

一、成立起草班子

负责组织起草的部门在接受地方性法规草案的起草任务后，首先要成立起草班子，确保地方性法规起草工作的顺利推进。在实际工作中，起草班子一般包括起草领导班子和起草工作班子。

起草领导班子一般由负责组织起草部门的分管领导和参与起草部门的分管领导组成，其主要职责是负责起草过程中重大问题的决策和重要事务的组织协调，拟订起草工作方案，明确起草工作的进度、责任和要求，确保起草工作按时、高质量完成。例如，在《湘潭市海绵城市建设管理条例》立法过程中，成立了以湘潭市人大常委会党组副书记、副主任，市政府副市长为组长的起草领导小组，成员单位包括湘潭市自然规划局、住建局、水利局、城管局等。

　　起草工作班子负责法规具体的起草工作任务，其职责主要是制订起草工作实施方案，委托专业机构负责调研和起草法案，组织安排实地考察及召开各类座谈会、专家评审会及论证会，定期公布立法工作的进展情况，与各相关部门的沟通协调，草拟和确定立法法规名称、框架结构、具体条款及草案说明等。起草工作班子一般由负责组织起草的部门和熟悉行政管理事务的实际工作者、熟悉立法实务的立法工作者等组成，必要时还可以邀请有关专家、学者加入。为了保证法规起草工作的成效，在整个法规起草过程中，起草工作班子的成员一般相对稳定。

二、收集资料与开展调查研究

（一）收集资料

　　资料收集是地方立法起草中的一项基础性工作，资料收集的全面、准确与否，各方面情况是否摸得准、吃得透，都与地方性法规起草工作的质量高低有着直接的关系。因此，在正式启动地方性法规的起草工作之前，负责法规起草的人员一定要将收集相关资料的工作做得扎实、有效。通常而言，法规起草人员收集资料主要从以下三个方面着手：一是收集与所立项目有关的上位法及国家、省、市有关此类立法项目的资料，如与立法项目有关的法律、法规和规章，其他省市同类地方性法规、地方政府规章，国家、省、市出台的相关规范性文件；二是与立法项目有关的主要经验与做法，既包括本地区在立法项目方面的成功经验、创新做法和特色，也包括国内外具有借鉴意义且比较成熟的经验和做法。三是存在的主要问题，既包括已有法律法规缺位引起的问题、执法中存在问题、管理中的问题，也包括本地区社会反映比较强烈的热点、难点问题等。

（二）开展调查研究

资料收集完成后，就要在整理资料的基础上梳理出立法问题清单，下一步依据问题清单开展有针对性的调查研究。调查研究的形式可以多种多样，召开座谈会、论证会，到实地考察、走访，专题咨询等都是地方立法调查研究常用的方式。调查研究主要围绕下列方面展开：该地方性法规涉及的领域、群体，重点和难点问题，所调整的社会关系，涉及的利益关系，本地和外地的做法和经验等。通过调查研究，要弄清此次立法所要解决的主要问题和达到的主要目标、立法的目的和依据、现行法律法规存在的缺陷和不足等问题。如在制定《湘潭市平安建设条例》时，为了把湘潭平安建设中存在的问题、已有的平安建设经验与做法找准，市人大常委会先后多次组织调研组到各职能部、县（市、区）调研，认真梳理湘潭市平安建设工作中的经验和做法，查找平安建设中存在的问题和不足。在广泛而深入的调研基础上，总结确定了湘潭市平安建设立法的总体思路和方向。

三、拟订草案框架和草案条文

（一）拟订草案框架

拟订草案框架就是起草人员按照立法技术规范的要求，提出地方性法规草案的基本框架，确立起草思路和基本方向。拟订草案框架是起草地方性法规条文的基础和前提。只有确立了基本的框架，才能确保法规草案不偏离正确方向。地方性法规草案一般主要包括法规名称、立法目的和依据、适用范围、体例结构、主体内容等。

（二）起草条文

在确定了法规的基本框架后，就应围着基本框架设计条文，填充框架内容，这就是地方性法规草案文本的起草。条文既可以由一个人在综合其他起草班子成员的意见上单独执笔起草，也可以由起草班子内多个人员根据各自的特长和优势分工共同起草。无论采取哪种方式，条文的起草都不可能是一次性或一个人就能够完成的，需要经过多次逐字逐句地反复讨论、修改润色才能完成。在地方性法规案的起草过程中，要注意不照抄、照搬上位法与其他省市的立法文本，坚持所起草的条款内容充分反映和适应本地的实际情况，注重突出法规解决本地区实际问题的功用，坚持为需而立、立以致用。

四、征求各方意见和协调论证

《立法法》第6条规定："立法应当体现人民的意志，发扬社会主义民主，坚持立法公开，保障人民通过多种途径参与立法活动。"地方性法规草案文本完成以后，起草人员要将草案征求意见稿发放至有关方面或面向社会公开，并通过召开座谈会、论证会、听证会或借助相关网络平台广泛征求社会各界对草案文本的意见。向社会各界征求意见，应尽可能做到征求意见的对象广泛、全面，既可以向本单位、本系统内的人员征求意见，也可以向法规涉及的相关部门和单位、人大代表、政协委员、专家学者、律师团体、利益相关人及社会公众等征求意见。总之，征求意见应尊重多数人的意愿，使法规充分反映最广大人民群众的利益和诉求。值得一提的是，当今社会网络信息技术的快速发展，起草人员要善于利用网络信息技术征求意见方便、快捷、对象广泛的特点，不断提高意见征求的信息化程度，使网络征求意见形式逐渐成为开门立法、民主立法的主要渠道。

征求意见工作结束以后，起草人员要对征求的各方意见进行综合整理、认真研究。如果各方就草案征求意见稿有重大意见分歧时，起草人员应当及时向负责组织起草地方性法规草案的部门报告，负责起草的部门应对此开展协调论证，起草人员再根据协调论证后的结果对法规草案做进一步的修改和完善。另外，对于意见征求的采纳情况，起草人员也要通过适当的形式给予必要的答复和说明。

五、审查草案并提交审议

地方性法规草案送审稿形成以后，在将草案提交地方人大或常委会审议之前，起草部门应将地方性法规草案文本及起草说明、立法调研报告、条文注释稿、条文修改及理由对照表等资料提交相关机构进行审查。一般而言，起草部门先将草案提交地方政府法制机构进行统一审查。当然，地方政府法制机构也可以委托大专院校、科研机构、律师事务所或者社会组织审查。草案稿经地方政府法制机构审查后提出审查报告，地方政府常务会议或者全体会议根据审查报告对草案作出同意与否的表示并提出修改意见，地方政府法制机构根据修改意见对草案再次修改并拟定法规案。地方性法规案经地方政府负责人签字后，提交地方人大或常委会进行审议。

第九章

地方立法解释、修改与废止

第一节　地方立法解释

立法解释是法律解释的一个方面，在我国的法律活动中发挥着不可替代的作用。在我国的法治进程中，法律体系不断完善，国家层面的立法加上各地制定颁行的地方性法规数量众多，可以说覆盖社会生活的基本法律规范已经齐备，但齐备的立法与完善的立法不能直接画等号，完善的立法还需要立法解释来支撑。现实中，我国的立法解释严重滞后于法律法规的创制，导致相关法律法规在司法和执法中出现各种各样的问题，影响了法律法规的有效实施和社会主义法治国家的建设。

2015 年修正的《立法法》，将我国制定地方性法规的权力下放到所有设区的市，明确了设区的市地方立法的权限和范围，对我国地方立法来说是一个新的里程碑、分水岭。但与地方立法稳步扩围形成对比的是，地方立法解释的直接法律依据却显得非常单薄。2023 年新修订后的《立法法》虽在第二章第四节设置了法律解释的专门规定，但并未提及地方立法解释的相关问题。在国家立法层面，有关地方立法解释的规定仅见为 1981 年全国人大常委会制定的《关于加强法律解释工作的决议》，规定凡属于地方性法规条文本身需要进一步明确界限或作补充规定的，由制定法规的省、自治区、直辖市人民代表大会常务委员会进行解释或作出规定。这便是我国现行的地方立法解释体制。对于大多数设区的市而言，都在出台的地方性法规制定条例中对地方立法解释有所规定。在具体的立法例中，有的设立专章对立法解释进行规定，如《湘潭市人民代表大会及其常务委员会制定地方性法规条例》专设第四章对立法解释进行规定；有的将地方性法规解释问题放在混合章节中，如《长沙市人民代表大会及其常务委员会制定地方性法规条例》将地方性法规的报批、公布和解释列为一章，《延安市制定地方性法规条例》将法规的解释、修改和废止列为一章；有的则将地方性法规解释放在"其他规定"这一章中，如《衢州市制定地方性法规条例》。

一、地方立法解释的概念与特征

（一）地方立法解释的概念

对于什么是立法解释，学术界众说纷纭，没有一个统一的观点和说法。主要观点有：（1）立法解释指有权制定法律和地方性法规的中央和地方国家权力机关的常设机关对法律、法规所作的解释❶；（2）立法解释是指制定法律机关作出的，为使法律准确适

---

❶ 沈宗灵主编：《法理学研究》，上海人民出版社 1990 年版，第 224 页。

用对其条款的立法含义的明确说明❶；（3）立法解释就是立法机关对法律规范及概念、术语所作的说明或补充规定❷；（4）所谓立法解释，简单地说是指国家立法机关以一定的形式对宪法、法律包括法条及其用语，如概念、连接词等应有的含义所作的阐明❸；（5）立法解释就是立法机关对法律条文含义的说明❹；等等。

实际上，学术界对立法解释的概念通常有狭义、广义以及介于二者之间的三种观点。狭义的立法解释，专指全国人大常委会对其制定的法律作出的具有约束力的说明，即《立法法》第二章第四节中规定的法律解释，"法律解释权属于全国人民代表大会常务委员会"；广义的立法解释，是指有关国家机关对其所制定的法律文件进行的解释，或者授权其他国家机关进行的解释；第三种看法介于二者之间，指有权制定法律和地方性法规的全国人大和地方人大的常设机关对法律、法规所作的解释。在这三种观点中，狭义的立法解释概念界定过于狭窄，与我国现行的立法体制、解释模式及法治发展趋势不符。如果立法解释的概念仅指全国人大常委会对其制定的法律进行的解释，那么地方性法规的法律解释就失去了概念上的支撑，对其行为的性质也将很难认定。广义的立法解释概念又有宽泛化之嫌，很容易与实际中存在的立法解释、司法解释以及行政解释的概念相混淆，容易导致"立法解释司法化"、"司法解释立法化"或者"行政解释立法化"等现实问题出现。第三种关于立法解释概念的观点，由于只强调中央和地方国家机关对法律、法规的解释，而忽略了行政立法解释，所以也不

---

❶ 蔡定剑、刘星红：《论立法解释》，载《中国法学》1993年第6期。

❷ 李伟民主编：《法学辞源》，中国工人出版社1994年版，第310页。

❸ 周振晓：《也论立法解释》，载《中国法学》1995年第1期。

❹ 朱力宇、张曙光主编：《立法学》，中国人民大学出版社2006年版，第191页。

够全面、准确。

综合以上三种观点，所谓的立法解释是指立法机关对其所制定的法律规范或授权其他国家机关对其所制定的法律规范的内容和含义所作的说明和界定。地方立法解释，是指地方立法机关对其所制定的法律规范或授权其他国家机关对其所制定的法律规范的内容和含义所作的说明和界定。

（二）地方立法解释的特征

与中央立法解释相比，地方立法解释具有独特的个性特征，主要表现在以下三个方面。

1. 主体的特定性。地方立法解释主体的特定性是指地方立法的解释权只能由特定的机关依据职权行使。一般而言，我国立法解释的主体是指立法机关，即有地方立法权的人大及其常委会、人民政府以及自治县人大对其制定的法规、规章、自治条例、单行条例所作的解释。另外，立法机关也可以授权其他国家机关行使地方立法的解释权，如人大制定的地方性法规明确规定由地方人民政府或其工作部门来对相关问题进行解释，地方政府规章则由政府授权政府工作部门对相关问题进行解释。

2. 对象的限定性。地方立法解释的对象仅限于地方立法主体颁布的地方性法规、规章、自治条例、单行条例等规范性法律文件。在进行地方立法解释时，解释主体只能针对法律文本的内容进行解释，而不能抛开法律文本的内容随意进行解释。

3. 方法的灵活性。方法的灵活性是相对于中央立法解释而言的。相较于中央立法解释，地方立法解释不特别强调解释所遵循的原则、技巧等方面，更多的是针对法律适用中出现的相关问题，灵活地作出更为详尽、具体的答复、说明。

二、地方立法解释的必要性和意义

(一) 地方立法解释的必要性

王利明教授指出，中国特色社会主义法律体系业已形成并日益完备，在此背景下，中国法制建设的趋势之一便是从立法论转向解释论❶。在地方立法过程中，尽管立法者会力求法律规范的完美，尽量使法律规范全面、明确，但任何地方立法，都会受立法者认识水平、立法技术等方面的限制，出现各种各样的问题。因此，及时对实施中的地方立法进行解释，通过地方立法解释来解决地方立法实践中所出现的各种具体问题，不仅有助于地方立法功能和作用的发挥，更有助于完善地方立法，发展地方立法。

地方立法解释的必要性主要体现在以下几方面。

1. 法律规范的抽象性、概括性使然。法律规范的一个基本特征是抽象性、概括性。当法律规范被确定为一般行为规范时，只能是抽象的、概括的，无法对社会生活中的特殊性问题实现全方位的覆盖，因此概念化和原则性的规定就不可避免。尽管如此，执法者、司法者仍要用这些抽象的、概括的法律规范来调整纷繁复杂的社会生活，将这些法律规范适用于各种各样、千差万别的具体案件和行为，因此，法律解释的必要性在此时就凸显出来了。只有通过对法律规范进行解释，才能使原则性、抽象性强的法律规范在实际中更具有操作性，法律也才能更好地得到遵守和执行。

2. 法律规范的相对稳定性使然。法律规范的指导功能与预测功能要求其具备一定的稳定性，因为只有具有稳定性的法律规范，才能给人们带来一个稳定的预期。然而，法律的稳定性与社会关

---

❶ 王利明：《论法律解释之必要性》，载《中国法律评论》2014 年第 2 期。

系的快速变化却产生了矛盾，即法律的稳定性使得法律很难适应发展变化的社会关系，为了使法律能够适应不断变化的社会关系，就需要不断地对其进行解释，使法律规范能够根据社会关系的发展变化及时进行相应的调整。通过法定机关的解释，法律规范才能随着社会发展而内涵更加丰富，同时也能解决因地方立法的不周全带来的立法疏漏，使法律规范进一步完善。

3. 地方立法质量不高使然。自 2015 年立法权扩容以来，所有设区的市都拥有了立法权。但立法权的扩容并不能直接导致地方立法质量的提升，相反一些地方的立法力量匮乏且立法能力严重不足，缺乏专业性的训练，导致所制定的地方性法规质量不高，这也是地方立法亟须解释的重要原因。

立法力量匮乏且立法水平不高，容易导致以下问题：一是立法问题导向性不足，在没有充分调研的情况下匆忙起草法规，使得所立之法缺乏实践性和可操作性；二是大多数地方性立法存在模仿照抄现象，缺乏地方特色，导致所立之法趋同化现象严重和"水土不服"；三是由于缺乏专业性培训，地方立法更容易出现语言不规范、含义模糊等现象。正是这些导致地方立法质量不高的问题存在，因此地方立法解释就更有存在的必要。

4. 法规间的交叉和冲突使然。设区的市获得地方立法权以来，各地地方立法机关充分行使了《立法法》所赋予的职权，都制定了大量的地方性法规。然而，相较于地方立法的创制而言，立法机关的法规清理工作却又相对滞后，有些地方处于停止状态，这样就有可能造成不同法规在法律适用及调整范围等方面的交叉和冲突，对于这些不同法规之间的交叉和冲突，同样需要立法机关对相关问题作出解释和界定。

总之，地方立法解释，一方面是成文法自身局限性的根本要求和反映；另一方面，也是法律在实施过程中不断适用社会变化发展的结果。正是在不断解释的过程中，法规才得以更加完善，富有时代气息。

（二）地方立法解释的意义

1. 有助于提高地方立法质量。立法者的认识水平、立法技术等，都会制约立法者的立法水平，进而影响立法的质量。同时，法律的原则性和抽象性规定也会进一步致使法律条文操作起来比较困难，甚至出现法律规范概念、界限模糊不清，立法用语专业性强，条文规定自相矛盾或不一致等问题，这些问题是由法律文本高度抽象概括的语言特点所致。这些问题的存在，既影响了立法的质量，也影响了法律的实施，要解决这些问题，立法解释就显得非常必要且意义重大。因此，只有对法律规范作出具体的解释和说明，将原则性和概念化的条文规定特定化和具体化，消除立法用语的模糊和歧义以及法律规范之间的矛盾和冲突，才能提高立法的整体质量，增强法律规范的可操作性。

2. 有助于适应不断变化的社会生活发展需要。任何地方立法都具有一定的相对稳定性和滞后性，而社会关系复杂多变，日新月异，由此可能出现地方立法与不断变化的社会生活不相适应的状况。当社会关系发生较大变化时，通过解释或修改补充的方式使法律法规适应不断变化的社会关系就成为必然，以弥补法律规范因其自身的滞后性而带来的固有缺陷。因此，此时的立法解释，既可以根据社会发展的需要增加新的条款以适用社会发展的需要，丰富法规的含义和内容，也可以通过修改那些已不适应社会客观现实的条文并赋以新的含义，增进立法的社会适应性。

3. 有助于实现立法与执法、司法的互动。法律法规是针对不特定的人和事所作的一般性规定。然而，现实情况却千差万别，使得本就过于原则或笼统的法律条文在执法、司法中容易出现混乱，导致法规在实际中的操作性不强。立法与执法、司法的互动一方面可以通过立法解释弥补立法缺陷，为执法、司法提供更明确、具体的法规指引，使执法者和司法者能够更好地理解立法意图、把握条文含义；另一方面，执法、司法中发现的问题也可为立法者解释法律法规提供依据和参考，进一步促进执法者和司法者更好地把握法律法规。

三、地方立法解释的原则

地方立法解释的原则是地方立法机关或其授权机关在解释地方性法规、规章的过程中所要遵循的基本准则。为了确保地方性法规、规章解释的合法、准确，地方立法机关或其授权机关在地方性法规、规章的解释过程中必须坚持一定的要求，遵循一定的原则，以保证立法解释沿着正确的方向前进。一般而言，地方立法解释的原则主要归为以下几个方面。

（一）维护法制统一原则

法制统一原则是指在地方立法解释中，应当尽可能地保持法律的一致性和连续性，确保法律的适用不出现矛盾和混乱。法制统一原则是现代社会法治国家所共同提倡和遵守的一个重要原则。具体来说，立法解释法制统一原则包括以下几个方面。

1. 地方立法解释应当遵循宪法的规定，保持法律的统一性和稳定性，与宪法在立法目的和立法价值上达成高度统一。即一切法律、法规、规范性文件以及非规范性法律文件的制定，都必须符合宪法的规定或者不违背宪法的相关规定。

2. 在所有法律渊源中，下位法的制定不得违背上位法的规定。同样，作为法律创制活动的法律解释，地方性立法解释也不得与上位法相冲突，否则该立法解释不具有法律效力。

3. 立法解释必须与所解释的法律的内容保持一致，不能互相矛盾，也不能前后矛盾。如果立法解释的内容与所解释的法律前后矛盾，不仅不利于维护整部法律的统一，而且也会降低立法解释在实施中的效力和权威。

4. 在解释地方性法规时，还应注意不得与各个法律部门之间的规范性法律文件相冲突、抵触或重复，力求与其他相关的规范性法律文件内容协调一致，相互协调和补充，避免片面的、不准确的解释出现。

总之，立法解释法制统一原则是一种基本的法律原则，它要求在法律解释中保持法律的一致性和连续性，确保法律的适用不出现矛盾和混乱，从而维护法律的权威和稳定。

（二）合法性原则

合法性原则是指立法解释要符合法律的规定和要求，具体体现为以下几项内容。

1. 解释的主体必须合法。对于地方立法解释主体而言，我国一般采用"谁制定，谁解释"的原则。通常情况下，地方规范性法律文件的解释权一般是由拥有立法权的地方各级人大和政府机关行使。在特别授权情况下，立法机关也可以明确授权由某个机关来行使地方立法解释权。除了这些法定的地方立法解释主体之外，其他任何机关和个人都不能对地方规范性法律文件作出立法解释。

2. 解释主体的权限必须合法。地方立法解释主体必须在其职权范围内依法行使解释权，不得超越或过度行使解释权，否则，所作出的解释将会无效。

3. 解释必须尊重立法原意。地方立法解释应尽可能地按照立法的目的、本意、原则、精神进行解释，不能突破主体法的目的、本意、原则、精神进行解释。当然，尊重立法原意的解释也并不意味着要机械地阐释法律条文，而是要结合主体法的原意、价值综合考虑后进行解释。

4. 解释程序必须合法。尽管在地方立法解释的程序上，我国目前还缺乏统一、系统的规范。但在许多设区的市制定地方性法规条例中，都对地方性法规的解释规定了一定的程序，如《湘潭市人民代表大会及其常务委员会制定地方性法规条例》第 36 条的规定❶。地方立法解释只有遵循相应的程序规定，才能尽可能地按照相应的规范和要求进行解释，确保解释有序、规范、高效、合法。

（三）合理性原则

地方立法解释的合理性原则，是合法性原则的补充。地方立法解释要在遵从合法性原则的前提下，要符合社会公理、常理，要与社会通行的观念、伦理规范、社会公平正义以及其他社会规范相符合。合理性原则具体体现为四个方面：第一，在现有法律文本的框架内，地方立法解释符合社会主义道德，坚持和尊重社会公序良俗；第二，如果法律文本存在漏洞或规定不明确的情形，可以采用社会上通行的伦理规范进行解释，使解释与社会现实、地方实际达到更大程度上的和谐；第三，地方立法解释应尽可能

---

❶ 《湘潭市人民代表大会及其常务委员会制定地方性法规条例》第三十六条规定：常务委员会法制工作委员会会同有关的专门委员会拟订地方性法规解释草案，由主任会议决定列入常务委员会会议议程。地方性法规解释草案经常务委员会会议审议，由法制委员会根据常务委员会组成人员的审议意见进行审议、修改，提出地方性法规解释草案表决稿。地方性法规解释草案表决稿由常务委员会全体组成人员的过半数通过，由常务委员会发布公告予以公布，并报省人民代表大会常务委员会备案。

顺应客观规律和社会发展趋势，符合人们的日常观念、习惯性认识；第四，地方立法解释应紧跟党和国家政策，尽量以党和国家政策为指导。

（四）地方性原则

地方性是地方立法的重要标志，也是地方立法能够独立存在的必要前提。地方立法若没有地方特色，也就失去了存在的价值和必要。地方立法解释的地方性也是由地方立法的特性决定的。因此，在进行地方立法解释时，解释主体应充分调研并领会本地的经济、社会、文化、风俗、民情等极富地方特色的资源，把地方立法解释建立在这些地方因素的基础之上，使解释真正发挥解决地方实际问题的能力和效用。

（五）及时公开原则

立法解释的公开原则要求立法解释必须面向社会，向公众公布。只有公开的立法解释才具有与所解释的法同等的效力，这与法的公布原理是一致的。立法解释经及时公开后，才能在执法和司法中得到更好的理解和运用，才能让被解释的法规更好地为社会发展提供法治保障。

四、地方立法解释的方法

与对法律、行政法规的解释一样，地方立法解释也应遵循一定的方法。综合运用合理的解释方法，才能使地方立法解释达到想要的目的和效果。一般来说，地方立法解释的方法主要有以下几种。

1. 语义解释方法。语义解释是立法解释中最基本的方法，也是立法解释首选的方法。通俗地讲，语义解释就是指通过分析具体法律条文的字面含义，并借助语法、标点、文本顺序等来界定法条的含义。对法规进行语义解释，应当在遵从语种语义、语法规则的基础上，着重分析具体条文以阐释法律规范的含义，力求使解释用语明确、具体、通俗、规范。为维护法的统一性，即使同一概念在同一立法解释文件中或不同立法解释文件之间使用时，一般也应作相同解释。若条文中的专门术语与通用的含义不一致，则应当按照法律专业术语的意义进行解释。

2. 体系解释方法。体系解释方法是指依据法律条文在整部法律甚至整个法律体系中的地位，再结合其与相关法条、相关规范性文件的关系，阐释法的内容与含义的方法。体系解释着力将所解释的法律条文置于整个法律文本中，结合立法精神及其他法条的内容，阐明法条的准确含义。从法律体系上对法律条文进行解释，可以确保法规的逻辑一致，避免法规前后内容产生分歧。

3. 历史解释方法。历史解释方法是指根据立法的历史背景、起源与发展，将立法者的立法目的与意图探究清楚，以此阐明法律条文的含义及意义的方法。历史解释方法一般按照法规的生成过程倒推，借助能够说明立法背景和立法过程的相关资料，包括法规草案、法规征求意见稿及审议的情况、法规草案的说明，以及与该法规相关的立法文件及资料、相关的政策和习惯等，在明确立法背景与过程的基础上阐释法律条文的含义。

4. 扩充解释方法。扩充解释方法是指在不违背立法精神的前提下，为了社会发展的需要，对法律条文的解释作出比原有含义更宽泛解释的方法。当社会生活发展变化时，法的语义还停留在制定时的社会情境，过于狭窄的语义就难以表示立法本意，此时对法作出扩充解释是一种最佳选择。扩充解释可以省去繁杂的补充立法和修改立法，为地方立法节省立法资源。

5. 限缩解释方法。限缩解释是指根据立法本意对法律条文作出小于字面含义的解释。限缩解释的目的在于限制法规的适用范围。由于社会生活处在不断的变化发展中，当法律条文的语义过于广泛而不符合立法本意时，就可对法规作出限缩解释。

6. 目的解释方法。目的解释方法，是指遵循立法精神，基于立法的合理目的阐释法的疑义的一种解释方法。任何法规都有其立法目的，立法解释应以贯彻、实现法的目的为其基本任务。在用其他的解释方法得出的结论不相同或不妥当的情况下，目的解释便是立法解释的终极旨归，它能够使解释结论更加契合立法者的意图，达到或接近立法目的。

立法解释方法的多样化表明，立法解释是一个比较灵活的法律发展的途径。每种方法有其独特作用，但又各具局限性，因此在一般的立法解释过程中，往往需要将几种方法结合使用才能获得理想的解释结果，达到立法解释的目的。为了适应社会的不断变化发展需要，我们需要在遵守一定规则❶的前提下，系统而灵活地运用多种解释方法赋予法条或法律规范新的含义或意义。

第二节　地方立法的修改

一、地方立法修改概述

（一）地方立法修改的概念

立法是个系统工程，它是由一系列的活动构成的，不仅包括法律的创制，也包括立法的修改，还包括法律的废止。及时开展

---

❶ 汤唯、毕可志等：《地方立法的民主化与科学化构想》，北京大学出版社 2002 年版，第 265 - 266 页。

法律规范的创立、修改、废止工作，使该创立的法规及时创立、该修改的法规及时修改，该废止的法规及时废止，是完善立法、提升立法质量最重要的方式。法规的创立是解决法律从无到有的过程，而法规的修改则是完善立法，实现立法科学化、提高立法质量的根本要求。

地方立法的修改，就是地方立法主体通过对现行地方立法的内容进行一系列变动，通过改变某些规定，使立法达到预期的目的的活动。地方立法的修改，既可以是删除旧的内容，增添新的内容，也可以是只在原法的基础上增加新的内容。前者我们称为地方立法的修改，后者称为地方立法的补充。地方立法的补充是在原地方性法规不变的情况下，补充增加一些新的内容，使法规更加完善。值得注意的是，虽然法的补充没有改变原法规的内容，但经过补充之后，原法规已发生了变化❶。

（二）地方立法修改的特征

1. 地方立法的修改主体特定。地方立法的修改和地方立法的制定一样，也是由特定的主体来行使的。地方立法的修改权只有经特定主体行使，所修改的法规才具有法律效力。地方立法的修改由地方立法的制定机关即地方人大和地方政府行使，其他机关无权修改。

2. 地方立法修改有特定的程序。地方立法的修改属于立法的范畴，也要经过专门的立法程序才能进行。虽然地方立法的修改不要像法的制定一样投入更多的人力、物力去调研、论证，但也要谨慎处理，做到程序科学规范。因此，地方立法的修改是一种与法的制定在程序上具有相同点的立法活动。

---

❶ 周旺生：《立法学》（第二版），法律出版社 2009 年版，第 499 页。

3. 地方立法修改的目的在于使立法更加完善。地方立法为什么要修改，肯定是法规的部分条文已不适用社会发展的需要，致使法规的这些条文不再具有可操作性。地方立法的每一次修改，都是地方立法修改主体根据社会发展的需要对已制定的地方性法规的丰富和完善。地方立法只有根据社会发展的需要和现实情况进行修改，才能进一步地完善法规本身，增强法规的生命力。因此，当制定的法规运行一定时期后，及时地对该法规进行修改，不仅是法规适用社会发展的根本要求，同时也是法规内部科学化、提高立法质量的根本要求。

二、地方立法修改的意义

地方立法的修改，是地方立法与时俱进的表现，也是地方立法不断完善的表现。地方立法的修改，主要是改变地方法规、规章中某些不合时宜的规定，同时通过增加一些新的内容，消除法规、规章中存在的某些弊端。通过修改，地方立法不仅可以适应社会发展带来的新情况和新要求，而且可以根据社会的实际需要发挥其应有的功能和价值。总体看来，地方立法修改的意义主要有以下几个方面。

1. 增强地方性法规、规章的社会适应性。法规、规章具有相对的稳定性，在一定的时期内往往处于较为稳定的状态。然而，社会关系却是不断变化发展的，当社会关系的变与法规、规章的不变发生矛盾时，法规、规章的社会适应性就会降低，要么不再发挥调整社会关系的作用，要么就成为阻碍社会关系发展的绊脚石。为了与不断变化发展的社会关系保持一致，法规、规章就应该及时作出调整，法的修改就是这种调整的必然结果。地方性法规、规章只有经过每隔一定时期的修改，才能更好地适应社会变化发展的实际需要，为当地社会发展提供法治保障。

2. 增强地方性法规、规章的科学性、合理性。地方性法规、规章在制定时，往往受多种因素的制约，如制定者的认识能力、当时的社会发展实际等。这些因素的存在，就有可能导致立法者对有些问题难以及时正确处理，对有些内容考虑不周到、不明确而容易产生歧义，对有些规定有遗漏、不协调、不切合实际，等等。随着法规、规章在社会中的运用实施，现行法规、规章中暴露出来的问题使其难以执行、适用和遵守，法规、规章的科学性、合理性也随之降低。及时对现行地方性法规、规章进行修改，可以增强其科学性、合理性。

3. 保持地方立法环节的完整性。根据《立法法》第 2 条的规定，立法是指法律、行政法规、地方性法规、自治条例和单行条例的制定、修改和废止。地方立法不仅包括地方立法的创制，也包括地方立法的修改和废止，地方立法的制定、修改、废止是地方立法环节的完整闭环。每隔一定时期对地方性法规、规章进行修改，是地方立法程序中不可或缺的环节。

4. 维护国家法律体系的内在统一性。地方性法规、规章的制定要以其相应的上位法为依据，当其依据的上位法已修改或变化时，地方性法规、规章也应及时修改。地方性法规、规章只有经过修改，才能与所依据的上位法保持一致，才能最终维护整个国家法律体系的内在统一性。

三、地方立法修改的权限、程序和方式

一部法律的制定，需要经过严格的程序和过程。立法的准备、确定、公布、实施是法律必须经历的程序和过程。作为地方立法活动的重要组成部分，地方立法的修改同样也要遵循一定的程序

和过程，经历准备、确定、公布、实施等阶段。因此，地方立法的修改也必须遵循一定的权限、程序和方式，必须由有权立法主体进行，必须遵循与制定新法同样的程序。

（一）地方立法修改的权限

一般情况下，有权对地方立法进行修改的主体就是地方性法规、规章的制定者。但在有些情况下，非制定者也可以成为地方立法的修改主体，例如，在地方人民代表大会闭会期间或者某些特殊情况下，地方人民代表大会可以临时授权，也可由专门的法律、法规授权，由地方人民代表大会的常设机关——地方人大常委会修改有关地方人大制定的地方性法规。非制定者修改地方性法规，必须要在相关主体的明确授权下才能行使。值得注意的是，地方性法规的修改是由非制定者进行时，所受的限制往往比法规的制定更为严格。非制定主体只能在遵守法规、规章等规范性法律文件基本原则的前提下，依法对法规、规章等规范性法律文件作出局部或部分修改，且应将修改内容呈报有关部门审查批准❶。

（二）地方立法修改的程序

一般情况下，地方性法规、规章的修改程序和制定法规、规章的程序相同或相似。但也有例外情形，那就是因法的不适当由上级立法主体改变下级立法主体制定的法规、规章时，其修改的权限和程序与地方立法机关对自身颁布的法规、规章的修改不同，但也应依法或依其他规定程序进行。

值得注意的是，法的修改程序较之法的制定程序，应该更加科学、规范和严格。这是因为，法的修改是由于原有法规、规章

---

❶ 朱力宇、张曙光主编：《立法学》（第三版），中国人民大学出版社2009年版，第198页。

在某些方面的规定已不能适应社会发展的需求，必须通过修改这些规定才能满足社会发展的需求。因此，要保证修改的内容适合原有法规、规章的精神并符合社会发展的要求，只有经过科学、规范、严格的修改程序才能完成。从这个意义上讲，地方立法的修改程序理应获得更多的重视，至少在程序的设定上，其科学性、规范性、严格性应不低于地方性法规、规章的制定程序。

（三）地方立法修改的方式

一般情况下，可以根据不同的标准对地方立法修改的方式作出以下三种不同的分类。

1. 全面修改与部分修改。这种分类是根据对地方立法修改内容所占的比重进行的划分。全面修改，是指对原地方性法规、规章进行大量的甚至是全局性的修改。全面修改包括两种情形：一是原有法规内容基本可用，新法在原有法规的基础上进行修改；二是新法和原有法规名称保持基本不变，但两者的内容不同。只改变内容不改变名称的修改方式可以使人们及时了解到法律修改的全貌，缺点在于不便于人们在短时期内了解到法规究竟发生了哪些变化。部分修改，是针对全面修改而言的，指对原有地方性法规、规章只进行少量的或者局部的修改。一般情况下，部分修改只是对原有地方性法规、规章的一些条款进行修改，不会改变原法的框架、篇章结构、基本原则等。实践中，地方性法规、规章的修改大多采用部分修改的方式进行。

2. 直接修改与间接修改。这种分类是根据对地方立法修改的明确程度所作的划分。直接修改，是指明确表明对地方性法规、规章的某些内容进行修改。例如，强调以新法取代原有法律，以作出决议、决定、规定等方式改变原有法律。根据我国《宪法》《立法法》等法律的规定，上级国家机关有权改变或撤销下级国家机关制定的规范性文件。这种改变或撤销是典型的对法律法规的直接修改。直接修改法律的方式，有利于使人们明确哪些法规、规章已经发生了变动，发生了什么样的变动，从而有助于法律的执行、适用和遵守。直接修改是地方立法修改中比较常用的一种方式。间接修改，是指根据"后法优于前法"的原则，由于一部法规、规章的制定或修改，间接地影响了某一部或某几部法规、规章的内容或效力变动的修改方式。间接修改的最大优点在于简化了立法程序，降低了立法成本，因为其不需要另行作出修改决定或通过修正案，而是在制定某一部法规或规章的同时间接地影响了另一部或几部法规或规章的内容或效力，其缺点是使不熟悉和了解该法规、规章的人难以掌握和发现修改变动了的内容。

3. 同位修改与错位修改。这是根据位阶的差异对地方立法修改所作的划分。同位修改，是指同一级别立法主体之间和同一级别法规、规章之间的修改。错位修改，是指不同级别的立法主体之间和不同级别的法规、规章之间的修改。一方面，根据《宪法》《立法法》等法律的规定，上级国家机关有权改变或撤销下级国家机关所制定的法，高位阶的法可以改变低位阶的法。例如，《立法法》第 108 条第 4、5、6 项规定，省、自治区、直辖市的人民代表大会有权改变或者撤销它的常务委员会制定的和批准的不适当的地方性法规；地方人民代表大会常务委员会有权撤销本级人民政府制定的不适当的规章；省、自治区的人民政府有权改变或者撤销下一级人民政府制定的不适当的规章。另一方面，下级立法机关也可以有条件地改变上级立法机关制定的法，也即低位阶的法可以有条件地改变高位阶的法。例如，在省、自治区、直辖市和设区的市人民代表大会闭会期间，它们制定的地方性法规确实需要修改的，其人大常委会在法定限制条件下可以对人大制定的地方性法规作出修改。

　　值得注意的是，同位修改和错位修改，是非常态的立法修改方式，都只是立法修改的辅助方法，使用时应当十分谨慎，否则会造成立法权的混乱和整个立法体系的不协调一致❶。一般情况下，法的修改主要还是遵循同一立法主体修改该主体所立之法的原则。

四、地方立法修改的要求

（一）修改应依法进行

　　地方立法的依法修改，既是落实全面依法治国方略的基本要求，也是维护国家法制统一的必然选择。一方面，应明确规定地方立法的修改权限、程序和限定条件、监督机制等，形成对地方立法修改较为完善的法定制度。同时要特别强调：没有经过合法的授权，不得超越权限修改地方性法规、规章等；对地方性法规、规章作部分性修改的，不得改变被修改的地方性法规、规章的一般性原则或其完整性；采用整体修改方式以新法代替旧法的，应对旧法中的有效部分予以保留。另一方面，对怎样依法进行修改、怎样进行修改、怎样监督修改都应严格按照法定制度执行。

（二）修改要及时，内容要适度

　　地方立法的修改要及时，是指地方立法的修改在确保法律体系内在协调一致的前提下，要根据社会发展的需求，及时消除地方性法规、规章中存在的障碍。地方立法，既不能轻易修改，也不能长期不变动，要在把握好节奏和度的基础上慎之又慎，不需要修改的就坚决不修改，这是对地方立法修改期限上及时的要求。另外，地方立法的修改除了期限上的要求，还有修改内容上的要

---

❶　周旺生：《立法学》（第二版），法律出版社 2009 年版，第 500－502 页。

求，那就是地方立法修改的内容要适当、适度，不能毫无原则地随意修改。地方性法规、规章的修改要在坚守地方立法目的、原则的基础上，在立法主体自身权限范围内进行修改，修改部分的内容要与没有修改的内容保持内在的一致性。值得注意的是，地方性法规、规章不可能频繁修改，因此在修改内容上要尽量具有一定的超前性，对所修改的内容要具有一定的预判性。地方性法规、规章的修改是一件非常慎重的事情，同时也是一项非常耗费人力、物力的活动，之所以要强调修改内容上的适当超前，是因为频繁的修改会给地方立法的实施带来不确定性，也会降低法在公众中的公信力和生命力，同时也是立法资源的浪费。因此，当立法者确实需要对法规、规章等规范性法律文件进行修改时，就需要尽量考虑修改后的法规、规章能够保持较长的生命力，对未来社会关系的变化具有一定的适应性。

（三）修改要科学化、艺术化

"盖君子之为政，立善法于天下，则天下治；立善法于一国，则一国治。"● 地方立法的修改是一项技术性很强的工作，在修改程序、方式、技术、内容等方面都要讲究科学化操作，严格遵循一定的技术要求和操作规范。地方立法的修改切忌简单的文字堆砌、意思罗列，切忌不分主次、没有轻重，而要语言表达清楚、用词规范、文本优美、逻辑严密，体现修改的科学化、艺术化。民主立法是新时代地方立法的基本要求，地方立法的修改也应以民主化为基础，遵循为人民的利益而修改的原则，强化修改的监督机制和程序，提升修改的质量和公信力。

● （北宋）王安石《周公论》。

第三节　地方立法的废止

一、地方立法废止概述

（一）地方立法废止的概念

地方立法的废止，从其字面上理解，就是立法机关将有关法规、规章从现行法的体系中清除出去，使其由"法"变成"非法"的活动。学理上的概念则是指地方立法机关依据一定的职权和程序，使其制定的法规、规章失去法律效力的专门活动。地方立法的废止，是地方立法的重要组成部分，也是地方立法不断完善、发展的具体体现。

（二）地方立法废止的特征

1. 与地方立法的修改相比，地方立法废止最大的不同是地方立法废止的对象只能是一个完整的规范性法律文件，而地方立法的修改则是使一个规范性法律文件的部分内容失去效力。地方立法的废止是在法律体系内做减法，而地方立法的修改则不会改变法律体系内法规、规章的数量。

2. 地方立法废止与法的效力问题关系密切，会直接导致某些规范性法律文件失去效力，不再拥有调整社会关系的意义和作用。从地方立法的实践来看，地方立法条例对地方立法废止的原因都做了详细的规定，如《湘潭市人民代表大会及其常务委员会制定地方性法规条例》第 47 条规定："地方性法规有以下情况之一的，应当予以修改或者废止：（一）与宪法、法律、行政法规、湖南省本级地方性法规相抵触的；（二）已不适应实际需要的；（三）其他情况需要修改或者废止的。"从这个规定可以看出，地方立法废止的原因主要包括：第一，地方性法规、规章与上位法相抵触，或者上位法已进行重大修改或废止，地方性法规、规章为了和上位法保持一致，则必须予以修改或废止。第二，社会关系的重大变化导致需要废止地方性法规、规章。法是调整一定社会关系的规范，当社会关系发生某些变化时，法就要及时作出回应、调整，以便能够适应发展变化了的社会关系要求。当社会关系发生重大变化已不再需要先前与之配套的法调整它时，立法者就要根据需要及时对这种不符合社会关系的法予以废止。第三，地方立法体系的完善需要对法进行废止。地方立法是一个有立有破的过程，也是一个破立结合的过程。为了适用社会关系的发展变化，不仅需要不断制定新法，而且也需要使一些现有的法失去效力。地方立法的废止，可以为新法作用的发挥扫清障碍，因此当某一新法颁布实施后，立法者就需要及时对旧法进行废止，为新法的实施铺平道路。

二、地方立法废止的意义

地方立法废止的意义主要体现在以下两个方面。

1. 使地方性法规、规章更好地适应社会关系发展变化的需要。任何事物都有一个新陈代谢的过程，地方立法也不例外，地方立法的制定、废止就体现了立法领域的新陈代谢。当地方性法规、规章不能满足其所调整的社会关系时，不对其废止还有可能成为社会发展的绊脚石，这时地方立法废止的任务也就应运而生了。特别是有些地方立法所调整的社会关系本身就具有一定的时期性，如大多数地方政府规章都有实施期限，当这个实施时期已经过去时，再用地方立法调整这种社会关系就失去了价值。因此，适时地开展地方立法废止活动，不仅有利于地方立法主体新法的制定，而且也有利于和它所调整的社会关系协调发展。

2. 发展和完善法律体系，维护法制统一。法律体系发展有其内在的规律性，当那些已无存在价值的法规、规章不及时废止时，就有可能产生副作用，成为阻碍社会发展的消极因素，或者影响其他法规、规章的实施价值，或者阻滞新法的制定和新法作用的发挥，削弱法律对社会关系的调整。地方立法废止的目的和任务，就是要将不适合社会发展需要的地方性法规、规章从现行地方法律体系中移除出去，使地方法律体系得到净化、完善。因此，地方立法主体要适时推陈出新各种规范性法律文件，及时开展地方立法废止活动，使法律体系保持一个上下统一、内部和谐的有机整体。

三、地方立法废止的权限和程序

（一）地方立法废止的权限

与地方立法的制定、修改一样，地方立法的废止也是一项严肃的立法活动，其权限的行使必须由特定主体依据法定权限进行，并不是任何机关和个人都可以行使地方立法的废止权限。一般情况下，当某项地方性法规、规章已经过时或不适应社会发展需要时，地方立法的制定主体应当予以废止。但在有些情况下，也存在例外情况，如根据《立法法》第 107 条、第 108 条的相关规定，上级立法主体有权撤销下级立法主体制定的规范性法律文件。

（二）地方立法废止的程序

地方立法的废止应严格按照程序依法进行，不得违背立法的民主性原则。同地方立法的制定、修改一样，地方立法的废止也要经历提案、审议、表决和公布等基本程序。首先，在相关部门和人员的科学论证基础上，向提出议案的主体提出废止的建议；其次，由提案主体向立法机关提出废止的建议，使其进入审议程序；再次，地方立法机关认真审查该提案，在全面分析、论证之后进入表决程序，决定是否废止；最后，同意废止的，将按法定程序将废止的规范性法律文件公之于众。当然，法的废止在提案、审议、表决和公布等程序上可不必像法的制定、修改那样复杂，可相对简化些。

四、地方立法废止的方式

目前，在地方立法实践中，地方立法废止的方式主要有以下几种。

1. 法定国家机关以宣布撤销的方式废止某项规范性法律文件。根据《宪法》第 67 条、《立法法》第 108 条的规定，全国人大有权撤销全国人大常委会批准的违背宪法和法律规定的自治条例和单行条例；全国人大常委会有权撤销同宪法和法律相抵触的行政法规和省级权力机关制定的同宪法、法律和行政法规相抵触的地方性法规；国务院有权改变或者撤销不适当的地方政府规章；省、自治区、直辖市的人大有权改变或者撤销它的常委会制定和批准的不适当的地方性法规；地方人大常委会有权撤销本级人民政府制定的不适当的规章；省、自治区的人民政府有权改变或者撤销下一级人民政府制定的不适当的规章；授权机关有权撤销被授权机关制定的超越授权范围或者违背授权目的的法规。法律规定的这种撤销，实际上指的就是废止，让被撤销的法律、法规失去效力。

2. 以公布实施新法的方式废止旧法。公布新法，与新法同名或内容相同的旧法当然废止，这是地方立法中最主要也最常用的废止形式。这种废止方式又有两种情况：一是绝大多数的地方立法都会在新法的附则中设置相应条款明文规定旧法的废止。二是新法中虽然没有明文规定废止旧法，但当新法与旧法同名、内容相同或旧法与新法相抵触，依照新法优于旧法的原则，旧法也应该被废止。

3. 由立法机关公布专门文件的形式废止。这种废止方式与规范性法律文件的清理有着密切的联系，立法机关一般会采用集中废止的方式使一批规范性法律文件失去效力。近些年来，地方立法机关为了响应中央全面深化改革和全面推进依法治国的方略，都对先前制定的规范性法律文件进行了集中清理，对应该废止的规范性法律文件作出废止决定。这种大量的地方性法规和规章被集中废止时，会由立法机关以专门文件的形式发布相关决定和通知。

4. 因规范性法律文件的施行期限或施行条件消失而失去效力。地方规范性法律文件如果施行期限届满且又没有延期规定，不再需要适用该法，则该规范性法律文件自行失去效力而被废止❶。如果因社会关系发展的客观情况发生了变化，有些规范性法律文件的调整对象已经不存在了，则该法自行失去效力。

五、地方立法废止的要求

地方立法的废止关涉法的效力问题。作为地方立法的一种，地方规范性法律文件的废止也应像法的制定、修改一样受到重视。不合法、不及时、不科学的废止，必然会给法的适用带来危害，也不利于社会主义法治体系的健全与完善。因此，地方立法的废

---

❶　周旺生：《立法学》（第二版），法律出版社 2009 年版，第 503 – 505 页。

止活动应该遵循合法、及时、科学的基本要求。

1. 废止要合法。地方立法的废止是地方立法中一项重要的活动。既然是一项立法活动，那么就应该依法进行，明确哪些主体有权行使废止权、有权废止哪些规范性法律文件、应当遵循怎样的法定程序。只有通过制定相关规则将地方立法废止活动法定化、制度化，才能确保地方立法废止权的滥用。当前，我国还缺少与这方面相关的制度，即使《宪法》《立法法》规定了上级立法机关有权撤销下级立法机关所立之法，但实践中极少使用撤销权，因而很少发生因撤销权的行使而使相关立法废止的情况。因此，明确地方立法废止主体、权限和程序，将有助于加强地方立法废止活动的法治化建设，助推地方立法废止活动在法治的轨道下开展❶。

2. 废止要及时。当法的功用完全实现，立法机关应对已经没有功用、失去法律价值的地方规范性法律文件在一定时间内依法宣布废止。只有这样，人们才能及时区分哪些法规已经失效，哪些法规仍然有效，避免或减少因法规的失效给人们带来的不利影响。地方立法的废止是特定主体实施的活动，之所以要强调废止的及时性，旨在督促有关主体和人员要积极作为，主动地开展法的废止活动，不要拖延和不重视，否则会给立法、执法、司法、守法带来许多冲突和麻烦。

3. 废止要科学。科学性贯穿立法的全过程。作为一项重要的立法活动，地方立法废止活动的科学化也是科学立法、民主立法的必然要求。只有运用科学的方法和技巧，设定明确的废止评估指标和判断标准，尽量避免或减少主观因素对废止活动的影响，

---

❶ 汤唯、毕可志等：《地方立法的民主化与科学化构想》，北京大学出版社 2002 年版，第 265 - 266 页。

才能实现地方立法废止的科学化。因此，要想实现地方立法废止的科学化，我们需要注意三个方面：首先，要平衡自行废止与主动废止的关系。在长期实践中，地方立法的废止大多实行的是自行废止，人为废止所占比例较小，因为自行废止没有立法形式上的宣布，导致许多人因不了解地方规范性法律文件废止的情况而造成法律适用上的不便。因此，今后地方立法废止需要注意的是，立法主体应尽量减少自行废止，增强人为主动废止，并在法律条文中明确规定对某项规范性法律文件的废止情况。其次，地方立法废止要经常性地开展，使过时的、不适合社会发展需要的以及与新法相抵触的法及时失去效力，避免或减少集中式、包裹式废止现象的发生。最后，尽量使用明示性废止，减少使用"与本法相抵触的法一律无效"等模糊性废止方式，多采用逐个列举的废止方式。

第十章

地方立法评估

第一节　地方立法评估的由来及意义

一、地方立法评估的由来

　　立法评估制度源于英美法系国家，美国是最早实施行政立法评估的国家。20 世纪 60 年代，为了保障行政立法的有效性，减少社会的经济负担，美国开展了对行政立法进行评估的实验。经过几十年的实践与发展，美国的立法评估制度日渐完善。英国也于 1968 年实行立法评估制度，政府通过一系列改革措施以及法案，建立了以"良好规制原则"和《规制改革方案》为基础的英国立法后评估制度。20 世纪 70 年代，德国尝试探索立法效果评估的制度化和程序化，先后制定并通过了《立法效果评估手册》《立法效果评估入门》《立法效果评估的实践测试》《联邦部委共同议事规程（OGO）》等法律和指导性文件，设立了事先评估、跟踪评估和事后立法效果评估三种立法评估制度。日本中央政府在总结地方评估经验的基础上，在 2002 年制定了《行政机构实施评估政策有关的法律》，确立了中央行政立法后评估制度。

我国地方立法经过了几十年的发展，已成为国家立法的有益补充，同时也是中国特色社会主义法律体系不可或缺的一部分。20 世纪 90 年代后，我国地方立法呈现加速增长的态势，不仅每年的立法数量不断增加，而且立法的内容更加宽泛。2015 年修正后的《立法法》再次扩容了地方立法主体，虽然对设区的市的立法范围进行了限制，但地方立法的数量由于立法主体的增多还是在急剧地上升。地方立法数量的上升，并没有带来立法质量的提高，相反出现了许多法规质量不高、效益低下的状况。这些质量不佳的地方规范性法律文件"在观念上每天都在潜移默化地但却强有力地侵蚀着我们的立法和整个法治的尊严和权威，在制度和实际运作层面上每天都在使我们陷入矛盾、紊乱、低效益以及其他种种尴尬的境地"❶。因此，地方立法的扩张使我们不得不反思与总结，提高立法质量的呼声日渐高涨，地方立法效果评估也由此应运而生。

我国地方立法评估实践起步较晚，20 世纪 90 年代末在安徽开始实施。从 1999 年开始，安徽省政府法制办要求每年选取三四部政府规章，联合相关实施部门共同进行规章实施效果的测评，根据测评报告提出修改和废止相关规章的建议。2004 年，北京、上海、重庆、云南等地方的人大常委会启动了地方性法规的立法后评估。2005 年，江西、海南等省人大常委会开展了地方性法规立

---

❶ 周旺生：《试论提高立法质量》，载《法学杂志》1998 年第 5 期。

法后评估，随后全国大部分地方的人大常委会也陆续启动了地方性法规立法后评估。从各地地方立法评估实践来看，我国各地的地方立法评估还处于实践发展阶段，且以地方性法规的立法后评估为主。随着地方立法评估实践的快速发展，我国地方立法评估的规范化、制度化必将进入正轨。

中央或国家层面的立法评估规范化、制度化步伐始于 2004 年。当年，国务院发布了《全面推进依法行政实施纲要》，明确规定"规章、规范性文件施行后，制定机关、实施机关应当定期对其实施情况进行评估。实施机关应当将评估意见报告制定机关；制定机关要定期对规章、规范性文件进行清理"，从中央层面确立了立法评估制度。国家以立法的形式规定立法评估则是 2004 年施行的《行政许可法》。《行政许可法》第 20 条规定："行政许可的设定机关应当定期对其设定的行政许可进行评价；对已设定的行政许可，认为通过本法第 13 条所列方式能够解决的，应当对设定该行政许可的规定及时予以修改或者废止"；"行政许可的实施机关可以对已设定的行政许可的实施情况及存在的必要性适时进行评价，并将意见报告该行政许可的设定机关"。这是我国立法评估法律化的一个标志性事件。2006 年，《各级人民代表大会常务委员会监督法》第 26 条规定："执法检查结束后，执法检查组应当及时提出执法检查报告，由委员长会议或者主任会议决定提请常务委员会审议。执法检查报告包括下列内容：（一）对所检查的法律、法规实施情况进行评价，提出执法中存在的问题和改进执法工作的建议；（二）对有关法律、法规提出修改完善的建议。"这实际上是立法机关从执法检查的角度开展的立法评估工作，是各级立法主体立法工作的延伸和"回头看"。

地方立法评估制度规范化探索始于 2001 年淮南市颁布的《淮南市政府立法跟踪问效试行办法》。2007 年，江西省人大常委会颁布了《江西省地方性法规质量评价标准》，成为我国第一部关于地方性法规质量评价的规范性文件。文件对地方性法规质量评价的内涵、适用范围、评价主体、评价程序、评价标准等作了详细的规定，成为指导江西省地方性法规质量评价的依据。2008 年年底，广东省通过了《广东省政府规章立法后评估规定》，规定以地方立法的形式明确了地方立法后评估主体，对评估主体如何开展地方立法评估工作及相关事宜作了明确规定。随后，许多省市都先后制定了立法评估相关规定，如陕西、广东等省人大常委会，厦门、重庆、苏州、西安等市政府等，至此，我国的地方立法评估制度正式步入规范化、制度化的运行轨道。

二、地方立法评估的意义

（一）有助于提高地方立法质量

"法律是治国之重器，良法是善治之前提。"地方立法评估是确保良法形成的重要举措。地方立法是由一系列活动构成的整体，对地方立法规划、计划、草案和实施的各环节进行评估，能够使我们对地方立法活动形成更科学的认识和了解，使立法者能及时发现地方立法工作的不足与缺陷，及时发现不相符合社会实践的地方性法规、规章。立法者将根据立法评估结果，决定地方性法规、规章的修改或废止，让法规更符合社会发展的实际需要，从而提高地方立法的质量。地方立法评估是我国立法制度的重要组成部分，同时也是地方立法工作的重要环节。表决前的评估可以维护国家法制的统一，保证地方立法的合法性、合理性和可行性。立法过程的评估则可以提高地方立法的效益，促进地方立法的民主化和科学化。地方立法评估"既是科学立法的动力，又是科学立法的有效途径。通过建立和完善规范化、长效化的立法效果评估制度，不断促进立法工作科学化，不断提高立法质量"❶。

（二）有助于增进地方立法实效

地方立法评估具有提高立法质量和立法效益的功效，助推良法善治的实现。反映人民意志的良法必然能得到广大人民的遵守和信仰，也有助于执法者严格执法，从而使地方性法规、规章能够得到真正地贯彻执行，增进地方立法实效。此外，地方立法是一项技术专业性很强的工作，立法评估通过综合运用比较分析、系统评价、成本与效益分析等定量分析方法，判断地方性法规、规章能否解决地方存在的实际问题，能否实现地方立法的预期目标。立法者依据评估结果在收益和成本间反复选择和比较，最终选择规制效果最优的方案，排除那些成本过高又难以达到立法预期目标的方案，从而降低地方立法的执行成本，确保地方立法的实效性❷。

（三）有助于拓展地方立法公众参与渠道

《立法法》和各地的立法条例都规定，民众有权对法规的制定、修改和废止提出意见和建议。地方立法评估制度就是这样一个保证民主参与度的关键制度，其为公民参与立法、监督立法提供了现实的平台。从评估的主体来看，它包括立法机关、执法机关和广大民众，具备普遍的参与性。社会公众是法规产品的最终消费者，地方立法评估使用多种方法吸纳民众对法规的意见，并

---

❶ 阮荣祥主编：《地方立法的理论与实践》，社会科学文献出版社 2008 年版，第 433 页。

❷ 郑宁：《我国行政立法评估制度的背景与价值探析》，载《行政法学研究》2010 年第 4 期。

体现人民意志，保障公民对法规制定、修改和废止的建议权，可以使法规能得以顺利实施。正如有学者指出："法律规范的有效性与通过民主原则所保障的所有潜在相关者对法律规范制定的参与和同意是密不可分的。"❶ 因此，地方立法主体应加强公众参与地方立法的制度和程序保障，认真倾听社会公众对地方性法规、规章制定的意见和建议，扩大"开门立法"的影响力，提升社会公众对法规、规章的认同度，使立法工作与社会民众之间形成和谐互动的良好局面。

（四）有助于健全立法环节、完善立法机制

地方立法偏重于新法的制定，疏于对旧法的修改和废止，是我国现行地方立法的通病。地方立法条例对地方立法程序的规定，往往偏重于法规的制定阶段，对于法规修改和废止的程序主要是参照法规制定的相关程序。这样在实践中很容易造成一个误区，即立法者的关注点往往是新法的制定，对于法规在颁布实施后的情况却不太关注。法规实施后，立法者虽然也会开展执法检查以跟踪了解法规实施情况，但其侧重点主要是督促法规的贯彻执行，对法规相关制度设计的合理性、可操作性等问题都考虑较少。这样一来，法规的制定、修改、废止成了彼此分离、相互孤立的部分，而不是立法环节中一个有机联系的整体。立法者对自身所定之法开展立法效果评估，是对法规质量的自我检验，通过评估，可以检验法规各项规定的科学性与合理性，发现问题并解决问题。正是以不断完善法规质量为主线，立法效果评估将立法的制定、修改、废止过程串联起来。

---

❶ 江晖：《对我国公众参与立法制度完善的思考》，载《法制与社会》2008 年第 27 期。

（五）有助于提高公民的法律意识

公民的法律意识表现在多方面，既包括公民的法律观点，也包含公民的法律情感。公民对法律的本质与作用的看法，对法律的评价和解释，对现行法律的态度，对自己权利和义务的认识等，都是公民法律意识的具体体现。在参与立法效果评估的过程中，公民会更加主动地学习法规、研究法规，使自己的这些意识得到集中体现和表达，不仅在潜移默化中提升了法律意识，而且也提高了自身的守法意识。公民参与地方立法评估在表达个人意见的同时，也了解了法律实施各个环节的具体情况，加深了对法规的理解和认同，从而唤醒其自觉地遵守法规的意识。

第二节 地方立法评估理论概述

一、地方立法评估的概念

概念的清晰、正确和统一，是任何思想和理论形成于制度的前提和基础❶。实践中，正是因为人们借助概念作为思维工具，对事物的本质特征和规律进行抽象和概括，才能达到正确认识事物的目的❷。对地方立法评估概念的正确界定，无疑为我们科学、系统地研究地方立法评估奠定理论基础。

（一）立法评估

对于立法评估，目前我国法学界和实务界并没有统一的概念。

---

❶ 任尔昕等：《地方立法质量跟踪评估制度研究》，北京大学出版社 2011 年版，第 3 页。

❷ 朱最新、曹延亮：《行政备案的法理界说》，载《法学杂志》2010 年第 4 期。

有的认为立法评估"是地方性法规颁布实施一段时期后，相关部门、团体和群众对该法规在实践中的运行情况是否符合立法质量标准，实践中的作用和效果如何等问题，向立法机关进行反馈，由立法机关分析研究后提出相应处理措施的一种机制或制度"❶；有的将立法评估等同于立法评价，认为"立法评价是指法律实施一定时间后，对法律的功能、实施效果的评论估价和在此基础上对整个立法质量和价值的评价"❷；有的认为立法评估是由立法部门、执法部门及社会公众、专家学者等，采用社会调查、定量分析、成本效益计算等多种方式，对法律、法规在实施中的效果进行分析评价，针对法律法规自身的缺陷及时加以矫正和修缮❸；有的认为立法评估是对法律，法规的合法性予以评估，是立法主体的自我监督❹；有的认为我国的立法分为前立法和后立法阶段，并且应在后立法阶段，对各项法律、法规进行立法评估，然后予以修改和完善❺。

从以上专家、学者对立法评估的界定来看，他们所谓的立法评估都是指立法后评估，简单地将立法评估等同于立法后评估。实际上，立法评估是对立法行为和立法效果的分析和评估，包括了"立法过程前评估（可称为立法前评估）、立法过程评估以及立法后评估"❻，而且评估对象、标准等在不同的阶段都不同。我国

---

❶ 陈洪江主编：《地方立法简本》，天津人民出版社 2007 年版，第 303 页。

❷ 周旺生、张建华主编：《立法技术手册》，中国法制出版社 1999 年版，第 499 页。

❸ 童海保：《试论构建我国立法效果评估制度》，载《国家检察官学院学报》2006 年第 2 期。

❹ 郑文金：《立法后评估探讨——全国人大常委会立法后评估研讨会观点综述》，载《楚天主人》2008 年第 9 期。

❺ 邢亮：《论地方政府立法评估的第三人参与权利和保护》，载《海峡法学》2014 年第 1 期。

❻ 许安标：《立法后评估初探》，载《中国人大》2007 年第 8 期。

《立法法》第42条、第56条、第67条对立法评估活动作出了明确规定❶。因此，立法评估，是指立法主体借助一定的标准、程序和方法，对将要拟定、已经拟定的法规或者已经生效并实施一定时间的法规进行全面分析、评价、判断后，提出制定、修改、废止等评估意见的专业活动。立法评估制度是我国一项重要的立法工作制度，既是科学立法、民主立法的重要体现，也是保障和提高立法质量的重要措施。

（二）地方立法评估

地方立法评估，是指地方立法主体借助一定的原则、标准、程序和方法，对将要拟定、已经拟定或者已生效并实施一定时间的地方性法规、规章进行全面分析、评价、判断后，提出制定、修改、废止等评估意见的专业活动。地方立法评估是评估主体对地方立法行为和立法结果的分析和评估。为了规范地方立法评估工作，许多地区都制定了立法评估工作规定，明确把地方立法评估分为表决前评估和立法后评估。但在立法评估的名称使用方面，各地不尽相同，如有的省、市称为"地方立法评估"，有的省（自治区）、市称为"地方立法效果评估"，还有的称为"地方性法规

---

❶ 《立法法》第42条规定："拟提请常务委员会会议审议通过的法律案，在宪法和法律委员会提出审议结果报告前，常务委员会工作机构可以对法律草案中主要制度规范的可行性、法律出台时机、法律实施的社会效果和可能出现的问题等进行评估。评估情况由宪法和法律委员会在审议结果报告中予以说明。"

第56条规定："全国人民代表大会常务委员会通过立法规划和年度立法计划、专项立法计划等形式，加强对立法工作的统筹安排。编制立法规划和立法计划，应当认真研究代表议案和建议，广泛征集意见，科学论证评估，根据经济社会发展和民主法治建设的需要，按照加强重点领域、新兴领域、涉外领域立法的要求，确定立法项目。立法规划和立法计划由委员长会议通过并向社会公布。"

第67条规定："全国人民代表大会有关的专门委员会、常务委员会工作机构可以组织对有关法律或者法律中有关规定进行立法后评估。评估情况应当向常务委员会报告。"

质量评估""地方立法跟踪问效""地方立法反馈制度""地方立法质量跟踪评估"等。一般而言，地方立法评估主体由立法机关、执法机关和立法授权的机构等组成，其作出的评估结果可成为地方性法规、规章制定、修改、废止的重要依据，也会对立法、执法等工作产生直接的影响。

二、地方立法评估的特征

综观我国各地区现有地方立法评估的行为，地方立法评估主要有以下几方面的特征。

(一) 评估主体特定

地方立法的评估主体，通常是指依法进行地方立法评估活动的地方立法机关及其相关部门。实践中，评估主体主要包括两类，一类是法定评估主体，另一类是非法定评估主体。法定评估主体主要包括立法机关、执法机关以及立法授权的其他机关，非法定评估主体主要包括利害关系人、社会公众、专家、社会组织、相关国家机关、企事业单位、人大代表、政协委员、民主党派人士等❶。法定评估主体在我国的地方立法评估中始终处于主导地位，其行为贯穿评估程序的始终，从评估活动的启动，到评估活动的实施，再到评估结果的产生，都离不开法定评估主体的参与。实际中，地方立法机关及其有关部门单独完成的评估活动，一般都由其工作机构（办事机构）具体执行。然而，地方立法评估是一项综合性、技术性很强的工作，因各种因素的限制和影响，地方立法机关一般都会联合相关的执法部门，并积极引入社会力量参

---

❶ 郑宁：《行政立法评估制度研究》，中国政法大学出版社 2013 年版，第 132 - 133 页。

与，或者委托独立机构开展评估。但不管是联合评估抑或是委托评估，评估程序的启动和评估意见的采纳主体都只能是地方立法机关。

根据我国《宪法》《立法法》等法律的规定，地方立法法定评估机构主要是省、自治区、直辖市的人大及其常委会和设区的市的人大及其常委会，省、自治区、直辖市人民政府和设区的市人民政府，以及地方立法评估实施机关委托或授权的地方立法研究评估与咨询服务基地或其他科研机构、中介组织、行业协会等第三方机构。

（二）评估职权特定

依据我国地方立法评估实践，地方立法评估机关的主要职权有以下四点：一是设定地方立法评估规则；二是启动地方立法评估活动；三是依照地方立法评估的基本原则、评估标准、评估方法、评估程序规定开展评估活动；四是依法对地方立法评估报告进行审议，决定评估报告的具体运用。被委托或授权的评估机构的主要职责是依照委托或授权具体开展地方立法评估活动并出具具有可信度和说服力的评估报告。

至于非法定评估主体，其职能主要是根据自己参与管理国家和社会事务的基本权利，积极主动地参与立法评估工作，在立法评估活动中积极献言献策，使立法评估的结果能充分体现民意、集中民众智慧，从而在地方立法机关和人民群众之间形成更好的良性互动。

（三）评估的对象范围特定

地方立法评估对象范围的特定是指地方立法评估主体只能就特定的对象开展评估活动。地方立法评估的对象应该是即将出台或已经出台实施的地方性法规、规章。尤其是当地方性法规、规章施行一段时间以后，就需要对其实施状况进行全方位的考察，科学评估地方性法规、规章与社会实际之间的协调性。地方立法评估的对象范围一般包括：将要拟定或已经拟定的地方性法规、规章草案；实施一段时间后的地方性法规、规章；因无法顺应经济社会发展或施行中出现广泛性问题等需要改进的地方性法规、规章；制定机构或者实行部门认为需要评估的地方性法规、规章；等等。

（四）评估内容的全面性和针对性

评估一项地方性法规，可以选择多样化的角度。地方立法评估主体既可以对地方性法规、规章的可行性和实施效果实施评价，也可以对地方性法规、规章的合理性和预期目的的实现程度开展评价，还可以对地方性法规、规章的基本价值取向、技术规范等开展评价。在具体评估过程中，我们可以选择一部地方性法规、规章进行完整系统的评估，也可以有针对性地对某一类法规、规章的共性问题开展评估。例如，在《行政许可法》颁布实施后的一段时间内，对地方性法规中设定的行政许可情况开展评估。对单部法规、规章进行评估，评估主体可以只针对法规、规章制定过程中争议较多、矛盾比较突出的问题进行评估，从而反思立法决策活动的正确性。地方立法评估工作并不要求面面俱到，具有针对性的评估才能凸显立法效果评估机制的实用性。

（五）评估结论的强制性

地方立法评估有一套规范系统的评估程序，从评估项目的选定、评估机构的设立、评估方案的制定、评估报告的生成等，都需要遵循一定的程序。这也就决定了地方立法评估这项工作的性质，它既不是民间活动，也不是学术研究，而是地方立法工作非常重要的一部分。在地方立法评估活动中，虽然评估主体多元化，但地方立法机关在评估主体中始终占据主导地位，因此，评估的结论具有一定的强制性，且具有法律效力。评估报告由人大常委会主任会议提请人大常委会审议通过后，评估建议应当作为相关地方性法规、规章制定、修改、废止的主要依据。目前，全国许多地方都将评估报告提交常委会审议通过，使评估报告具有类似于人大常委会决议、决定的文件性质。

三、地方立法评估的类型

按照评估活动发生的时间顺序，地方评估可以分为地方立法前评估、地方立法表决前评估和地方立法后评估三种类型。

（一）地方立法前评估

地方立法前评估，简单地说就是在地方立法规划、计划阶段开展的评估，具体是指地方立法机关依据一定的标准、程序和方法，对将要制定地方性法规和规章的立法项目进行综合评价、判断与预测，评估其是否应该列入地方立法规划与计划的活动。目前，我国各省、自治区、直辖市和设区的市的地方立法机关在编制规划与年度立法计划时，都会要求相关部门对所提立法项目作出必要性和可行性说明，同时也会征求政府有关部门、人大代表、人大常委会组成人员以及人民团体、行业协会和部分专家学者的意见。如《湘潭市人民代表大会及其常务委员会制定地方性法规条例》第 38 条第 2 款规定："常务委员会法制工作委员会编制立法规划和年度立法计划，应当认真研究代表议案和建议，广泛征集意见，科学论证评估，根据本市经济社会发展和民主法治建设的需要，确定立法项目，提高立法的及时性、针对性和系统性。"地方立法机关对立法规划和立法计划开展评估，是确保地方立法质量的重要举措，也是把地方立法质量的关口前移。地方立法机关通过地方立法前评估环节，把那些突出部门利益、不符合本地发展实际且不急需的地方立法项目，排除在地方立法计划之外，为节约地方立法资源、提高地方立法质量把好第一道关。

（二）地方立法表决前评估

表决前评估，是指在地方立法过程中，地方立法机关依据一定的标准、程序和方法，对已经拟定的地方性法规、规章的制度设计、效果和价值等进行综合评价、判断与预测，提出是否应该表决等评估意见的活动。地方立法表决前评估的对象是地方性法规、规章草案。从确保地方立法质量的角度来看，新制定、全面修订以及对重大制度作修改的法规、规章草案在交付表决前，都应当开展表决前评估。地方立法开展表决前评估，应重点评估是否存在地方利益与部门利益立法化、草案的可行性和实效性是否强以及草案的出台时机和实施中可能出现的问题进行科学论证评估。另外，地方立法评估也应对法规、规章实施的社会效益、经济效益与立法成本、宣教成本、执法成本、守法成本进行预测和分析❶。

从前述表决前评估的概念，再结合我国地方立法的实践可以看出，表决前评估具有以下特征。

第一，表决前评估具有预测性。这是因为，表决前评估的对象是尚未发生法律效力的法规草案，其在交付表决通过后将会对社会产生什么样的影响，还存在不确定性。表决前评估就是在深入了解社会发展状况，仔细分析法规草案产生的政治、经济、文化等因素的基础上，预估即将出台的法规草案对社会可能产生的影响。

第二，表决前评估具有研判性。由于表决前评估是就尚未交付表决的法规草案开展评估，对于法规实施后是否会对社会产生各种影响和后果，是否存在某种风险，只能通过科学的事先研判，

---

❶ 刘俊武：《立法表决前评估必须常态化》，载《经济参考报》2013 年 8 月 27 日。

才能有效规避立法风险的发生。

（三）立法后评估

立法后评估，是指在地方性法规、规章实施一段时间后，地方立法机关借助一定的程序、标准和方法，对地方性法规、规章的合法性、合理性、规范性、可操作性以及实效性进行综合评价、判断和预测，并提出修改、废止等评估意见的活动。《立法法》第67条规定："全国人民代表大会有关的专门委员会、常务委员会工作机构可以组织对有关法律或者法律中有关规定进行立法后评估。评估情况应当向常务委员会报告。"大多数地区根据《立法法》的规定，在本地区的立法条例也作了相应规定。如《湘潭市人民代表大会及其常务委员会制定地方性法规条例》第49条第2款规定："有关的专门委员会、常务委员会法制工作委员会可以组织对有关法规或者法规中有关规定进行立法后评估。评估情况应当向常务委员会报告。"总之，地方立法后评估是对地方性法规、规章质量、实施效果等开展的跟踪调查与综合研判，其作为地方性法规、规章清理的一种方式，是地方立法工作的延伸和"回头看"，对提高地方立法质量具有非同寻常的意义。

第三节　地方立法评估的原则、标准与方法

一、地方立法评估的原则

地方立法评估的原则，是指贯穿地方立法评估全过程，地方立法评估主体在进行地方立法评估时必须遵循的法律准则和法律精神。理论界对地方立法评估的基本原则做了不同的阐释和概括，

实践中各地制定的地方性法规、规章中对地方立法评估原则的规定也不尽相同。如《西安市政府规章立法后评估办法》第 4 条规定："规章立法后评估工作应当遵循客观公正、公开透明、科学合理、公众参与的原则。"《南京市人大常委会立法后评估办法》第 3 条规定："立法后评估应当遵循客观公正、公开透明、注重实效、公众参与的原则。"《广州市人大常委会立法后评估办法》第 4 条规定："立法后评估应当遵循公开透明、公众参与、客观公正、严谨科学的原则。"

地方立法评估的原则到底包含哪些，理论界和实践界并没有一个统一的结论。我们认为，在总结现有地方立法评估理论与实践的基础上，地方立法评估的原则主要应包括合法性原则、客观公正原则、民主参与原则、科学性原则四个方面。

（一）合法性原则

合法性原则是地方立法的基本原则之一，地方立法评估作为地方立法的一个环节，当然也必须遵循合法性原则。地方立法评估制度作为地方立法的一项基本制度，全国各地制定的地方立法条例都有明确规定，逐渐得到了各地立法主体的普遍认可和规范，因此，确保这一制度在相关法律的规定下依法运行是该制度设计的应有之义。地方立法评估制度的合法性原则主要体现在两个方面❶：一方面，地方立法评估的主体和权限应当符合相关法律的规定。地方立法评估的主体只能由相关法律、法规确定，且只能由特定主体行使，而且，评估主体在行使评估权时也应当合法合规，不得超越职权或滥用职权。另一方面，地方立法评估的开展应当遵循法定的程序、标准与方法。遵循法定的程序、标准与方法，

---

❶　郑宁：《行政立法评估制度研究》，中国政法大学出版社 2013 年版，第 95 页。

是确保地方立法评估结果合法的必要条件，也是确保评估质量的前提条件。如《西安市政府规章立法后评估办法》规定，评估工作应当按照成立评估小组、制定评估方案、开展调查研究、进行分析评价、形成评估报告等程序进行。

（二）客观公正原则

在地方立法评估过程中，评估工作的开展主要是以立法部门，或者立法部门和执法部门共同执行，然而，各地的立法部门是地方性法规、规章的制定者，地方性法规、规章的实施者是各执法部门。因而各地的立法部门和执法部门与被评估的地方性法规、规章具有非常紧密的联系，但正是由于两者与被评估的法律这种紧密的联系，就有可能使地方立法评估工作不够客观公正，影响评估工作的质量和结果。因此，为了使地方立法评估工作严格贯彻客观公正原则，地方立法评估主体应处于一种中立的地位，坚持实事求是，坚持主观与客观相结合的原则进行客观公正的评价分析。一部已经颁布实施的地方性法规、规章，判断其是否符合社会发展需要，内容是否完善，应由客观事实和实践效果决定，不能以立法者和执法者的主观臆断为准。现实中，地方立法评估的客观公正主要表现在以下方面。一是评估主体要排除人为因素的干扰，坚持实事求是，采取客观、公正的态度和方法，尽可能搜寻地方性法规、规章的全面真实信息，在对大量信息去伪存真的基础上对地方性法规、规章进行评估。二是要考察地方性法规、规章制定的时代背景和社会环境，把需要评估的地方性法规、规章置于当时的环境和历史背景中。任何地方性法规、规章的制定，都离不开当时的时代背景和社会环境，都必然会打上时代的烙印，因此，公正、客观地评估地方性法规、规章，还要分析其制定的历史背景。三是地方立法评估要突出目的性和针对性，即要在分析现实情况的基础上，准确评估该地方性法规、规章在当今的社会现实下是否还具有可操作性，以及是否具有实效性。地方立法评估主体只有将客观公正性和目的性有机结合起来，才能对地方性法规、规章作出科学、有效的评判。

（三）民主参与原则

全国人大常委会法工委主任沈春耀说："新形势下，加强和改进立法工作，加快完善中国特色社会主义法律体系，必须深入贯彻全过程人民民主重大理念，通过立法修法为发展全过程人民民主提供有力制度保障，通过贯彻全过程人民民主重大理念推动新时代立法工作高质量发展。"❶ 因此，民主参与原则贯穿地方立法的整个过程，是新时代地方立法所需和反映人民意志之必需。地方立法评估作为地方立法工作的重要环节，必然也要贯彻全过程人民民主，保障人民群众的民主参与权利。同时，由于公民、法人和其他组织的权利、义务深受地方立法影响，他们对地方立法的质量有直接而深刻的体会，是最恰当的地方立法评价主体❷。因此，地方立法评估除了立法机关和执法机关参与外，也离不开各方主体包括人民群众的民主参与。地方立法评估的民主参与，有利于评估主体全面收集各类信息、整合各种资源，为评估提供多元化和开放式的方案选择，使评估工作更加民主化、理性化和科学化。

地方立法评估的民主参与原则要求评估主体做到以下几方面❸：首先，民众的广泛参与。在选择和确定地方立法评估参与主体时，

---

❶ 《贯彻全过程人民民主推动立法工作高质量发展》，载新浪网：http://finance.sina. com. cn/jjxw/2022－06－20/doc－imizmscu7687604. shtml，2023 年 5 月 19 日访问。

❷ 张禹：《立法后评估主体制度刍议——以地方行政立法后评估为范本》，载《行政法学研究》2008 年第 3 期。

❸ 郑宁：《行政立法评估制度研究》，中国政法大学出版社 2013 年版，第 96 页。

应当尽可能广泛，凡是与地方性法规、规章有利害关系的主体都可以参与。其次，有效参与。评估参与主体被选择和确定后，应通过各种有效手段提高其参与性，如采取调查问卷、接受来信、座谈会、实地调研、走访等方式，充分听取他们的意见建议，作为地方立法评估信息的首要来源❶。最后，评估程序和结果公开透明。评估程序的透明，是为了吸引更多的民众参与到地方立法的评估活动中，使大家充分认识地方立法评估工作的性质，确保营造公民有序参加国家政治活动的良好氛围。而评估结果的公开透明，是为了使地方立法工作处于全社会的监督之下，避免评估工作仅流于形式，毕竟高质量的评估结果才是立法评估制度设立的最终目的。

（四）科学性原则

与地方立法的原则一样，地方立法评估也要遵循科学性原则，切忌主观性和盲目性。评估工作的客观和科学，是地方立法评估工作自身发展的要求。科学性原则，是指地方立法评估工作应当采取实事求是的态度，运用科学的方法，在收集可靠的第一手资料的基础上得出科学的结论。地方立法评估工作的科学性主要体现在三个方面：第一，在地方立法评估对象的选取上，就要做到从实际出发，有针对性地选取关系改革发展稳定大局与群众利益关系紧密、社会关注的法规、规章，通过评估工作进一步推动法规、规章的完善。此外，在评估启动前，要科学确定评估的种类，究竟是单项评估、分类评估还是整体评估，是对地方性法规、规章的全部评价还是只针对个别条文的评估，都要综合考虑。第二，确定科学的地方立法评估标准。评估标准的科学性是决定评估结

---

❶ 史建三主编：《地方立法后评估的理论与实践》，法律出版社 2012 年版，第 49 页。

果科学性的关键因素，科学的评估标准体系是决定评估结果合理性的前提。第三，地方立法评估工作应遵循科学的程序。地方立法评估活动是按照法定的程序进行的，若评估程序不合理，最终得出的评估内容也难以公正客观，其评估结果也难以让人信服。

二、地方立法评估的标准

地方立法评估的标准，是衡量地方立法活动和立法成果好坏的标尺或准则，是评估工作得以顺利进行的基本前提❶。若评估标准科学合理，就可以正确反映地方立法的效果，引导地方立法工作健康发展；若标准设计不合理，就有可能影响评估主体的判断，对制度与规范的选择产生错误。因此，在地方立法评估中，确立一套严谨科学、行之有效的地方立法评估标准，是地方立法评估中非常重要的一项工作，它能起到风向标的作用，为评估结果的客观性、科学性和可靠性奠定基础。

对于遵循怎样的标准开展地方立法评估，理论界没有统一的观点，学者们的看法大相径庭。有人认为，地方立法评估可以借鉴公共部门在绩效评估中所采用的经济标准、效率标准、效益标准与公平标准❷。有人认为，地方立法评估的标准应是正当性标准、实效性标准、程序性标准与规范性标准等❸；有人认为，地方

---

❶ 史建三主编：《地方立法后评估的理论与实践》，法律出版社 2012 年版，第 84 页。

❷ 所谓经济标准，即成本标准，就是衡量法律、法规实施所花费的成本是多少，花费是否必要。效益标准反映的是质量问题，就是考察分析法律、法规确立的制度与规则实施取得的效果、效益，实现立法目标和宗旨的程度。效率标准反映的是生产力标准，主要考察法律、法规是否促进和提高了效率。公平标准关注的是法律、法规是否公平地确立了社会成员的权利义务，是否公平地规定了权利与权力的关系。参见许安标《立法后评估初探》，载《中国人大》2007 年第 8 期。

❸ 阮荣祥主编：《地方立法理论与实践》，社会科学文献出版社 2008 年版，第 443－445 页。

立法评估的标准是合法性、合理性、协调性、实效性与技术性❶;
有人认为,地方立法评估的标准是价值标准、法理标准、规范标
准与实效标准❷;还有人认为,地方立法评估标准所是合法性标
准、合目的性标准、技术性标准、执行力标准、效率标准、效能
标准、公平标准与适当性标准❸。实践中,各地对地方立法评估标
准的规定也各不相同。如《苏州市规章立法后评估办法》规定的
评估标准为合法性标准、合理性标准、协调性标准、可操作性标
准、立法技术性标准与绩效性标准;《重庆市政府规章立法后评估
办法》规定的评估标准是合法性标准、合理性标准、协调性标准、
执行性标准、实效性标准、规范性标准;《海口市政府规章立法后
评估办法》规定的评估标准是合法性、合理性、协调性、可操作
性、技术性。

综合理论界与实务界的这些观点,从有利于地方立法评估具
体操作的角度出发,我们认为,地方立法评估的标准可以概括为
合法性、合理性、实效性、协调性和规范性等。

（一）合法性标准

地方立法活动最重要的就是合法,因此,合法性标准是地方
立法评估的首要标准。所谓地方立法评估的合法性标准,就是要
审核被评估的地方性法规、规章是否同上位法相违背,能否与同
位法之间实现统一和协调,同时还要考察地方立法机关是否逾权
立法、法律制度架构是否违反法治原则。

---

❶ 俞荣根主编:《地方立法后评估研究》,中国民主法制出版社 2009 年版,
第 17 - 18 页。
❷ 任尔昕等:《地方立法质量跟踪评估制度研究》,北京大学出版社 2011 年版,
第 112 - 113 页。
❸ 汪全胜等:《立法后评估研究》,人民出版社 2012 年版,第 338 - 339 页。

　　国内现行的地方立法评估实践都将评估的合法性当作一项不容忽视的重要标准，列为地方立法评估标准之首。地方立法评估的合法性标准的内涵是非常广泛的，一般条件下，可以从以下几个方面进行判断。

　　一是地方性法规、规章的制定根据是否合法。从地方性法规、规章出台依据所包括的内容来看，地方性法规、规章制定的合法依据主要是两方面：一方面，制定地方性法规、规章的活动要有法律上的基础，具有法律依据；另一方面，地方性法规、规章的内容要能找到法律上的依据。地方性法规、规章是否具有合法的制定依据，决定了地方性法规、规章是否具有法律效力。地方立法评估主体只有先弄清地方性法规、规章的上位法依据，才能有针对性地对其开展合法性标准的评估。

　　二是地方性法规、规章的制定主体是否合法。地方性法规、规章的制定主体是否合法，是判断地方性法规、规章是否合法有效的标尺之一。只有由合法制定主体创制的地方性法规、规章才是合法的，那些由非法定主体制定的地方性法规、规章，即使它在其他方面都符合法律规范的各项要求，也具备法律规范外在的其他形式，但我们仍然不能将其称为地方性法规、规章。我国《立法法》及相关法律明确规定，地方性法规、规章的制定主体只能是依法享有地方立法权的国家机关，只有这些法定主体制定的地方性法规、规章才有可能是合法的。

　　三是地方性法规、规章的制定权限是否合法。我国《立法法》明确规定了中央立法的专属权限，地方立法不应涉入；同时对地方人大及其常委会的立法权限也作出了明确规定，特别是对于设区的市而言，其立法权限只能在城乡建设与管理、生态文明建设、历史文化保护、基层治理等领域开展立法活动。任何超越权限的地方立法活动，都会造成国家立法权限行使的混乱，且有可能造成地方性法规、规章相互之间的矛盾和冲突。

四是地方性法规、规章内容是否合法。地方性法规、规章的内容是否合法，是评价地方性法规、规章质量的关键因素。地方立法评估判断地方性法规、规章内容是否合法，主要围绕两方面展开：第一，地方性法规、规章的相关规定是否和上位法的具体规定保持协调。对于地方性法规、规章而言，只要具体规定不与上位法相抵触，一般就意味着地方性法规、规章与上位法的规定相协调。第二，要评价该地方性法规、规章的内容是否与上位法的立法精神和原则相冲突。每部上位法都有其相应的立法精神与原则，凡是与上位法立法精神和原则不相符的地方性法规、规章，都是不合法的。

五是地方性法规、规章的制定程序是否合法。地方性法规、规章的创制必须遵循法定的程序。"法律获得充分的规范意义，既不是通过其形式本身，也不是通过先天所具有的道德内容，而是通过立法程序，正是这种程序产生了合法性。"❶ 地方性法规、规章的制定程序是否合法，是判断地方性法规、规章制定是否合法的一个标准。地方性法规、规章制定程序合法的要求：一方面，地方性法规、规章的创制流程必须保持整体性，地方立法主体应遵循有关法律、法规所规定的所有立法环节创制法规、规章；另一方面，地方性法规、规章的创制流程应当确保严谨性，立法主体的立法活动不能随心所欲，应严格、充分地按照法律、法规规定的程序进行。

---

❶ （德）哈贝马斯：《在事实与规范之间：关于法律和民主法治国的商谈理论》，童世骏译，生活·读书·新知三联书店 2003 年版，第 167 页。

（二）合理性标准

合理性标准，包括地方性法规内容是否符合客观实际、具有地方特色；是否符合公平、公正原则，行政机关和行政相对人的权力与责任、权利与义务是否合理、平衡；管理制度、措施是否必要、适度；行政程序是否正当、合理、公开透明；法律责任规定是否完备，是否与违法行为的事实、性质、情节以及社会危害程度相当等。地方性法规是否科学合理地规定了公民、法人和其他组织的权利义务和地方行政机关的权力责任。

（三）实效性标准

"法的生命在于实施"，地方性法规、规章的实效性是其法规功能和价值的直接体现。随着社会生活的不断发展，社会环境的不断变化，地方性法规、规章与社会实际生活脱节的现象时有发生。地方立法评估的实效性标准主要用于考察地方立法目的是否实现，其着重点在于考察地方性法规、规章的内容设定是否可以发挥实际效用，是否具有可操作性。因此，对地方性法规、规章进行实效性标准评价，主要包括以下几个方面的重要内容。首先，地方性法规、规章的各项规定是否明确、具体，具备可操作性和可执行性；是否抓住重要问题和关键问题，最终能够产生实际的效用。具体而言，假如随着地方性法规、规章的施行，一方面社会违法行为的发生概率处于较低水平或正在下降，人们普遍认为该领域的社会秩序得到有效好转，且安全感增强；另一方面执法主体自觉且积极地执行该法规、规章，非常明确自身的执法责任，就表明法规、规章的实施效果良好。其次，地方性法规、规章制度设计的相关配套措施是否能得到贯彻。地方立法中比较普遍存在的一个现象是，地方性法规一般都会授权地方政府及其相关部门制定关于法规实施的一些配套规定。法规中的各项制度能否在实践中发挥预期的效果，这些配套措施起着至关重要的作用。因此，地方立法评估要对这些授权性规定的落实情况展开跟踪。最后，要考察和评价地方立法的效益和成本。一是要考量地方性法规、规章创设的各项制度和措施究竟发挥了多大的效用；二是要着重分析为构建这些制度所付出的实际代价，包括人力、财力以及时间成本等。

（四）协调性标准

法制统一是我国全面推进依法治国，加快建设社会主义法治国家的基本目标。地方立法确保应有的协调性，是我国法制统一的重要保障。地方立法的协调性表现在多个方面，主要包括：单独某一个地方性法规、规章内部的协调；相同位阶的地方性法规、规章相互之间的协调；地方性法规、规章与相关上位法之间的协调；整个地方法律体系相互之间的协调。协调性标准在地方立法评估的不同阶段要求的协调标准不同。如在地方立法前评估以及表决前评估阶段，评估主体若发现地方性法规、规章草案或提案和其他相同位阶的立法不协调时，如果是法规、规章的起草者有意以新的规范来取代其他机关创制的不合理规范，就需要提出合理的理由，否则就要考虑对该草案或提案予以修改或否决。若在地方立法后评估阶段，评估主体认为有其他相同位阶地方性法规、规章的规定更适合社会发展的需要时，被评估的地方性法规、规章的规定没有继续存在的必要，则应当考虑废止该地方性法规、规章的规定❶。

（五）规范性标准

地方立法本就是一项具有较高技术含量的工作。地方立法评估的规范性标准既是从立法技术角度出发，对地方性法规、规章的体例、结构、名称、语言表述等方面提出的编制要求，也是对

---

❶　郑宁：《行政立法评估制度研究》，中国政法大学出版社 2013 年版，第 183 页。

地方性法规、规章编制内容科学性的要求。因此，规范性标准是开展地方立法评估时必不可少的一个基本标准。综合而言，规范性标准主要的评价指标是：地方性法规、规章的名称是否科学和完善；法规、规章体例和逻辑结构是否合理，是否有完整的章、节、条、款、项、目等体系结构，是否层次分明、简繁得当；法规、规章的文字表达是否准确、简洁、严谨规范、明白易懂，是否能够使潜在的不确定而导致的诉讼最小化；法规、规章是否采取了统一的观点与结论，是否存在自相矛盾的制度设计，法规、规章与其配套的规范性文件之间是否在形式和内容的衔接上、出台的时机上相辅相成、协调有序；等等。地方性立法评估的规范性标准应当围绕以上内容进行。

三、地方立法评估的方法

地方立法评估所运用的方法是否科学合理，是否贴合实际，直接关系到地方立法评估结论的有效性。因此，科学地运用立法评估的方法是十分重要的。地方立法评估方法，就是地方立法评估主体得出评估结论所采用的有关形式、手段、技术以及方法等。

从我国地方立法评估的实践来看，普遍采用问卷调查、座谈会、专家论证、实地考察、专题调研、个别走访等方法。如《广东省政府规章立法后评估规定》第 20 条规定："立法后评估可以采用文献研究、抽样调查、网络调查、问卷调查、实地调研、召开座谈会或者论证会、专家咨询、案卷评查、相关立法比较分析等多种方法进行。"《重庆市政府规章立法后评估办法》规定，通过实地考察、专题调研、座谈会、问卷调查、专家论证等方法，收集实施机关、管理对象和社会公众的意见和建议。地方立法评估的方法多种多样，结合理论界和实践界的观点，下面将介绍几种主要方法。

1. 文献调查法。文献调查法，是指调查者系统查阅和分析与某一研究相关的各种文献，以了解目前该领域研究状况的过程❶。在地方立法评估中，文献调查法也是采用得比较多的一种方法。地方立法评估的文献调查法，就是指评估主体通过查阅与收集各种与地方立法相关的文献资料，并摘取与地方立法评估有关的信息加以分析的方法。在文献调查中，调查者是否熟悉相关文献资料的来源及其检索方法，是否全面准确地查找相关文献资料，是文献调查工作成败的关键。地方立法评估要查找的文献较多，除了与之有关的一般文献之外，还包括地方性法规、规章的立法文本，地方性法规、规章的各种草案、起草说明以及立法的各种背景资料，域内域外各种可资借鉴的相关立法，立法过程中的各种会议记录、备忘录，有关该地方性法规、规章的立法解释与司法解释等。只有在全面、准确掌握并分析这些文献资料的基础上，才能对地方性法规、规章作出一个客观公正的评估结果。

2. 问卷调查法。问卷调查法，是指调查者采用统一设计的问卷向调查对象了解情况或征询意见、建议的方式来获取材料和信息的调查方法。在整个问卷调查过程中，问卷设计占据举足轻重的地位。问卷调查法能否取得调查的效果，关键在于调查者为掌握实际情况而设计的调查问卷是否科学，覆盖的问题是否全面。虽然问卷调查法是一种普遍采用的地方立法评估方法，但采用问卷调查法既有优点也有缺点，需要调查者权衡利弊使用。问卷调查法的优点在于，它不受时间和空间的限制，可以大范围内对许多调查对象同时开展调查，同时也方便调查者对调查结果进行定

---

❶ 风笑天：《社会学研究方法》（第二版），中国人民大学出版社 2005 年版，第 59 页。

量分析与研究。然而，问卷调查法的缺点也很明显，主要体现在：一是如果问卷设计不够合理或过于简单，有可能导致某些调查对象关注的问题被漏掉，难以收集到与研究目的有关的资料。二是收集到的资料中，与研究目的无关的太多时，会浪费调查部门大量的人力、物力和时间来整理和分析资料，有时甚至会使调查者陷入资料的海洋难以自拔。三是问卷调查法还需要调查对象的参与和配合，若调查对象缺乏参与的积极性，就有可能出现调查问卷回收率低的现象。

3. 座谈法。座谈法也是地方立法评估中普遍采用的一种方法。当立法机关作为评估主体时，座谈法往往被频繁使用，一般都是由地方立法机构的评估成员到与该地方性法规、规章有利益关联的相关单位开展专题性调研，召开座谈会，如各类基层实施单位、企事业单位、社会团体等。例如，《无锡市电梯安全监督管理办法》立法后评估就采用了座谈会的形式。评估部门先后召开《无锡市电梯安全监督管理办法》立法后评估座谈会 5 次，分别邀请基层市场监管部门，无锡日立、捷安电梯等维保单位，太湖世家、怡庭物业等管理单位以及检验机构参加。座谈会分析了《无锡市电梯安全监督管理办法》贯彻实施过程中存在的主要问题，提出了改进意见，并共同探讨了解决办法。

4. 专家论证法。专家论证法，又名头脑风暴法，是指邀请有关专家对评估对象开展集体会诊，在此基础上形成专家意见、建议。专家既可以就地方性法规、规章的全部制度进行会诊，也可就地方性法规、规章的部分内容进行会诊。由于会诊专家一般都来自高校、科研机构等第三方组织，因而他们具备较好的理论深度与专业水平，往往能对地方立法评估提出真知灼见。专家论证法的优点在于，能够充分发挥专家团体的智囊团作用，而这种智能效应是单个成员无法比拟的，往往能发挥出 $1+1>2$ 的效果。另外，通过专家们的整体沟通与信息交换，可以实现"思维共振"的良好效果，进而有可能在较短时间内获得极具开创性与建设性的提案。然而，专家论证法也存在缺陷，如参与论证会的专家人数过少，就会使论证缺乏一定的代表性；有可能出现部分与会专家跟从权威看法或者随大流，其发言为少数权威专家所左右；专家自身的语言表述能力不佳致使其建议没有被正确表达；等等。

5. 实地考察法。从当前我国地方立法评估的实践来看，地方立法后评估一般都运用了实地考察的方法。实地考察法是评估主体认识地方性法规、规章的实施环境、实施效果等一个比较直观的方法，可以确保评估结论的公正性与可靠性。实地考察法往往能使评估主体获得评估对象的第一手资料，对日后立法评估结果的产生具有非常重要的作用，因此在地方立法评估中应扩大实地考察手段的使用。

综上，任何一种方法都有其固有优缺点与适用范围，地方立法评估是以对地方性法规、规章所设计的各项制度的全面系统评判为基础的，因此单一使用一种方法难以保证评估的科学性，应扬长避短地综合运用多种评估方法，使各种评估办法间形成互补，以此提高地方立法评估结论的精确度。

第四节　地方立法评估的程序

一、地方立法评估程序概述

（一）地方立法评估程序的概念

地方立法评估程序，是指地方立法评估主体开展地方立法评估时所应遵循的方式、步骤、时限和顺序。

根据《立法法》的规定，法律、法规、规章的制定、修改、废止都属于立法活动的范畴。在地方性法规、规章制定并实施一段时间以后，立法评估主体根据经济社会发展的实际需求，结合地方立法的目的，对地方性法规、规章的部分或全部条文或者整体制度的设计、实施的绩效、存在的问题及其影响的因素开展跟踪调查并作出综合评价。最终提出的评估报告就是地方立法机关对地方法规、规章进行修改或者废止的重要依据。虽然从主体到启动的原因、时间以及结果来看，地方立法评估程序与地方立法程序并不一致，但地方立法评估程序的实施是对地方性法规、规章进行重新审议，其制定的评估报告也是以后对法规、规章进行修改、制定或者废止的重要依据。因此，从这个角度说，地方立法评估程序是地方立法程序的自然延伸，是地方立法程序一个重要的构成部分，但同时又具有相对的独立性。

随着我国已经建立起比较完备的中国特色社会主义法律体系，今后或未来一段时期内，我国的立法重点将会发生重大转变，将由法律的制定与颁布转向对现有法律法规的修改与废止，而地方立法评估作为地方立法程序一个非常重要的构成部分，其作用和价值将会越来越凸显。

（二）地方立法评估程序的意义

建立具有正当程序价值取向的立法评估制度，有利于避免或减少制定、实施、监督成本高和社会效益较差的"劣法"❶。地方立法评估程序的不规范、不统一，将直接导致评估结果的不准确

---

❶ 熊艳峰：《浅议立法后评估的制度化》，载《长沙民政职业技术学院学报》2006年第2期。

和无效。因此，各地应加强立法评估制度的规范化、程序化建设，将其作为提高地方立法质量、完善地方立法过程的重要制度，避免评估活动沦为政绩作秀的工具。地方立法评估程序的意义主要体现在以下几个方面。

首先，有利于规范地方立法评估主体的权力，防止地方立法评估过程的恣意性。"在社会主义民主法治之下，任何权力的行使都必须遵循一定的程序规则，权力寓于程序之中。程序本身就是权力的规范化的运作方式，程序的设计和运行都要反映对权力的制约和规范。任何未经程序化的权力都有被滥用的危险；权力只有化解到程序之中，化解到具体的步骤、过程之中，才能成为有明确界限、有标准、可资奉行的权力"。❶ 地方立法评估主体在整个评估活动中，享有启动评估、选择评估方案、作出评估报告等权力。如果不对这些裁量权进行规范，地方立法评估主体就有因各种诱惑的存在而恣意行使和滥用职权的可能，从而造成评估质量低下。一个相对规范和完备的地方立法评估程序，可以有效规范和制约地方立法评估的裁量权，从而在一定程度上提升评估的质量。

其次，有利于保障地方立法评估的科学性和公正性。作为一门具有较高技术性和复杂政策性的工作，地方立法评估必须依赖一定的步骤、方法和技术，同时需要各方主体的共同参与，明确各方主体的权利和义务，规范各自的行为，使评估始终处于一种有规则的状态，从而确保评估活动的有序进行❷。地方立法评估程序作为地方立法活动的一个重要组成部分，以特定的方式和步骤对立法评估活动进行有效监督，而监督的目的就是要使地方立法

---

❶ 苗连营：《立法程序论》，中国检察出版社 2001 年版，第 9 页。

❷ 郑宁：《行政立法评估制度研究》，中国政法大学出版社 2013 年版，第209 页。

评估主体尽职尽责，从而确保评估结论的科学性和公正性。因此，当地方立法评估程序成为立法评估的规范时，有力地支撑了立法评估结论的准确无误，因为一个公正合理的评估程序，容易使评估主体对评估结论达成某种共识，从而增强地方法评估的科学性和公正性。

再次，有利于保障社会公众的参与权利。从公开性的角度来讲，程序的约束比实体的控制要重要得多，也更容易受到人们的监督，因为程序过程的开放能使社会成员更容易参与其中。地方立法评估程序的确立和规范，一方面可以使其他主体参与其中，使地方立法评估组织主体必须按照评估的程序开展立法评估活动，否则就要承担相应的法律责任；另一方面，社会公众可以借助评估程序的规定对组织主体进行监督，有效参与评估活动，表达自身利益诉求，发表意见和建议，防止组织主体在评估活动中的恣意妄为。一个规范化、制度化的评估程序可以让民众重视立法评估，积极参与其中，从而使立法机构和社会之间形成良性的互动，进而增强公民对立法评估活动的信任和信心。

最后，有利于地方立法资源的优化配置。地方立法评估程序是地方对法规、规章进行修改、补充与废除的启动前提。因为只有开启了立法评估程序，才能确认地方性法规、规章是否具有继续存在的价值和必要，是否能适应不断发展的社会发展需要。地方立法评估程序的开启，可以使有限的地方立法资源配置最优化，最大限度地按照当地社会发展的需要分配地方立法资源的比率与顺序，从而实现地方立法效果的最大化。

二、地方立法前评估程序

理论界对地方立法前评估程序的相关研究甚少，实践中对立法前评估程序作出规定的地方性法规、规章和其他规范性文件也相对匮乏。但也有为数不多的地方为地方立法前评估程序专门立法，如苏州市。下面将以《苏州市人民政府立法前评估办法》为例，介绍我国地方立法过程中的地方立法前评估程序。

关于立法前评估程序的启动权，按照我国现行各地的实际情况，地方立法前评估的启动主体主要是立法计划建议项目申报单位。例如，《苏州市人民政府立法前评估办法》第6条规定："规章立法计划建议项目申报单位为立法前评估工作的实施单位，具体负责立法前评估工作，并将立法前评估工作所需经费列入部门经费预算。"另外，启动主体也可以根据需要，邀请高等院校、科研院所、专业机构和社会组织等参与，还可以通过政府购买服务的方式委托第三方开展立法前评估工作。对于具体什么时间启动评估，我国地方性法规、规章和其他规范性文件都没有明确规定，主要由评估实施主体自行决定，一般主要在申报立法建议项目前开展。

一般来说，大多数地方立法提案只需进行初步评估，评估程序相对简单。但也有少数地方立法前评估工作采用正式评估程序进行，大致包括准备阶段、实施阶段和评估报告形成阶段三个阶段。立法前评估准备阶段主要开展以下工作：一是成立立法前评估小组。立法前评估小组由实施单位主要负责人为组长，并由本单位相关工作机构工作人员、与规章拟采取的措施相关单位工作人员、相关领域专家和法律工作者等组成。二是制定立法前评估工作方案。评估工作方案主要包括组织领导、评估目的、评估内容、评估方法、评估步骤、时间安排和经费保障等内容。立法前评估实施阶段主要开展以下工作：一是发布包括评估小组组成人员、评估方案等主要内容的评估公告；二是深入开展调查研究，广泛听取相关公民、法人和其他组织的意见与建议；三是收集、整理、分析意见和建议并得出初步结论。评估报告形成阶段主要是在综合以上定量分析和定性分析的基础上，形成评审意见和评估报告❶。在评估实施程序完成后，进入地方立法前评估最后的论证程序，主要就评估报告的内容进行论证。论证后形成的评估结果只是一种参考，并不具有强制的法律约束力❷。但是，对于立法机关而言，其可以评估结果作为是否批准立法项目列入立法计划的主要参考因素之一。

三、地方立法表决前评估程序

与地方立法后评估程序相比，我国关于地方立法表决前评估程序的规定相对较为薄弱。按照我国部分地方的现实情况，地方立法表决前评估的启动主体主要是地方人大常委会，一般由各地人大常委会法制工作委员会负责组织开展。例如，《宿迁市人民代表大会常务委员会立法评估工作规定》第 6 条规定："表决前评估由市人大常委会法制工作委员会组织开展。"对于地方立法表决前评估的启动时间，我国地方性法规、规章及其他规范性文件都规定得比较笼统，只规定是在地方性法规案提请市人大常委会表决前。按照我国《立法法》的相关规定，列入常务委员会会议议程的法律案，一般都要经过三次审议后再交付表决。而我国的地方性法规案、自治条例和单行条例案的审议一般也要经过三次审议。因此，地方立法表决前评估一般应是在二审之后、三审之前进行。

地方立法表决前评估的程序与立法后评估的程序基本相同，不同的只是评估的内容。其基本程序是由评估实施机构选取一定

---

❶ 李丹：《地方立法前评估浅论》，载《人大研究》2014 年第 4 期。
❷ 李丹：《地方立法前评估浅论》，载《人大研究》2014 年第 4 期。

的评估人员，根据法规案情况确定评估方案，并根据评估方案进行评估，形成表决前评估情况报告后报立法机关审议参考，评估情况由实施机构在审议结果报告中予以说明。例如，《泰州市人民代表大会常务委员会立法评估工作规定》规定，地方立法表决前评估由市人大常委会法制工作委员会组织开展，通过召开座谈会、论证会、听证会等方式听取各方意见。参与人员由法制工作委员会根据法规案的具体情况，从相关领域的人大代表、专家学者、利益相关方、社会公众代表和有实际工作经验的人员中选取。评估内容主要是：（一）主要制度规范的合法性、可行性；（二）出台的时机是否适宜，是否与本市经济社会发展水平相适应，是否具备相应的实施条件，相关配套措施是否能及时到位；（三）法规案通过并正式颁布实施后，对本地区改革发展稳定可能产生的影响或者带来的社会效果；（四）可能影响法规案实施的重大因素和问题等。地方人大常委会法制工作委员会根据各方面的意见，形成表决前评估情况报告，给法制工作委员会统一审议法规案作参考。法制工作委员会在审议结果报告中说明评估情况，形成报告提交主任会议作为审议法规的参考。审议报告中没有被采纳的意见应视情况作出说明，在增强评估结果实效的同时维护参与主体的积极性，也有助于地方立法质量和水平的提高❶。

四、地方立法后评估程序

地方立法后评估程序，是指地方立法评估主体对施行一段时间的地方性法规、规章进行评估时应遵循的时限、方式、步骤、顺序。理论界对于地方立法后评估程序的探讨较多，各地所制定

---

❶ 李冰冰：《浅析提高地方社会领域立法质量的路径——以法规表决前评估为视角》，载《人大研究》2013 年第 12 期。

的关于立法后评估的地方性法规、规章及规范性文件也较多，因此，地方立法后评估程序的理论和实践相对而言比较成熟。在借鉴已有成果❶并总结各地经验的基础上，我们认为地方立法后评估的程序包括评估准备阶段、评估实施阶段和评估结论形成阶段。

（一）评估准备阶段

1. 成立评估小组。地方立法评估实施主体成立评估小组，评估小组由评估实施机关的相关人员组成，也可以邀请人大代表、政协委员、有关法律专家、行业管理专家参加。成立评估小组，一方面明确了这项工作的承担主体；另一方面使评估工作获得正当性，便于其具体开展调查、评估分析工作。

2. 制订评估方案。"凡事预则立，不预则废。"评估实施机构在开展评估活动前，需要制订具体的评估方案，一般由评估责任主体通过发文、公告等方式公布评估方案。评估方案的制订要从实用性、时效性、经济性等角度出发，一般主要包括评估目的、评估对象与内容、评估标准与方法、评估步骤与时间安排、经费预算、组织保障等内容。

3. 确立地方立法后评估的启动标准。关于如何确立地方立法后评估的启动标准，大多数地方立法机关综合时间、影响、民意、相关部门的评价和建议以及与其他规范性文件的关系等因素决定。如《泰州市人民代表大会常务委员会立法评估工作规定》第 10 条规定了地方性法规立法后评估启动的情形：一是法规的实施对社

---

❶ 林秋萍，许可宁：《考察、反刍与回应：地方立法后评估制度的研究——从 289 个设区的市立法后评估的法律文本分析切入》，载《人大研究》2022 年第 11 期；孙波：《论行政立法后评估制度的完善》，载《江西社会科学》2020 年第 11 期；郑宁：《行政立法评估制度研究》，中国政法大学出版社 2013 年版，第 234 - 267 页；史建三主编：《地方立法后评估的理论与实践》，法律出版社 2012 年版，第 102 - 167 页。

会稳定、经济调控、生态环保有重大影响，或者直接关系公共安全和公共利益；二是法规制定时的社会环境已发生重大变化；三是人大代表、社会公众和有关组织对法规的内容以及实施情况提出相对集中的意见；四是在视察、调研、执法检查等活动中发现较多问题；五是市人大有关专门委员会、常委会有关工作机构依据法规实施单位、有关主管部门提交的法规实施情况报告，认为需要开展综合研判评估；六是其他需要评估的情形。又如《广东省政府规章立法后评估规定》第 16 条规定："立法后评估主要对直接关系人民群众切身利益、对经济社会发展有较大影响的政府规章进行评估。政府规章实施满 3 年，有下列情形之一的，应当进行立法后评估：（一）拟上升为地方性法规的；（二）公民、法人或者其他组织对政府规章提出较多意见的；（三）同级政府法制机构认为有必要进行立法后评估的。"

（二）评估实施阶段

在评估实施阶段主要进行评估信息资料的收集和对收集的资料进行分析。评估信息资料的收集是地方立法后评估的基础性工作，应该遵循准确可靠、全面客观公正、有针对性以及时效性原则。信息资料的收集一般采用实地考察、专题调研、座谈会、问卷调查、专家论证等方法，收集的对象主要是实施机关、管理对象和社会公众的意见和建议，必要时还应该举行听证会向社会各界收集意见、建议。信息资料收集完成后，评估实施主体就要对收集到的材料进行分析研究，并对照评估内容与标准进行综合分析评价，在此基础上提出初步的评估结论。

（三）评估结论形成阶段

评估结论，是评估实施机构在分析收集的数据、资料后，综合运用法理分析、系统分析、成本效益分析等方法对评估对象作出的客观评价，它是评估工作的终极目标。评估结论的载体是评估报告，因为"评估报告是指评估工作小组在完成评估后，向评估组织机构提交的说明评估目的、评估程序、评估标准、评估依据、评估结论以及评估结果分析等基本情况的文本文件，也是评估工作最终完成的体现"❶。一般而言，立法后评估报告应当包括以下内容：评估工作的基本情况；实施绩效、制度设计等评估内容分析；评估结论及建议。一份合格的评估报告应达到以下基本要求：一是如实准确地反映地方性法规、规章的实施现状；二是对地方性法规、规章实施中的重点问题详细分析，提出有说服力的观点；三是得出的评估结论科学可靠；四是提出切实可行的建议；五是报告的语言应精练，体系结构应完整清晰。

对于通过一系列地方立法后评估程序得出的地方立法评估报告，地方立法机关应当高度重视其评估结果的应用，积极发扬地方性法规、规章在制定和实施过程中好的经验，及时改正不足之处，使地方立法评估报告真正成为地方性法规、规章"立、改、废"的重要依据，从而达到完善地方立法目的、提高立法质量的要求。

目前，从我国各地的地方立法评估实践来看，评估报告的应用主要分为两种方式：一是地方立法机关依据评估报告所提出的问题，对地方性法规、规章进行完善；二是直接采纳评估报告的意见、建议，开展地方性法规、规章的"立、改、废"活动。但无论采用哪种方式，地方立法机关依据评估报告完善地方性法规、规章，都是有原因和依据的。当地方性法规、规章因自身存在一些问题需要进行立法解释，或立法、执法、司法衔接上出现一些

❶ 卓越主编：《公共部门绩效评估》，中国人民大学出版社2004年版，第83页。

问题需要进行立法解释时，地方立法机关应及时作出立法解释；当地方性法规、规章所调整的社会关系发生变化，原先所制定的地方性法规、规章存在着某种缺陷，地方性法规、规章与上位法的规定不协调或相关的上位法已经修改或补充，地方性法规、规章和同位阶其他规范性文件的规定不相协调时，地方立法机关应及时对其进行修改；当发现地方性法规、规章的实施效果较差，或其调整对象已经消失时，地方立法机关应该及时废止。

第十一章

地方立法监督

第一节　地方立法监督概述

一、地方立法监督的概念

　　界定立法监督的内涵是研究立法监督的前提条件。其实，从字面上来理解，立法监督应该表述为"监督立法"更为合适。理论界对立法监督的概念进行了许多探讨。有人认为，"所谓立法学上的立法监督是指有权主体对立法的监督，即有权主体对立法行为（过程）及其结果的审查和控制"[1]；有人认为，"立法监督，是指特定主体依照法定权限和程序，对立法过程及其结果进行审查，并对违宪违法的立法进行处理的活动"[2]；还有人认为，立法监督是指具有立法监督权的主体对立法权运作过程及其

----

[1] 周旺生：《立法法教程》，北京大学出版社 2006 年版，第 357 页。

[2] 徐向华主编：《立法学教程》，上海交通大学出版社 2011 年版，第 255 页。

结果的审查和控制，包括监督立法的动态部分（立法过程）和监督立法的静态部分（立法结果）❶。我国立法包括中央立法和地方立法两个层级，与之相对应，立法监督也包括中央立法监督和地方立法监督两个方面。地方立法监督是整个立法监督体系中不可或缺的一部分，贯穿整个地方立法过程。

理论界对于地方立法监督的含义有广义和狭义之分。广义的地方立法监督，是指所有国家机关、社会团体、企事业组织和公民个人对地方立法的创制和实施提出的意见、建议等，这些都可以看作是对地方立法进行的监督；狭义的地方立法监督则是指法定的地方立法监督主体对地方立法所进行的批准、审查、备案、裁决、参照适用等一系列监察和督促活动的统称。本书采用狭义的地方立法监督概念阐释地方立法监督的理论与实务。

二、地方立法监督的特征

地方立法监督作为一项专门的监督活动，其监督主体、权限、方式和程序，均由相关法律法规作出明确规定。与中央立法监督相比，地方立法监督具有以下显著特征。

（一）监督主体广泛

目前，我国的全国性立法包括宪法、法律、行政法规和部门规章，地方性立法则主要是指地方性法规、地方政府规章、自治条例和单行条例。根据《立法法》的相关规定，严格来说，全国人大及其常委会、国务院是全国性立法的监督主体；而地方立法监督的主体则宽泛得多，除了上述全国性立法监督主体外，能对

---

❶ 肖萍：《论我国内地地方立法监督的完善》，载《南昌大学学报（人文社会科学版）》1999 年第 4 期。

地方立法进行监督的主体还包括省、自治区、直辖市人大及其常委会，省、自治区、直辖市人民政府，设区的市人大及其常委会。享有立法监督权的主体以法定监督方式，如批准、审查、备案等，对违法或失去合理性的地方性法规、规章不予批准、改变或撤销。

（二）内容具有针对性

我们都知道，全国性立法具有全局性、整体性、全国性等特点，而地方立法则具有地域性、局部性等特点，与全国性立法有很大的不同。地方立法除了要贯彻全国性立法和对全国性法律的具体施行作出具体规定外，更多的是在体现鲜明地方特色的基础上，针对极具地方特色的经济、社会、文化等问题进行法规的创制。因此，地方立法监督的鲜明特点之一就是监督的内容具有针对性。地方立法监督主体开展地方立法监督时，除了首先要考虑地方立法与宪法、法律不相抵触外，还要充分研究地方实际，做到具体问题具体分析，针对不同类别的地方立法采取方式多样、针对性强的监督处理方式。特别是在地方立法合理性的监督上，针对性体现得尤为明显。

（三）约束力强

由于享有地方立法监督权的主体可以通过批准、审查、备案等监督方式，不予批准、改变或撤销违法或失去合理性的地方立法，因而地方立法监督主体的监督行为对地方立法具有较强的约束力。这一特点与我国实行的单一制国家结构形式、"一元两级多层"的立法体制有紧密联系。相对于联邦国家而言，单一制国家有更高的法制统一要求；而"一元两级多层"的立法体制，则赋予了部分地方立法监督主体较大的权威与权力❶。

---

❶　石佑启、朱最新主编：《地方立法学》，广东教育出版社 2015 年版，第 256 页。

（四）监督过程全覆盖

一部地方性法规、规章的诞生，要经过许多法定程序，如立项、调研、起草、论证、审议、修改、表决、颁布等。而广义的立法，不仅包括法规"立"的制定过程，还包括法规"改""废""释"的过程。地方立法监督的是地方立法主体所有的立法行为，包括立法过程和立法结果的监督。因此，地方立法监督包含对整个地方立法活动的监督，是对地方立法程序或地方立法活动过程的全覆盖性监督。

三、地方立法监督的理论根基与价值

（一）地方立法监督的理论根基

根据我国国情以及立法体制，地方立法监督的理论根基主要来自三个方面。

1. 人民主权理论。为维护法律的"公意"性质，防止法律蜕变为少数人专横的工具，现代民主国家都加强了对立法活动的制度设计，而立法监督正是基于规范立法活动目的的制度设计。立法监督制度可以有效保障人民意志在宪法、法律中得到充分体现，这也是"人民主权理论"在立法监督领域的体现。

我国《宪法》明确规定，我国是人民民主专政的社会主义国家，国家的一切权力属于人民，人民行使国家权力的机关是全国人民代表大会和地方各级人民代表大会。人民通过民主选举产生人民代表大会，并由人民代表大会统一行使国家权力。国家的行政机关、监察机关、审判机关、检察机关等都由人民代表大会产生，在对同级人民代表大会负责的同时，接受同级人民代表大会的监督。在此前提下，我国建立了以人民代表大会监督为中心的地方立法监督制度，这便是人民主权理论在立法监督方面的具体体现。

2. 宪法至上原则。在现代国家和社会治理中，宪法的地位和作用至高无上。"用宪法来管理国家的思想在古希腊'宪法'的摇篮中就已经开始形成，几乎与政府存在的概念一样古老。"❶ 宪法一旦颁布施行，就是国家的根本大法，是治国安邦的总章程，具有最高的法律地位、权威和效力，其他法律、行政法规、地方性法规、规章等一切法律规范，都必须从宪法获取合法效力，且不得与宪法相抵触、相违背。在立法监督中，确保下位法不违背上位法，各层级的法律不互相冲突，已成为各主权国家为保障宪法最高权威而坚持的基本原则。具体到我国而言，宪法是全国各族人民、一切国家机关和武装力量、各政党和各社会团体、各企业事业组织根本的活动准则，任何组织或者个人都负有维护宪法尊严、保证宪法实施的职责。依法治国，首先是依宪治国；维护法治的权威，首先是维护宪法的权威。习近平总书记指出："只要我们切实尊重和有效实施宪法，人民当家作主就有保证，党和国家事业就能顺利发展。反之，如果宪法受到漠视、削弱甚至破坏，人民权利和自由就无法保证，党和国家事业就会遭受挫折。"❷ 地方立法监督之所以要坚持宪法至上原则，正是为了维护宪法的崇高地位，以此为基础，运用立法监督手段保障民主、法治、人权等价值的实现。

3. 权力制衡理论。孟德斯鸠指出，"一切有权力的人们都容易滥用权力，这是万古不易的一条经验"；"要防止滥用权力，就必须以权力约束权力"。❸ 历史经验告诫我们，无论在哪种社会制度下，

---

❶ 汤唯、孙季萍：《法律监督论纲》，北京大学出版社 2001 年版，第 91 页。
❷ 在首都各界纪念现行宪法公布施行三十周年大会上习近平总书记的讲话，载新华网，http://www.xinhuanet.com//politics/2012－12/04/c_113907206.htm，2023 年 5 月 23 日访问。
❸ ［法］孟德斯鸠：《论法的精神》（上），张雁深译，商务印书馆 1982 年版，第 154 页。

权力一旦失去监督和制约，就会给社会带来灾难，使人们失去自由。因此，为防止权力的滥用，就应该对权力进行监督和控制，消除权力异化的风险。以权力约束权力，是对权力最好的监督与制约。立法权作为一项最高的国家专属权力，构建对地方立法权的监督机制，以地方立法监督权制衡地方立法权，正是为了有效防止地方立法权的滥用，也是实现国家权力制衡最有力的手段之一。

（二）地方立法监督的价值

任何制度的设计，都是为了实现特定的价值与目的。自地方立法权放开以来，我国数量庞大、内容丰富的地方立法无疑为当地政治、经济、社会以及文化的发展带来了巨大影响。不言而喻，良好的地方立法将助推地方各方面的全面发展；反之，质量不佳的地方立法不仅会破坏国家的法制统一，而且会给地方的全面发展制造障碍。如何保障地方立法主体所制定的法成为良法，加强对地方立法的监督便成为最有效的措施之一。地方立法监督既是保障地方立法活动合法有序进行的重要条件，也是提高立法质量的重要手段，其意义主要表现在以下几个方面。

1. 维护国家法制统一。坚持国家法制统一，是中国特色社会主义法治建设的一项根本原则，也是维护国家统一和建立国内统一市场的必然要求。我国是一个幅员辽阔的单一制国家，地区经济、社会发展、人文环境等各不相同，这也造就了许多具有地方特色的地方性立法。然而，众多的地方性立法就有可能出现立法"泛化"、违背上位法、立法冲突、凸显部门利益等问题，这些问题的出现就势必会给国家法制统一带来危害。如果各地只从自身利益出发，罔顾中央法律，那么国家的法律就形同虚设，国家法制统一的权威将受到严重挑战。在《关于〈中共中央关于全面推进依法治国若干重大问题的决定〉的说明》中，习近平总书记谈到我们在立法领域面临的突出问题时，指出："还有就是立法工作中部门化倾向、争权诿责现象较为突出，有的立法实际上成了一种利益博弈，不是久拖不决，就是制定的法律法规不大管用，一些地方利用法规实行地方保护主义，对全国形成统一开放、竞争有序的市场秩序造成障碍，损害国家法制统一。"❶ 立法监督是一国法律、法规具有高度统一性的有力保障之一。如果不注重对地方立法行为和立法结果的监督，法与法之间的抵触、冲突、矛盾等现象就不可避免。因此，必须通过加强地方立法监督，有效避免和消除下位法抵触上位法的现象，或者同位法之间相互对立与冲突的现象，使众多的法规、规章与法律之间效力层次有序、配套，保证立法体系实现整体的立法目的和效能❷。

2. 促进地方立法科学化、民主化。地方立法科学，就是要在遵循和把握地方立法客观规律的基础上，从内在要求上把握其本质，选择适当的调整方式反映社会发展的实际需要，使所立之法具有强大的生命力。党的十八届四中全会明确提出，"实现科学立法、严格执法、公正司法、全民守法"，是新时代依法治国的具体目标。习近平总书记在阐述立法时，引用"观时而制法，因事而制礼"的古训，强调提高立法质量最重要的是遵循和把握立法规律。法律所调整的社会关系是客观的，有其固有的内在规律性。地方立法就要在遵循当地经济社会发展规律以及立法活动规律的基础上，创制出能够反映和体现当地社会发展规律的法律，更好地发挥立法在社会发展中的引领和推动作用。通过地方立法监督，

---

❶ 习近平：《关于〈中共中央关于全面推进依法治国若干重大问题的决定〉的说明》，载中国政府网，http：//www.gov.cn/xinwen/2014 - 10/28/content_2771717.htm，2023 年 5 月 23 日访问。

❷ 李步云、汪永清主编：《中国立法的基本理论和制度》，中国法制出版社 1998 年版，第 365 页。

可以促使地方立法主体在法规立项、起草、审议、表决等过程中从实际出发，克服立法中的主观随意性，不断探索立法活动的规律，提高立法的科学化水平。

"在民主国家，任何一种国家权力都必须接受监督，立法权也不能免……对立法实施有效监督，既是立法民主化的体现，又是立法民主化的保障。"❶ 地方立法的科学化和民主化是相辅相成的，地方立法的科学化是地方立法民主化的体现，而地方立法民主化则是地方立法科学化的保证。加强地方立法监督，就是要在地方立法活动中，促使地方立法主体有效保障民众的立法参与权和监督权，注重拓宽民众的参与渠道，吸民意聚民智，增强地方立法的民主性。地方立法只有民主化，才能促使地方立法主体树立科学的立法观，遵循当地社会发展的客观规律，使所立之法恰当地反映当地的社会生活，提高地方立法的科学化水平。因此，只有切实落实对地方立法的监督，才能使公众能参与和监督地方立法的全过程，使地方立法真正反映和表达民意，避免偏离民众意志和利益要求的"恶法"产生。

3. 推进良法善治。两千多年前，著名的思想家亚里士多德就指出："法治应包含两重意义；已成立的法律获得普遍的服从，而大家所服从的法律又应该本身是制定得很好的法律。"❷ 法律是治理国家的重器，而良法则是善治的前提。如何保证所制定的法律成为良法，其中最有效的措施就在于加强对立法的监督。对地方立法而言，只有当地方性法规、规章等属于"良法"时，才有实现善治的可能。地方立法由于受部门利益、立法行为缺乏有效规制等影响，立法侵权、立法谋私现象在一定程度上并未完全杜绝，

---

❶ 周旺生：《立法学》，法律出版社 1998 年版，第 394 页。

❷ ［古希腊］亚里士多德：《政治学》，商务印书馆 1965 年版，第 199 页。

这在很大程度上与立法缺乏"良法善治"的理论引导有关，也与立法监督制度的不健全有一定关系。因此，加强对地方立法的监督，可以确保地方立法主体树立科学的立法观，确保地方立法不滑向谋私之法、侵权之法，走向"良法"的正轨，从而使地方立法能够更好地适应地方社会治理和发展的实际需要。

第二节　地方立法监督的主体、内容

一、地方立法监督的主体

地方立法监督主体是指享有地方立法监督权，根据法律规定对创制地方性法规、规章的行为和结果实施审查、作出判断和处理的国家机关。依据我国《宪法》和《立法法》等相关法律的规定，地方立法监督的主体主要包括以下几类。

（1）全国人民代表大会。全国人民代表大会是我国最高的立法监督机关。依据《立法法》的规定，全国人民代表大会有权改变或撤销其常务委员会制定的不适当的法律，也有权撤销全国人大常委会批准的违背《宪法》与《立法法》第 85 条第 2 款❶规定的自治条例和单行条例。

（2）全国人大常委会。全国人大常委会是全国人大的常设机关，其立法职责更多。依据《宪法》与《立法法》的规定，自治

---

❶ 《立法法》第 85 条第 2 款规定："自治条例和单行条例可以依照当地民族的特点，对法律和行政法规的规定作出变通规定，但不得违背法律或者行政法规的基本原则，不得对宪法和民族区域自治法的规定以及其他有关法律、行政法规专门就民族自治地方所作的规定作出变通规定。"

区的自治条例和单行条例，报全国人大常委会批准后生效；全国人大常委会有权撤销同宪法、法律和行政法规相抵触的地方性法规，有权撤销省、自治区、直辖市的人大常委会批准的违背《宪法》与《立法法》第85条第2款规定的自治条例和单行条例；地方性法规、自治条例、单行条例须报全国人大常委会备案；设区的市开始制定地方性法规的具体步骤和时间，也须报全国人大常委会备案。

（3）国务院。国务院是最高国家行政机关，统一领导国务院各部门和全国地方各级国家行政机关的工作。根据《立法法》第106条的规定，地方性法规与部门规章之间对同一事项的规定不一致，不能确定如何适用时，由国务院提出意见，国务院认为应当适用地方性法规的，应当决定在该地方适用地方性法规的规定；认为应当适用部门规章的，应当提请全国人大常委会裁决。部门规章之间、部门规章与地方政府规章之间对同一事项的规定不一致时，由国务院裁决。国务院有权改变或者撤销不适当的部门规章和地方政府规章；省、自治区、直辖市的人大及其常委会制定的地方性法规，设区的市、自治州的人大及其常委会制定的地方性法规，自治州、自治县的人大制定的自治条例和单行条例，部门规章和地方政府规章，均须报国务院备案；另外，除省、自治区的人民政府所在地的市，经济特区所在地的市和国务院批准的较大的市以外，其他设区的市开始制定地方性法规的具体步骤和时间，也须报国务院备案。

（4）省级人民代表大会。省、自治区、直辖市的人大有权改变或者撤销它的常委会批准的不适当的地方性法规。

（5）省级人大常委会。设区的市的地方性法规需报省、自治区的人大会常委会批准后施行；自治州、自治县的自治条例和单行条例，报自治区、直辖市的人大常委会批准后生效；省、自治区、直辖市的人大常委会有权撤销本级人民政府制定的不适当的规章；省、自治区、直辖市的人大常委会对本级人民政府报送的地方政府规章进行备案；设区的市、自治州的人民政府制定的规章应当报省、自治区的人大常委会备案。

（6）省级人民政府。设区的市、自治州的人民政府制定的规章应当报省、自治区的人民政府备案；省、自治区的人民政府有权改变或撤销下一级人民政府制定的不适当的规章。

（7）设区的市人大及其常委会。设区的市人大有权改变或撤销本级人大常委会制定的地方性法规；设区的市人民政府规章应当报本级人大常委会备案；设区的市人大常委会有权撤销本级人民政府制定的不适当的规章。

二、地方立法监督的内容

地方立法监督从内容上看，可分为对地方立法合法性的监督和对地方立法合理性的监督两个方面。对地方立法合法性的监督因有法律的明确规定，因而能被监督机关很好地把握。地方立法监督主体只要严格依照法律，对地方立法文本进行认真检视就能达致监督的效果。而地方立法合理性的监督则不同，因为合理性的范畴是很难把握的，只能依靠监督主体理性判断。

（一）合法性监督

地方立法合法性监督是指地方立法监督主体对地方立法的权限、内容和程序等方面进行监督，确保地方立法没有违反相关上位法的规定，这是确保国家法制统一的前提。地方性法规、自治条例和单行条例、规章有下列情形之一的，由有关机关依照《立法法》第 107 条规定的权限作出改变或者撤销：（1）超越权限的；

（2）下位法违反上位法规定的；（3）规章之间对同一事项的规定不一致，经裁决应当改变或者撤销一方的规定的；（4）规章的规定被认为不适当，应当予以改变或者撤销的；（5）违背法定程序的。❶ 具体而言，对于地方立法合法性监督应主要把握以下几方面的内容。

1. 不越权

不越权是地方立法的一项基本原则，对地方立法的合法性监督首要的监督内容就是审查地方立法有没有超越权限立法。地方立法的不越权具体表现在以下几个方面。

（1）地方立法不能涉及法律保留事项。根据我国《立法法》第 11 条的规定，涉及国家主权，各级人民代表大会、人民政府、监察委员会、人民法院和人民检察院的产生、组织和职权，民族区域自治制度、特别行政区制度、基层群众自治制度，犯罪和刑罚，对公民政治权利的剥夺、限制人身自由的强制措施和处罚，税种的设立、税率的确定和税收征收管理等税收基本制度，对非国有财产的征收、征用，民事基本制度，基本经济制度以及财政、海关、金融和外贸的基本制度，诉讼和仲裁制度等事项，只能由全国人民代表大会及其常务委员会制定法律。地方立法如果就这些事项进行立法，就是超越权限的立法，是不具有法律效力的。

（2）地方立法要遵循《行政许可法》《行政处罚法》《行政强制法》的规定。《行政许可法》《行政处罚法》《行政强制法》是

---

❶ 在地方立法层面，根据需要立法的事项，首先要梳理并研透上位法，才能区分所要立法解决的问题究竟是立法问题还是执法问题。如果上位法已进行了详尽合理的规范，那么，只需要加强执法和执法监督检查就可以解决。如果上位法对存在的问题没有规范，或已有规范但比较笼统致使无法执行，且该问题在本级立法权限范围内，那么就很有立法的必要。立法主体通过对上位法的梳理，可以在法规的创制中有效避免与上位法的冲突。

地方立法重点要参照的上位法。地方立法在设置行政许可、行政处罚、行政强制时，应当遵守相关上位法的强制规定。

（3）地方立法不得超越立法权限范围。地方立法必须在法律明确规定的事项范围内进行，不能超越立法权限范围。我国《立法法》第81条和第93条分别对地方性法规和地方政府规章的立法范围作出了明确规定。如对设区的市而言，其立法权限只能就城乡建设与管理、生态文明建设、历史文化保护、基层治理等方面的事项制定地方性法规。设区的市和自治州的人民政府制定政府规章也只能在城乡建设与管理、生态文明建设、历史文化保护、基层治理等方面进行。地方立法主体只有准确理解和把握好这几个方面的范围和内涵，才能使立法活动不会超越《立法法》规定的权限范围。

根据地方立法实践，地方立法一般分为实施性立法、自主性立法和先行性立法。地方立法若是为贯彻国家法律、法规的实施而开展的立法就属于执行性立法，这类立法主要是对上位法作出的具体化或补充性规定，故必须以上位法的相关规定为依据。地方立法若是根据具体情况和实际需要开展的自主性立法，主要是针对地方性事务立法，则必须以宪法和国家法律、法规的相关原则和精神为依据。而先行性立法主要是中央尚未立法的事项且这些事项不在全国人大及其常委会专属立法权之内。等到中央已就这些事项立法，地方先行性立法与中央立法相抵触的部分就失效，制定机关应及时进行修改或废止。总之，地方立法不越权是地方立法合法性的最低要求，地方立法必须认真贯彻并执行。

2. 不抵触

地方立法合法性还体现在地方立法不违反上位法规定，即不与上位法相抵触。地方立法遵循不与上位法相抵触，就要做到以下几个方面：（1）上位法有明确规定的，地方立法不与上位法的规定相违背，即不与上位法的具体条文内容相冲突、相违背；
（2）也不能出现表面上不与上位法相违背，但出现所谓"上有政策，下有对策"的现象，意在抵消上位法的相关规定；（3）上位法虽没有明确规定，也不得出现与上位法立法原则、目的和精神不相符的现象。

3. 程序必须合法

任何立法活动需要一定的程序作保障，立法程序对于立法活动而言，就好像铁轨对于行进的火车一样，都具有十分重要的作用和意义。《立法法》是"管法的法"，根据《立法法》和国务院的《规章制定条例》，地方性法规、自治条例、单行条例和地方政府规章的制定都需要遵循一定的程序，一些地方性法规也对地方立法的程序进行了细化，以便于地方立法更好地贯彻《立法法》关于立法程序的规定。总之，地方立法只有按照法律、行政法规和地方性法规确定的程序进行，才能保证立法活动的合法性。

（二）合理性监督

地方立法的合理性监督是指地方立法监督主体对地方立法权的运行是否适度、运行结果是否符合地方客观实际，是否符合理性等方面进行监督。《立法法》第 7 条的规定："立法应当从实际出发，适应经济社会发展和全面深化改革的要求，科学合理地规定公民、法人和其他组织的权利与义务、国家机关的权力与责任。法律规范应当明确、具体，具有针对性和可执行性。"马克思也曾精辟地指出："立法者应该把自己看作一个自然科学家。他不是在创造法律，不是在发明法律，而仅仅是在表述法律，他用有意识的实在法把精神关系的内在规律表现出来。"❶ 从我国《立法法》

---

❶ 《马克思恩格斯全集》（第 1 卷），人民出版社 1995 年版，第 347 页。

的规定以及马克思的论述可以看出，立法包括地方立法不仅应当合法，而且还必须合理。

具体到地方立法而言，地方立法的合理性监督主要从相适应性、主要制度设计的科学合理性、与相关法律法规的衔接性等方面把握。

1. 相适应性。地方立法首先要从本地实际出发，充分反映本地的实际情况，突出地方特色，尽量避免简单重复、照抄上位法的内容。要使地方立法具有较好的社会适应性，就要认真分析法规所调整的社会关系的现状和存在的主要问题，了解相关政策措施在本地的实施情况，同时还要对立法的条件是否成熟进行科学论证。

2. 主要制度设计的科学合理性。地方立法在创新制度特别是新设行政许可、行政强制措施、行政处罚等制度时，是否充分考虑了立法、执法成本，是否科学合理地配置了权利义务以及权力责任，在配置时是否进行了听证、论证，是否合乎民情、民意。只有科学合理地设立这些制度，才能既提高立法的质量又便于法规的实施。

3. 与相关法律法规的衔接性。地方立法主体进行地方立法时，还要考虑上一级立法主体是否正在就相关法律法规开展起草、修订和废止工作，以解决地方立法与上一级立法在衔接或者协调上的障碍等。要做好地方立法的衔接性工作，就必须进行广泛的调查研究，开展深入、全面的论证工作，把这些问题研究透彻。

地方立法要实现其合理性，还要重点考察立法是否秉持民主化、本土化、精细化等理念。全过程人民民主是地方立法应坚持的原则。地方立法要充分尊重人民群众的主体地位，坚持开门立法，广泛征求人民群众意见，保证人民群众全过程有序参与立法工作，最大限度地凝聚社会共识和民众智慧，确保地方性法规得到全社会的广泛认同和自觉遵行。同时，地方立法要在充分考虑本地社会经济发展、风土人情等实际情况的基础上，立"本土之法""个性之法"，不搞"大而全"，尽量减少综合性立法，确保法规的可执行、易操作、真管用、接地气。

第三节　地方立法监督的形式

根据《立法法》的规定，我国地方立法监督的具体方式可分为批准、备案、审查三种。

一、批准

所谓的批准，是指地方立法的出台必须得到法定主体的认可后才能公布和实施，是一种典型的事前监督方式。对地方立法的批准，可以有效避免或防止不合法或不适当的地方性法规、规章出台，保障了国家的法制统一。根据《立法法》的规定，主要有下列地方立法需要经过批准才能生效。

设区的市、自治州的人大及其常委会制定的地方性法规。根据《立法法》第 81 条的规定，设区的市的地方性法规须报省、自治区的人大常委会批准后施行。省、自治区的人大常委会对报请批准的地方性法规，应当对其合法性进行审查，同宪法、法律、行政法规和本省、自治区的地方性法规不相抵触的，应当在四个月内予以批准。省、自治区的人大常委会在对报请批准的设区的市的地方性法规进行审查时，发现其同本省、自治区的人民政府规章相抵触的，应当作出处理决定。设区的市人大及其常委会制

定的地方性法规报经批准后，由设区的市人大常委会发布公告予
以公布。

从《立法法》对批准制度的规定来看，可以发现批准的关注
点是地方性法规的合法性。主要地方性法规不同宪法、法律、行
政法规和本省、自治区的地方性法规相抵触，就应该在四个月的
期限内予以批准。至于地方性法规是否合理、是否能真正促进本
地经济社会的发展，立法技术是否完美等，不在审查的范围之内。
对于在审查中发现地方性法规存在相抵触的情况，有权主体一般
是不予批准，或者发回地方立法机关修改。如《广东省地方立法
条例》规定，省人大常委会认为报请批准的地方性法规与宪法、
法律、行政法规、本省的地方性法规相抵触的，可以不予批准，
或者附修改意见予以批准，或者直接退回修改后再提请批准。对
于附修改意见批准的地方性法规，设区的市人大常委会应当根据
省人大常委会的修改意见修改后才能付诸实施。

二、备案

备案是指下级立法机关将已经制定完成的地方性法规、规章
送至相关的上级立法机关存档备查。就地方立法而言，地方性法
规、自治条例、单行条例以及地方政府规章都应当在公布后的一
定期间内，由其制定或批准机关报送上级立法机关或行政机关存
档，以备有关机关审查。备案属于一种典型的事后立法审查方式。
在未备案前，地方性法规、规章并不会因此而影响其生效。备案
制的施行，有利于地方立法监督机关全面了解地方立法的现状与
情况，进一步加强对地方立法的监督，消除地方立法文本相互之
间的矛盾和冲突。

根据《立法法》的规定，地方性法规、自治条例、单行条例

以及地方政府规章应在公布后的三十日内报有关机关备案。有关的备案机关则包括全国人大常委会、国务院，省、自治区、直辖市人大常委会及人民政府，设区的市的人大常委会。需要特别指出的是，自治条例、单行条例、经济特区法规报送备案时，报送主体应一并说明对法律、行政法规、地方性法规作出变通的情况。

三、审查

审查是地方立法监督的核心，可以说，没有地方立法的审查，就没有地方立法的监督。对于审查后的处理结果，虽然我国《立法法》第107条和第108条只规定了两种处理结果，即改变和撤销两种情形，但在实际中还有一种情形就是维持，那是因为监督主体在经过审查之后，没有发现地方立法有不合法或不合理的情况，在此情形下监督主体则无须作出改变和撤销地方立法的决定。因此，维持现状也应是地方立法审查的结果之一。

党的十八大以来，习近平总书记高度重视备案审查工作，作出了"完善宪法监督制度，加强备案审查制度和能力建设"的重要论述。《全面推进依法治国若干重大问题的决定》明确规定，所有规范性文件都要纳入备案审查的范围，实现备案审查的"全覆盖"。同时，对于规范性文件的备案审查工作，中央明确提出"有件必备、有备必审、有错必纠"的刚性原则。地方立法作为规范性文件之一，理所当然属于备案审查的范围。从我国《立法法》的规定来看，依照审查的启动主体分类，可以把审查分为依职权审查和依申请审查两种。所谓依职权审查，顾名思义就是审查主体依据职权主动启动的审查，是指审查主体在没有任何机关和个人提出审查要求或建议的情形下，主动对报送备案的地方立法进行检查审视并作出裁决的行为。而依申请审查，则是指审查主体应有关国家机关、社会团体、企事业单位以及公民提出的审查要求或建议，对报送备案的地方立法进行检查审视并作出裁决的行为。从审查的启动方式以及内容来看，审查与备案一样，也是一种典型的事后监督方式，它对于发现和纠正地方立法中的错误、提高地方立法质量具有非常重要的意义。下面将分别详细介绍依职权审查和依申请审查两种方式。

1. 依职权审查。对规范性文件开展备案审查，是宪法和法律赋予人大常委会的一项重要职能，也是人大常委会履行监督职责的重要方式。根据《立法法》第 111 条的规定，全国人大的专门委员会和常委会工作机构可以对报送备案的地方性法规、自治条例和单行条例等进行主动审查，并可以根据需要进行专项审查；国务院的备案审查工作机构可以对报送备案的地方性法规、自治条例和单行条例，部门规章和省、自治区、直辖市的人民政府制定的规章进行主动审查，并可以根据需要进行专项审查。根据审查的后果是改变或撤销来看，省、自治区、直辖市的人大常委会以及设区的市的人大常委会当然也可以对相关地方立法进行审查。

根据《立法法》第 111 条的规定，审查主体可以根据需要进行专项审查。所谓专项审查，是指审查机关对特定领域的规范性文件开展的集中清理和审查。根据全国人大常委会的有关要求，许多地区都结合人大常委会正在开展的地方性法规全面清理工作，对围绕党中央重大改革决策部署和政策调整、重要法律修改等方面，系统地开展了相关规范性文件的专项审查工作。如针对国家生育政策的调整以及人口与计划生育法的修改，开展了计划生育领域的专项审查，要求对与社会抚养费、超生处分处罚以及将入学入户入职与个人生育状况等挂钩的规范性文件进行清理；针对行政处罚法的修订，进行了行政处罚规定专项审查，要求对违法设定行政处罚、行政处罚实施程序不合法等相关的规范性文件进行清理。

2. 依申请审查。根据《立法法》第110条的规定，申请审查的主体除国务院、中央军事委员会、国家监察委员会、最高人民法院、最高人民检察院以及各省、自治区、直辖市的人民代表大会常务委员会以外，还可以是其他国家机关和社会团体、企业事业组织以及公民。这些主体认为只要地方性法规、自治条例和单行条例同宪法或者法律相抵触，或者存在合宪性、合法性问题的，都可以向全国人民代表大会常务委员会书面提出进行审查的要求或建议。

全国人民代表大会专门委员会、常务委员会工作机构审查后，认为地方性法规、自治条例与单行条例同宪法或者法律相抵触，或者存在合宪性、合法性问题的，可以向地方性法规制定机关提出书面的审查意见；审查也可以由宪法和法律委员会与有关的专门委员会、常务委员会工作机构召开联合审查会议，要求地方性法规制定机关到会说明情况，再向地方性法规制定机关提出书面的审查意见。地方性法规的制定机关应当在两个月内研究并提出是否修改或者废止的意见，并将意见向全国人民代表大会宪法和法律委员会、有关的专门委员会或者常务委员会工作机构反馈。

另外，根据《立法法》第115条的规定，备案审查机关应当建立健全备案审查衔接联动机制，及时将应由其他机关处理的审查要求或者审查建议移送有关机关处理。所谓备案审查衔接联动机制，是指为了各备案工作机构之间的协调配合，推进备案工作的深入开展，在国家法规、规章和规范性文件备案工作机构之间建立的备案协作机制。目前，我国实行的是分领域备案、各负其责的备案工作机制，不同审查主体负责对不同法规、规章的备案审查工作。建立备案审查衔接联动机制，主要表现为党委、人大、政府系统备案工作机构之间建立工作联系，形成沟通协调机制。

比如，各参与主体在接收到属于其他备案机关处理的事项时，应及时移交相关备案机关处理；各参与主体定期或不定期召开备案工作联席会议，通报备案工作进展，共同研究和解决备案工作中存在的问题等。备案审查衔接联动机制的建立，有助于形成制度合力，既能充分发挥备案制度的监督作用，又有助于备案工作队伍素质和备案工作水平的提升。

第四节　地方立法监督存在的主要问题与完善

一、地方立法监督存在的问题

随着我国立法实践的不断发展，我国的立法监督制度也经历了一个从无到有、从不完善到较为完善的过程。但就目前的地方立法监督制度而言，还存在许多问题，这些问题的存在直接影响了地方立法监督的有效性。

（一）缺乏专门的监督工作机构

长期以来，我国形成了以人大监督为中心，其他主体相配合的监督体制，人大及其常委会在我国的立法监督体制中处于主导和支配地位。从实践来看，虽然各级人大及其常委会在立法监督中做了一定的工作，但也正是因为这种监督体制，使立法监督权总是附着在监督主体的主要职能和其他职权上面，缺乏专门从事立法监督权的机构，导致法律规定的各项立法监督的具体制度没有得到很好的执行，出现了不少问题。

如从中央层面而言，由于受会期的限制，全国人大便不能经常性地开展立法监督，所以立法监督工作主要由全国人大常委会行使。而全国人大常委会又将具体的立法监督工作交给下属的法制工作委员会具体负责。为专门应对立法监督工作，法制工作委员会设置了专门负责地方性法规备案的法规审查备案室，由它具体承担法规的备案工作，并开展对法律法规的先期审查。而在国务院，其法制部门的政府法制协调司是具体承担地方立法监督工作的机构。政府法制协调司一方面要负责国务院部门规章、地方政府规章等的备案审查工作，另一方面还要负责法规汇编、编纂等一系列工作。但从现实的情况来看，无论是全国人大常委会的法制工作委员会，还是国务院法制部门的政府法制协调司，都难以较好地应对如此繁杂的立法监督任务。

中央层面尚且如此，地方层面就更难有效开展地方立法监督工作。首先，地方各级人大常委会均未设立专门机构负责地方立法监督工作，一般都是由人大常委会法制工作委员会具体实施。其次，地方各级人民政府也主要是由其法制部门开展地方立法监督工作，也有部分省级政府在其法制部门内设置了专门的审查机构。但总体而言，由于人员配置不足，同时缺少专业知识，地方立法监督工作也难以有效开展。

（二）缺乏完备的监督程序保障

我国虽已建立多种立法监督的具体运行制度，但对立法监督程序的规定较少，这固然与我国重实体、轻程序的传统有关，也与这些机制运行的程序规则弹性太大和内容过于粗疏等缺陷有关，导致在监督实践中存在该备案的不备案、该审查的不审查、该改变或撤销的没有改变或撤销的失监、虚监现象❶。地方立法监督制

---

❶ 阮荣祥主编：《地方立法的理论与实践》，社会科学文献出版社 2008 年版，第 357－358 页。

度自建立以来一直效果不理想，与我国立法监督程序缺乏可操作性具有密不可分的关系。下面分别就备案和审查两种监督方式的程序缺陷阐释分析。

1. 关于备案的程序设计问题，主要体现在完成备案的时限没有明确规定。设立备案制度的目的，就是为了更好地开展立法审查。《立法法》第109条虽规定了地方性法规、自治条例和单行条例、规章应当在公布后的三十日内报送有关机关备案，但对于备案机关应在多少时限内完成备案，却未作出明确规定。试想一下，如果不对完成备案的时限作出明确规定，将会产生两个方面的不利影响。一方面，地方立法机关在规定的时间内完成了备案工作，对于备案机关何时能完成备案工作，地方立法机关对于备案审查的法规效力不能产生一个合理的预期；另一方面，接受备案的监督机关由于没有备案审查的时限规定，就有可能草率备案了事，消极行使监督权，使得该地方立法审查后的效力悬而未决。

2. 关于审查的程序。审查程序属于监督机构的内部运作程序，对这一程序的规定太过笼统，有可能导致审查操作的随意性。首先，在人员配置上，法律并没有明确规定。以全国人大常委会法制工作委员会下设的法规审查备案室为例，此室配备了多少人员，审查遵循什么样的程序等，都没有明确公开。其次，对审查程序，法律也未明确规定。在审查过程中，监督机构是否可以采取听证会、论证会的形式，审查结果是否必须向社会公开❶等问题都没有作出明确规定。毫无疑问，程序的不公开，最容易导致监督机关

---

❶ 《立法法》第113条规定："全国人民代表大会有关的专门委员会、常务委员会工作机构应当按照规定要求，将审查情况向提出审查建议的国家机关、社会团体、企业事业组织以及公民反馈，并可以向社会公开。"条文中使用"可以"一词，就意味着主体既可以向社会公开，也可以不向社会公开。若是采用"应当向社会公开"，则更能体现法治的内涵和精神。

怠于行使职权，有时可能是滥用职权。另外，无论采用哪种监督方式，都只是整个立法监督过程中的一个环节，最重要的是如何把审查程序与最能体现立法监督效果、监督力度的监督措施——"改变或撤销"有机衔接，但当前的监督程序缺少监督与改变、撤销被审查的规范性文件之间的制度衔接安排，导致改变、撤销在实践中很少被使用。

3. 对监督机关缺乏一定的外部制约。地方立法监督权是一项极为重要的国家权力。如果地方立法监督机关受到一定的外部督促，就有可能积极并正确地行使自己的监督权，地方立法监督体制就能得到很好的发挥并达致较好的监督效果。然而，在地方立法监督的实际运作过程中，由于全国人大与地方人大、中央政府与地方政府、地方人大与政府之间一直有工作上的交集，彼此都非常熟悉并了解对方。因此，当地方立法违背宪法和上位法时，一般都会采取非正式的方式和对方沟通，并要求对方加以修正；较少采取正式的方式，启动法律监督程序❶。

4. 缺乏必要的立法监督责任制。当前，我国立法监督作用难以发挥的一个重要原因就是责任不明，没有建立相应的立法监督责任制，导致在立法监督活动中出现许多问题。目前，无论是立法活动还是立法监督活动，相应的责任制度建设都是缺失的。这样的后果就是职权和职责完全脱钩，难以督促立法主体、立法监督主体恪守职责。当立法主体、立法监督主体出现严重失职造成严重损害时，就难以对他们依法追责。相比我国的司法活动和行政执法活动，都实行了错案责任追究制度与行政执法责任制，这在一定程度上促进了公正司法和依法行政的实现。地方立法监督

---

❶ 朱景文：《我国立法监督制度之反思》，载《群言》2015年第1期。

领域没有相应的追责机制，监督主体就有可能失去依法行使监督权的压力和动力，对于是否实施监督、怎样监督以及监督效果如何，完全听从监督主体的意愿，致使越权监督、无权监督、滥用监督权和消极行使监督权的现象出现，也无法追究其相应的责任❶。

二、地方立法监督完善措施

虽然我国现行的地方立法监督制度存在一些不足，但在建设社会主义法治国家的背景下，不断健全与完善我国的地方立法监督制度并使其发挥作用已成为理论界和实践界的共识。党的十八届四中全会通过的《全面推进依法治国若干重大问题的决定》提出，要充分发挥各级人大在立法中的主导作用，完善全国人大及其常委会的宪法监督制度，加强备案审查制度和能力建设，把所有规范性文件纳入备案审查的范围，依法撤销和纠正违宪、违法的规范性文件。这一决定为我国地方立法监督制度的健全与完善指明了方向，具有非常重要的指导性意义。

（一）设立专门的立法监督机构

我国《宪法》和《立法法》虽然将立法监督权赋予了不同的立法监督主体，但在地方立法监督的内容以及由谁来具体实施等方面，却始终没有得到较好的解决。这就有可能导致立法监督主体内部不同部门相互推诿，致使立法监督无人负责，出现立法监督虚置的状况。而设立专门的立法监督机构，就可以较好地解决这一难题。立法监督权由专门的立法监督机构行使，既可使立法监督实现权责结合，又有利于确保立法监督制度与程序的正常运

---

❶　邹丽君：《关于完善我国授权立法监督制度的思考》，载《甘肃行政学院学报》2002 年第 3 期。

行。鉴于我国实行的是以人大为中心的地方立法监督模式，须着重发挥人大在各级立法工作中的主导作用，因而可以考虑将专门的监督机构设在人大系统内部，成立一个专门委员会性质的机构——立法监督委员会。我国《宪法》第 70 条规定，全国人民代表大会下设多个专门委员会，各专门委员会在全国人民代表大会和全国人民代表大会常务委员会的领导下研究、审议和拟订有关议案。《立法法》第 111 条也规定，全国人大专门委员会和常务委员会工作机构可以对报送备案的地方性法规、自治条例和单行条例进行主动审查。

根据《宪法》和《立法法》的规定，全国人大可以根据需要设立专门委员会来协助人大常委会开展立法监督活动。作为一个专门的监督机构，首先，必须要有充分的立法监督权，它可以对各级立法机关的立法活动，对所有规范性法律文件都可以开展审查；其次，该机构应广纳社会不同行业的人员参与，特别是法律专家学者的参与，保证立法监督的专业性和技术性；再次，该机构隶属于全国人大，性质与专门委员会相似，但地位高于一般专门委员会且具有相对独立的权力；最后，该机构既可以依相关主体的要求或建议审查地方立法，也可以依职权主动审查地方立法。地方人大也可以参照全国人大的立法监督模式，设立由地方人大常委会领导的地方人大立法监督委员会。另外，各省级人民政府也可以参照人大模式，在政府法制部门内设立专司立法监督工作的机构，专门对地方政府规章进行监督。

（二）健全立法监督程序

对地方立法把控不严的原因，一方面是我国立法监督制度设计的固有缺陷所致；另一方面则是由于现行的具体立法监督制度程序不完善所致。要想让立法监督制度发挥应有的效用，应健全并完善地方立法监督制度适用的程序。

1. 完善备案程序。首先，要提高对备案性质的认识，明确备案不仅是登记存档，而且也是一种事后监督方式。其次，应进一步明确完成备案的时间，设立相关制度，如备案通告制度、备案回执制度、报备机关抗辩制度等，以制度规范报备的范围、报送的程序与手续。最后，应规定把备案看作审查的前提和启动程序，督促地方立法在良性程序化备案过程中，有意识地提高立法质量。总之，完善备案程序无论是对地方立法主体，还是对地方立法监督主体来说，都具有重要且现实的意义。因为，明确的备案程序，对地方立法主体而言，可以得心应手地应对备案制度，在备案机关的审查权威震慑下，会进一步规范地方立法活动，提高立法质量；对地方立法监督机关而言，在规定的时间内完成备案，监督机关主动审查的积极性就会相应提高，同时对于启动时限也能尽早确定。

2. 完善审查程序。首先，监督机关应公开审查的过程，定期向社会公众反馈审查的进度。其次，应明确规定相关主体提出"审查要求"与"审查建议"的程序，规定只有在监督机关认为地方性法规有与《宪法》或其他法律相抵触且必要的情况下，才可以举行有原制定机关参加的听证会，规定审查结果应当向社会公布等程序。最后，设立审查监督的复核程序。复核程序可以规定，如果地方性法规、规章的制定机关、审查要求或建议的提出者对审查结果不服，有权向原审查机关的上一级监督机关申请复核❶。设立此程序的目的，是为了给相关主体一个申辩的机会，同时也是为了确保审查监督的公正性。

---

❶ 王建华，杨树人：《地方立法制度研究》，四川人民出版社 2009 年版，第 217 页。

3. 完善改变和撤销程序。首先，鉴于改变和撤销直接影响地方立法的效力，导致其变更和存废，因此应严格其作出程序，可以参照适用立法的提案、审议、决定、公布四个步骤作出改变和撤销决定。其次，改变和撤销的决定要在充分征求相关各方意见的基础上作出。再次，作出改变和撤销的决定应在规定的时间内完成，避免监督主体久拖不决。最后，应将改变和撤销制度与备案、审查制度相结合使用，因为只有多种监督方式灵活配合才能达到最佳的监督效果❶。

(三) 培育多元地方立法监督主体

"科学的立法建立在广泛的民主基础之上。如果没有公众的普遍参与，没有民意的充分表达，没有利益的较量组合，就不能发现真正的问题，也难以产生高质量的问题解决方案"❷。立法监督要重视多元立法监督主体的培育，积极构建立法民意采纳机制，提升立法权力源于人民的理论与实践自觉。首先，要规范和制度确认参与主体的监督权。目前，相关法律规定的表达意见的权利、审查建议权、司法附带性审查权等权利或权力都缺乏操作性，没有配置权利或权力实现的权利义务、权力职责体系。其次，社会公众参与立法的前提是立法要公开，因为立法权力的公开是其获得良性运行的最佳保障。立法公开既为多元立法主体参与立法及立法监督提供了机会和通道，也为公众提供了获取立法信息的资源共享平台，从而使多元立法监督主体行使权利营造了更加健康的外部环境。最后，要健全和完善公众参与立法及立法监督的具

---

❶ 阮荣祥、赵泷主编：《地方立法的理论与实践》（第二版），社会科学文献出版社2011年版，第370页。

❷ 朱力宇主编：《地方立法的民主化与科学化问题研究》，中国人民大学出版社2011年版。

体渠道。虽然《立法法》赋予了社会组织和公民的审查建议权，但只有在必要的时候才能由相关工作机构启动审查，对于必要的条件、时间等没有明确规定；对于审查建议启动后的发展环节，社会组织和公民均无法控制，这样一种参与就是一种脱离了监督的参与。对于接受建议的机关而言，仅是一种被动接受，缺乏接受之后积极审查的工作动力。因此，应加强社会组织和公民提请审查建议的主动权，使其更加主动地履行地方立法监督权。

（四）严格地方立法监督者的法律责任

根据建设社会主义法治国家的要求，明确地方立法监督者的法律责任，能为地方立法监督方式科学化运行提供一定的保障。诚然，从本质上讲，监督方式仍然只是一种手段，任何一种监督方式的运用，起关键作用的还在于监督方式的运用者。然而，目前在我国地方立法监督的落实过程中，无论采用哪种监督方式，都没有建立监督主体和被监督主体的责任追究机制。因此，我们认为，地方立法监督应当建立立法监督责任制，明晰责任的追究主体、程序以及监督主体和被监督主体各自应当承担的各种具体责任。具体而言，审查主体必须将审查的职责划定到具体部门或个体；受理要求和建议的主体也应当将反馈效果落实到具体的部门和个体等，在未来这些都应建立相应的责任制度体系。

第十二章

地方立法中的公众参与

第一节 公众参与地方立法的意义

随着我国社会主义法治国家建设的不断推进，公众的法律意识正在不断增强，广大民众参与立法的积极性也越来越高，他们对社会各方面的诉求也不断增加。因此，地方立法充分发扬民主，扩大人民群众的有序参与，是充分听取人民群众意见，维护人民群众根本利益的具体体现。在我国地方立法中科学合理地建构公众参与制度，对实现全面依法治国以及建设社会主义法治国家具有重要的现实意义。

一、有利于在地方立法中践行全过程人民民主

发展全过程人民民主，是党中央带领全国人民追求民主、发展民主、实现民主的伟大创举。在党的二十大报告中，习近平总书记明确指出："人民民主是社会主义的生命，是全面建设社会主义现代化

国家的应有之义。全过程人民民主是社会主义民主政治的本质属性，是最广泛、最真实、最管用的民主。"❶ 全过程人民民主是一种全链条、全方位、全覆盖的民主。我国《宪法》中规定的"一切权力属于人民"和"人民依照法律规定，通过各种途径和形式，管理国家事务，管理经济和文化事业，管理社会事务"，就充分展示了我国人民民主的全过程性。地方立法是我国社会主义法律体系的重要组成部分，同时也是党的主张和人民意志的高度统一，在地方立法过程中发展全过程人民民主，是新时代地方立法工作的根本要求。因此，在地方立法过程中，立法机关必须在立法各环节贯彻并发展全过程人民民主，使立法活动成为践行和体现全过程人民民主的生动实践，确保立法的各个环节都能听到人民的声音，了解基层的实际情况，真正反映人民群众的利益和诉求。只有这样，地方立法才能切实把人民群众的根本利益实现好、维护好、发展好，才能得到人民群众的支持和拥护，变为人民群众的自觉行动。

二、有利于提高地方立法决策的科学程度

在我国，一切权力属于人民。人民群众参与地方立法，是公民行使政治权力的基本方式。在当今不断完善的立法机制中，人民群众参与地方立法已成为人们的共识和需求。地方立法活动同时也是一种立法决策过程，完整的立法活动包括许多步骤和阶段。首先，社会各界或者利益群体根据自身的利益诉求，提出制定、修改或者废除某项规范性法律文件的要求；其次，立法机关综合

---

❶ 习近平：《高举中国特色社会主义伟大旗帜　为全面建设社会主义现代化国家而团结奋斗：在中国共产党第二十次全国代表大会上的报告》，人民出版社 2022 年版，第 37 页。

分析社会各方面的利益需求，在反复征求意见的基础上上升为若干可行的立法规划和计划；再次，立法机关依照法定的程序，将成熟的立法规划和计划转变为具有操作性的法规；最后，公布并实施法规，并通过实施后的评估、监督等反馈机制不断修正和完善实施中的法规。从地方立法的这一系列过程和步骤可以看出，地方立法活动本质上就是一个反映不同社会阶层与利益群体的利益诉求，并及时将这些利益诉求上升为切实可行的政策方案，再通过健全的法规制定、修改程序的过程。在这一过程中，立法机关通过多种途径、运用多种方法，充分听取社会各阶层、各方面的意见，集思广益，将人民意志上升为国家意志，使地方立法更加具有科学性。人民群众广泛地参与地方立法，既是民主真真切切的反映和人民群众行使权力实在的展示，同时也是使地方立法最大限度地体现人民群众意志，维护人民群众利益的体现。因为，一个真正的法治政府能否健康稳定地运行，并不是只有少数精英在发挥作用，而是需要群众广泛的有效的政治参与❶。人民群众参与立法一方面彰显了公民的宪法权利，另一方面又提升了政府公共决策的民主基础，具有一定的政治基础和正当性。实现了公共利益的最大化。

三、有利于增强法规实施的预期效果和实效性

地方立法往往需要在贯彻并执行国家的法律、行政法规的基础上，针对本地区的特有事务制定法律规范并付诸实施，从而实现对本区域社会关系的法律调整。因此，地方性法规能否得到人民群众的尊重和遵守，主要看法规是否体现了人民群众的意愿和

---

❶ ［美］卡罗尔·佩特曼：《参与和民主理论》，陈尧译，上海世纪出版集团2006年版，第26页。

利益，是否得到了人民群众的支持和认同。

公众在地方立法中提出自己的意愿，在此过程中对法有了更深入的了解，内心也会增强对法规的认同和守法的自觉性，这对实现地方立法的预期目标具有非常重要的作用。因此，在地方立法活动中保证人民群众的有序参与，既有助于体现与反映人民群众的意愿和利益，同时也有助于营造人民群众自觉遵守并执行法规的良好社会氛围，进一步增强法规实施的预期效果和实效性。因为，真正维护法规实施的力量是公众对法规的认同和自愿遵守，即法规已从一种外部的强制规则内化为民众心中的"行为规范"，民众自愿将自己置于法规的统治之下。"绝大多数人服从法律不是因为害怕惩罚，而只是因为它们是法律。而且他们觉得没有义务服从那些不是法律的规定。"❶

当法规远离人民群众的时候，无论立法者说法规如何公正，都不能令民众信服。公众参与立法过程是一条让民众体会法的公正精神最直接的路径。一般情况下，公众对法律的认可程度与立法过程中公众的参与力度是成正比关系的。公众参与立法，所制定的法律基本上符合社会大部分成员的利益，自然而然会受到民众的支持和认同。法律规范一旦得到社会公众的支持和认同，其外在的控制功能也就会转化为行为者的"自律"机制。同时，由于法律规范获得了公众和舆论的支持，其实施成本将会大幅降低。因此，公众参与地方立法，不仅可以体现民众利益，而且还会加速法律社会化的进程，促进公众知法、懂法和守法，降低执法的成本，从而使法治建设达到一种较高的层级。

---

❶　[英] G. D. 詹姆斯：《法律原理》，关贵森、陈静茹等译，中国金融出版社 1990 年版，第 4 页。

四、有利于防止立法权的滥用

立法权是国家权力的一种，其具有一定的扩张性和腐蚀性，不受任何监督的立法权就有可能产生腐败。公众参与地方立法，可以有效监督立法机关依法行使立法权，防止立法权被滥用和误用，杜绝立法脱离人民群众意志。首先，民众参与地方立法活动，就会熟知整个立法活动的各个环节，因为立法活动的公开透明让他们知道地方立法活动不再那么神秘；其次，地方立法有民众的加入，就能更好地体现民众的诉求，吸纳公民对立法的意见建议，使整个立法活动在朝着民主化方向发展的同时达到公开透明化；最后，民众参与地方立法，可以有效防止地方立法突出部门利益，让社会公共利益或民众利益得到立法的有效维护。公民参与地方立法，既弥补了地方立法主体的有限理性，阻止地方立法主体滥用立法权，同时也可以促使公民行使自己的监督权来维护自身的合法权益。

五、有利于构建和谐社会

法律规范是调整社会利益关系的。"当今利益和主体呈现出多元化，如何做好利益的分配就需要利益博弈来发挥作用，当前我们国家对于利益的分配主要是通过立法让其更加规范。"❶ 地方立法的本质实际上是协调各式各样的社会矛盾，并在各种矛盾之间做好平衡与协调。当前我国改革不断深化，民众的利益日益多样化，社会关系和社会利益格局已发生深刻变化，不同的利益群体都希望通过立法反映自己的意愿和诉求。因此，在进行地方立法

---

❶ 许章润：《从政策博弈到立法博弈——关于当代中国立法民主化进程的省察》，载《政治与法律》2008 年第 3 期。

时，要特别注重公民参与地方立法的过程，畅通民意表达的渠道，正确反映和吸纳各方面的共同意见，统筹兼顾不同群体的特殊利益，尽可能地让大家在民主协商的基础上达成共识。即使最后还有不同意见，但民众通过立法活动都有权利表达出自己的看法，这样制定出来的地方性法规，公民也很容易并愿意去接受最终的结果或制度的安排。法国的贝尔纳马南曾说过："一项集体决定所具有令全体决定者信服的效力，是因为它是在让每个成员自由表达观点后产生的，不单单是按照法律规则形成了一致观点，因此，让公民说出观点的这个过程要比得到最终结论更为重要。"❶ 因此，公民参与地方立法，能为地方社会稳定和构建和谐社会夯实法治基础。

第二节　公众参与地方立法的主要途径

《立法法》第 6 条第 2 款规定："立法应当体现人民的意志，发扬社会主义民主，坚持立法公开，保障人民通过多种途径参与立法活动。"在地方立法领域扩大人民群众的有序参与，是保障国家各项工作法治化的前提环节。地方立法主体只有创新立法工作体制机制，让人民群众以各种途径与方式参与地方立法，才能使所立之法真正符合宪法精神，反映人民群众的共同意志，得到人民群众的拥护。多年来，公众参与地方立法活动的途径日益发展和普及，各地人大及其常委会也积极探索，为公众参与地方立法活动积累了不少经验。目前，我国《立法法》第 39 条以列举的方式规定了，对于列入常务委员会会议议程的法律案听取各方面意

---

❶ 蔡定剑主编：《公众参与——欧洲的制度和经验》，法律出版社 2009 年版，第 5 页。

见，可以采取座谈会、论证会、听证会等多种形式。结合《立法法》以及各地的立法实际经验，公众参与地方立法活动的途径主要有座谈、论证，草案公示，公民旁听与立法听证等。

诚然，随着时代的发展，人民参与立法的形式与途径需要在实际运作过程中不断发展并完善。

一、座谈、论证

召开座谈会、论证会，是地方立法机关听取有关单位和群众代表及有关专家意见的主要方法，同时也是公众参与地方立法活动最基本的形式，受到立法机关和社会公众的共同青睐。

座谈会、论证会之所以被地方立法机关听取民意时普遍采用，主要是座谈会、论证会有其特有的优点与优势。其一，针对性强。召开座谈会、论证会时，一般会有明确的主题，就某些问题开展集中讨论；参加的人员相互之间比较了解，发表意见时能畅所欲言，还可以根据座谈、论证主题需要，吸收有关方面的内行和专家参加，以便解决立法中较为棘手的、专业性强的、复杂的问题。其二，召开形式比较灵活。座谈会、论证会的召开，一般都会根据实际需要确定与会人员的范围、会议规模与会议形式。其三，互动性强。召开座谈会、论证会一般都是与会人员面对面地开展讨论交流，因而双方可以进行即时的交流与互动。其四，两者的操作程序相对简单，组织也较为简便、易行。其五，座谈会、论证会的召开成本比较低，而且可以根据实际工作的需要反复举行。

全国各地的立法机关都比较乐于采取座谈会和论证会的形式听取各方面意见，而且也形成了一些好的做法，这两种会议集中民意的成效是显而易见的。为了充分发挥这两种方法的积极作用，有的地方还专门建立了法制工作顾问和立法咨询专家队伍。地方立法机关借助其与这些顾问和专家比较稳定的工作关系，进一步密切立法工作同人民群众的联系，有力地增强了人民群众参与地方立法活动的程度与深度。为了发挥座谈会、论证会的成效，我们在召开会议时应当注意以下问题：一是会议类型要多样化，不能过于简单化；二是在选择参加会议的人员时，要注重与会人员的代表性和广泛性，切忌带倾向性选人；三是要建立会议意见的反馈机制，意见的采纳与否应当及时向与会人员说明清楚，否则会影响参会人员的积极性；四是会议召开要有形式，但不能搞形式主义，防止会议走过场、摆空架子。

二、草案公示

草案公示，是指地方立法机关就地方性法规草案，广泛向社会公众征求意见建议的工作方法。草案公示，也是地方立法充分发扬民主、坚持走群众路线、集中民众智慧、吸纳公众参与地方立法的重要举措。地方立法主要涉及地方性事务的管理问题，与人民群众的利益关联更直接、具体，地方立法机关采取草案公示这种方式，为的是方便民众参与，充分调动人民群众参与的积极性。

近年来，我国地方立法机关通过报刊、广播、电视、网络等媒体将法规草案全文向社会公布，在草案公示方面积累了很多实践经验，但效果还不够理想。在新时代，立法机关应充分利用网络媒体向社会公布法规草案，通过新媒体与社会公众建立起良性互动的桥梁。

（一）草案公示内容、方式和期限

草案公示是地方立法向社会征求意见的一种方式，需要遵循一定的程序、方式和期限。首先，对于什么样的地方性法规草案需要公示，由人大常委会主任会议确定。一般认为，地方性法规草案涉及下列内容的，可以向社会公示来征求意见：（1）涉及本地经济、社会发展重大问题的；（2）对公民、法人或者其他组织权利义务影响重大的；（3）设置较多行政处罚或者行政强制措施的；（4）涉及不同利益群体间的利益关系调整的；（5）其他需要广泛听取意见、建议的。地方立法机关在公示地方性法规案时，应当明确表示该项法规草案为征求意见稿。其次，草案公示需要遵循一定的方式和期限。草案公示一般由人大常委会的办事机构在本地主要报纸以及人大常委会官网上发布公告，并公布地方性法规草案的征求意见稿。草案公示期限一般为十个工作日。

（二）公示意见的收集和处理

民众可以通过多种形式发表对草案的意见（即公示意见），如来信来访、电话和电子邮件等。人大常委会法制工作机构收到公示意见后，负责整理并写出公示报告。公示报告一般包括公示的基本情况，收到的主要意见、建议和理由，对主要意见、建议的处理情况。报告印发主任会议成员、法制工作委员会、有关专门委员会与有关工作机构。主任会议同意后，再印发人大常委会组成人员。公示意见在修改和审议地方性法规案时予以统筹研究，并将其作为提出地方性法规草案修改稿和修改说明的重要依据。

从各地的实践情况看，为了凸显草案公示的功能，还要注意以下三个方面：一是认真做好草案公示的宣传工作，提高公众参与地方立法的热情和参与度，以便能收集到较高水平的意见建议；二是要善于运用多种草案公示方式，特别是随着新媒体的发展，公示的载体应该与时俱进；三是健全并完善群众意见的反馈机制，让人民群众对意见的采纳情况有知情权，提高民众献言献策的积极性。

三、公民旁听

近年来，地方人大为探索地方立法公开化，推进人民群众有序参与地方立法活动，在人大常委会审议地方性法规草案会议时，立法机关都会积极邀请公民旁听。公民旁听是民众参与地方立法的一种途径，同时也是人大常委会接受民众监督的重要形式。在我国，虽然公民旁听人大常委会会议开展时间不长，但都还比较规范，许多地方人大常委会对公民旁听的范围、名额、人员的确定等都作出了明确的规定。

各地人大常委会会议为便于公民旁听，一般都会在会议召开的前一周，通过主流媒体向社会公布会议举行的时间、地点、旁听议题、旁听名额与申请方式。对于旁听人员的条件，一般是只要年满 18 周岁并具有完全民事行为能力的当地户籍公民，都可以提出旁听申请，但依法被剥夺政治权利或限制人身自由的人除外。至于旁听的人数，一般视会场情况而定，为 15 人至 30 人不等。按会议的不同单元确定不同的旁听人员，一般根据公民申请旁听的报名顺序确定不同单元的旁听人。旁听申请经立法机关批准后，即可凭相关证件领取旁听证后参加旁听。

公民参加旁听时，应该佩戴旁听证按时到场。在旁听会议的过程中，公民若对旁听的事项有意见或建议，可以以书面形式向人大常委会办事机构反映。

四、立法听证

听证制度起源于英美法系，基本精神是"以程序的公正，保证结果的公正"。听证制度最先运用在司法上，后来又被引入行政管理与行政立法中，立法机关在立法、监督等领域相继采用。我国 1996 年通过的《中华人民共和国行政处罚法》，正式确立了听证制度，"听证"由此从一个学术名词转变为法律实践。

《立法法》对立法听证也作出了明确规定，列入全国人大常委会会议议程的法律案，在听取各方面意见时可以采取召开听证会的方式。2005 年 9 月，全国人大有关部门在修改个人所得税法的有关问题时，召开了我国第一次立法听证会。此次立法听证被全国新闻媒体深入宣传报道，成为助推公众参与立法活动的一个亮点。此后，各地人大常委会在地方性法规制定过程中也采用了立法听证制度。

"听证制度的精髓是用一种形式正义来确保实质正义，以程序公平来确保结果公平。"❶ 立法听证制度集中体现了现代立法所追求的公正性与民主性，它是指立法机关邀请和法规案有直接利害关系的组织、公民、有关专家学者和实际工作者等就立法的必要性和法规案内容的可行性等问题举行听证，以便为立法提供参考依据的制度。立法听证有以下几个方面的功用：一是通过立法听证，立法机关可以收集到许多影响并决定立法质量的信息，这对于立法机关广泛集中民智，把好的意见、建议转化为立法成果奠定了基础；二是通过邀请社会各界人士，尤其是有关方面的专家、学者参与立法听证，既可以促进立法的民主化和公开化，也可以帮助立法机关解决立法中遇到的复杂社会问题；三是立法听证以公开的方式进行，使立法活动的公众知悉度得到显著提高，通过新闻媒体传播出去，既实现了民主政治条件下公众的知情权，又起到了对社会公众的宣传教育作用，增强了法规公布后实施的民众基础。

---

❶ 陈家刚：《程序民主的实践——中国地方立法听证规则的比较研究》，载《南京社会科学》2004 年第 3 期。

　　经过多年的发展，我国地方立法机关对立法听证制度积累了许多经验，各地的地方性法规制定程序法也对立法听证的适用范围、参与人的范围和数量、主要环节、听证意见反馈机制等作出了规范。

　　一般而言，地方性法规草案具有下列情形之一，就应当进行听证：一是对本地经济和社会发展影响较大的；二是人民群众比较关注的；三是严重影响公民、法人或者其他组织的权利、义务与利益的。举行立法听证由人大专门委员会或者人大常委会有关工作机构提出建议，人大常委会主任会议决定是否举行听证。人大常委会办事机构在听证会召开的 20 日前向社会发布公告。听证公告主要包括听证机构与听证事项、听证的地点与时间、报名参加陈述或者旁听的名额和条件等需要公众知晓的其他事项。参加听证会的人员主要包括听证人、陈述人、旁听人与列席人员。听证会结束后，听证机构应在 15 个工作日内提出听证报告。听证报告作为地方性法规案起草、审议或修改的重要参考和依据，印发人大常委会组成人员和相关部门。

第三节　公众参与地方立法的能力建设

一、公众参与地方立法需加强的能力建设

　　随着我国社会主义法治道路的稳步推进，公众的政治参与和法律意识有了较大的提高。然而，地方立法是一项专业性和技术性很强的工作。公众参与地方立法，仅凭自身的一腔热情是远远不够的，还需要具有奉献精神，具有参与立法的主动性、公正性与大局意识。

（一）不断提高自身的法律素养

法律素养包含了法律知识、法律意识以及用法的能力。法律知识，即知晓相关的法律规定；法律意识，即对法律怀有尊崇、敬畏之心，有守法意识，遇到问题或纠纷首先想到用法律解决，能履行法律的判决；用法能力，即在生活实践中运用法律的体现。

公民只有具有一定的法律素养，才能在参与地方立法时，提出合理的意见建议，而绝不是"空口说大话"，与立法不着边际。无论是哪一群体，在地方立法中表达自身的利益诉求时，都应当符合本地实际与相关法律法规的要求，提出符合法律规定的价值取向和利益追求。因此，为了正确履行参与地方立法的职责，公众应积极参与相关的地方立法业务与知识的培训，学习相关的立法制度规范。只有不断提高自身的法律素养，才能为地方立法提供符合上位法规定且较为科学合理的意见与建议，同时也能更好地行使自己在地方立法中享有的权利和履行自己应尽的职责义务。

（二）培养善于发现问题的能力

地方立法是为解决本地问题而生的，解决本地区的实际问题是地方立法的首要宗旨。社会公众处于社会的各个阶层，又是地方立法的直接利益相关者，对本地区法规针对的社会管理问题以及条例实施后存在的矛盾和问题较为了解和清楚。因此，作为一名合格的地方立法参与者，要坚持问题导向，努力培养善于发现日常生活和工作领域问题的能力，特别是要用心去发现和捕捉具有针对性和现实性的问题，才能在法律的制定或修改过程中提出务实管用的意见或建议。

（三）秉承公正的参与态度

任何立法都讲求公平、公正。作为地方立法的参与者，在地方立法的过程中不能怀有私心，也不能怀有偏袒任何部门或行业的私心。创制地方立法，并不是为了专门优待本地区实务部门、市民或经济产业，对部门利益和地方经济发展实行保护主义。因此，民众在参与地方立法时，就要尽可能地保持地方立法意见建议的公正性，采用平等中立的眼光看待问题与矛盾，科学合理地提出制定和修改法规的意见和建议。同时，也要有效监督立法机关和相关政府部门的立法行为，及时提出并纠正他们的不公正立法过程。公众只有秉持公正的参与态度，才能在地方立法中维护绝大多数人的利益和监督立法机关的行为，也才能促使所立之法符合地方社会治理的实际需要，有效地解决本地区的社会矛盾和问题。

（四）具备大局意识和社会责任感

大局意识是每一个立法参与人应具备的，因为法律的调整对象是本地区的全体社会公众。大局意识和社会责任感是相辅相成的。立法参与人只有具有了一定的社会责任感，才会从大局出发考虑问题；当立法参与人具有了大局意识，其社会责任感往往也很强。公众在积极参与地方立法工作时，要保持中立立场把服务本地发展、改善民生、促进社会和谐作为出发点和立足点，不偏不倚地提出自己的观点和建议。公众的大局意识和社会责任感还表现在，要以推动国家法治建设和发展的高度自觉为己任，以为人民服务为宗旨，为地方立法奉献个人智慧和力量不遗余力。

二、公众参与地方立法的能力与机制建设

公众参与立法，是现代社会民主立法和科学立法的必然要求。近年来，公众参与地方立法已成为我国地方立法发展的必然趋势，其不仅可以提高地方立法的质量，克服地方立法中的部门利益倾向与地方保护主义，还可以提升公众对地方立法的认同度，增强

地方立法实施的社会效果。因此，在新的时代条件下，必须进一步保证公众参与地方立法的全程化、实质化、制度化❶，对公众参与地方立法的路径进行探讨❷，优化地方立法中的公众参与机制，为公众参与地方立法创造切实可行的条件，以有效的制度激励并保障公众参与。

（一）提高公众参与地方立法的意识

公众只有怀揣参与地方立法的真正意愿，其参与地方立法的效果才会更好。当前，地方立法机关在向社会公众征求意见时，尽管有公众参与，但由于参与的意识不强，导致其参与的热情和积极性没有想象得那么高。对于此种现象，首先，地方立法机关首先应加强公众参与地方立法的宣传，让公众知道参与地方立法是其一项神圣的权利。立法机关应利用报纸、电视台、电台、网络等媒体，在宣传地方立法的同时加强对公众参与地方立法的相关法制宣传，使公众知晓地方立法与他们自身的利益密切相关，进而达到有效调动他们参与地方立法的积极性与主动性。其次，地方立法机关要主动引导。在公众参与地方立法的意识与积极性不高的情形下，地方立法机关应深入基层和社区主动引导公众参与，听取公众的意见和建议，通过长期引导使公众的参与转化为公众内心的自发行为。最后，要积极营造参与地方立法的文化氛围，积极培育参与型法律文化，增强公众参与地方立法的信心，从而使公众树立起参与地方立法的良好意识，使公众由被动式消极参与向主动积极参与转变。

---

❶ 余霞、伏波：《完善人民有序参与立法的思考》，载《法制博览》2016 年第 12 期。
❷ 张晓、岳盈盈：《打通立法与民意之间最后一公里——关于破解地方立法公众有序参与困局的实证研究》，载《中国行政管理》2017 年第 2 期。

（二）规范并创新参与渠道，强化参与的表达机制

只有畅通的参与渠道，才能使公众参与地方立法收到较好的效果。当前，我国虽已建立了许多公众参与地方立法的渠道，但随着互联网以及自媒体的发展，公众参与地方立法的多样性、便捷性仍需结合时代的发展作出提升与完善。首先，要优化公众参与地方立法的传统渠道。传统渠道是公众参与地方立法的常用渠道，用好用足诸如信函、意见箱、电话、传真、电子邮件、网站留言板、问卷调查、座谈会、听证会等行之有效的传统渠道，并将这些传统渠道予以优化，提高其参与的便捷性，降低公众参与地方立法的难度。在新时代，加强传统渠道的建设尤其是调查研究的使用，具有十分重要的意义。调查研究是我们党的"传家宝"。党的十八大以来，以习近平同志为核心的党中央高度重视调查研究工作，习近平总书记也多次强调调查研究的极端重要性。他的这些重要指示，为新时代地方立法大兴调查研究之风提供了根本遵循。其次，除了优化传统渠道外，还要积极探索公众参与地方立法的新渠道和新方式。互联网的快速发展，催生了诸如微博、微信等互动交流方式。地方立法机关在扩大公众参与地方立法时，可以在相关部门的官方网站上开辟征求民众意见与建议的专栏、互动平台等，使民众有更多的机会能与地方立法者以及决策者共同讨论、商议。最后，要强化地方立法基层联系点的建设，选择代表性强的基层政府、居委会与村委会等作为基层的立法联系点。在召开立法调研座谈会、听证会时，应选取重点调研群体参与，不忽视弱势群体和少数群体的立法诉求与利益。

（三）建立科学的各方利益反馈机制

为了提高公众参与地方立法的积极性，避免公众参与流于形式，也为了防止立法机关消极应付公众的意见建议，建立一定的

意见建议反馈机制很有必要。公众参与地方立法，不应只是地方立法机构单向地收集和听取意见，立法机关在公众参与地方立法后，应及时对公众提出的意见与建议进行整合、分析，并向意见、建议提出人给予及时反馈。建立完善的反馈机制，还要明确反馈的责任，建立反馈责任追究机制。立法机关对公众的意见、建议作出明确且具体的答复，任何组织和个人都有权查阅，否则立法部门将承担相关的法律责任。尊重公众对所有立法环节提出的意见和建议，及时告知公众意见、建议的采纳情况并向社会公布，对于立法中已采纳的应及时告知，立法中没有采纳的也应向参与人说明理由，特别是对于署名参与的公众，立法部门更要认真对待，进行专门回复。立法机关认真反馈公众参与地方立法的意见建议，一方面显示了立法机关对民众参与地方立法的重视程度，另一方面也提高了公众参与地方立法的主体意识和认同感。

（四）完善参与地方立法的激励机制

社会公众参与地方立法，受主客观因素的制约。社会公众参与地方立法固然会受其主观意愿的影响，但参与条件、途径与激励措施等也会影响公众的参与意愿。因为公众参与地方立法需要付出一定的时间、物力和精力。如公众为了提出合理的意见建议，就需要提前拥有一定的知识储备，积累一定的社会经验，这些都是要付出一定的成本才能获取的，比如需要支付一定的食宿、交通、误工等费用，还要投入一定的时间和精力。而公众参与地方立法的行为并不能直接给参与者带来回报，这时就需要立法机关采取相应的措施，对立法参与人的这些参与成本予以适当弥补，这样才能更有效地调动公众参与地方立法的热情和动力。也只有通过降低公民参与立法产生的成本，才能减轻参与人对参与成本的顾虑，让其有足够的心思真正去关心、考虑地方立法存在的相关问题，并提出高质量的意见和建议。另外，除了一定的物质激励外，对做出突出贡献的公众给予适当精神奖励也是必不可少的，以此提升他们参与地方立法的荣誉感与积极性。立法机关可以定期邀请相关领域的专家学者、执法机构代表和公众代表对公众意见建议进行评选，对于优秀的意见建议给予一定的物质奖励和精神激励。适当的物质奖励和精神激励，能够唤醒更多的公众参与地方立法的热情，同时这也是完善公众参与地方立法激励机制的重要途径。为保持公众参与地方立法的热情，保证公众参与的积极、持久和广泛，立法机关可以借助电视、报纸、网络等媒体给予优秀参与人表扬和宣传，颁发如"公民参与立法先进个人""优秀法治公民"等证书和奖状，或吸纳为兼职立法人员等。公众参与地方立法获得的肯定和褒扬，得到政府、社区和媒体的认同，既可以增强参与人的主人翁责任感与荣誉感，又可以唤起其他民众、团体参与地方立法的热情，激发起全社会民众积极参与地方立法的动力。

（五）强化责任追究机制

一定的责任追究，是促使立法机关在立法中确保公众参与的外部约束机制。只有制定具体、规范、可衡量的责任标准，才能将地方立法中公众参与的责任追究落实到位。建立立法参与的绩效考核机制，不失为一种对立法相关单位的硬性约束。具体而言，可以将公众参与地方立法工作的情况以及地方立法机关对公众意见、建议的反馈情况，一并纳入相关单位的绩效考核，以具体可行的指标进行详细考核。如可具体明确"信息的公布是否及时全面，立法过程中所有文件、资料和会议记录是否便于公民及时查询及对公民提出的建议是否进行记录、适时答复、解释和说明等"❶ 指标，作为对相

❶ 王守金等：《公民有序参与地方人大立法路径探析》，载《公民导刊》2015 年第 2 期。

关单位在立法参与方面考核的具体指标。

在建立对相关单位的考核指标的基础上，立法机关也应该对参与人的权利义务予以明确，规定参与人依法享有的权利并受法律的保护，同时也要规定其违法行使权利或违反义务，需要承担相应的法律责任。对于立法机关及其政府相应职能部门而言，要明确规定它们的职权职责，并建立一套行之有效的制度与监督规范，建立相应的违法责任追究制度。对那些未按规定公开立法信息、对公众意见建议进行反馈、举行听证等情形，立法机关应当对相关机构或主管人员、主要负责人追责。只有将这些制度规范建立健全，才能真正对公众参与权的有效落实起到关键性的作用。

立法包含很多环节，地方立法中的公众参与，可以在不同环节得到具体落实。对于在地方性法规的起草、审查阶段，若公众参与的要素缺乏或者有不足之处，法规的审查单位与审议机关应通过多种途径补充征求公众的意见建议，或退回法规的起草单位、审查单位，要求其重新征求公众意见建议。对于审议阶段的地方性法规，若公众参与要素缺乏或有不足之处，审议单位应当不予通过审议，这样可以约束立法机关在组织公众参与地方立法这一问题上的随意性。对于在整个地方性法规的制定过程中，要分别设计可行的程序与具体规则来确保公众参与的各种形式，及时劝阻和制止非法干涉参与行为和妨碍正常立法进程的行为，依法处罚故意扰乱立法参与秩序、非法破坏立法工作的行为。

（六）提升公众参与地方立法的能力

公众参与地方立法能力的强弱，会影响公众参与地方立法效率的高低。因此，提升公众参与地方立法的能力建设，对地方立法的公众参与而言具有至关重要的意义。当前，我国公众参与地方立法的能力整体还处于较低的水平，公众参与的质量也不高。

由于我国地区发展不平衡，各地公众参与地方立法的水平也参差不齐。导致公众参与地方立法能力不高的原因是多方面的。第一，地方立法机关对于立法信息的公开程度还不高，立法信息的公开是提升公众参与地方立法能力的基础和前提。公众只有在信息相对对称的情形下，才有参与地方立法的意愿。对此，地方立法机关应尽最大可能将立法信息传递给公众，给公众参与地方立法提供必要的信息前提，使公众在参与地方立法前能对立法目的、立法过程与其中的利益均衡有足够的了解。第二，鉴于当前我国公众在地方立法中提出的意见多以原则性意见为主，可操作性、创新性的意见甚是缺乏的状况，立法机关要开展与公众参与地方立法方面的方法培训，以培训促进公众参与地方立法的能力提升。具体而言，立法机关可以以社区、学校、机关、企事业单位等为依托，开展公众参与地方立法方面的方法培训与案例讲解，为公众参与地方立法能力提升提供助力。